U0954375

价格监测分析报告

（2019—2023年汇编）

中国人民银行通货膨胀监测分析小组　编著

中国金融出版社

责任编辑：吕　楠
责任校对：孙　蕊
责任印制：陈晓川

图书在版编目（CIP）数据

价格监测分析报告：2019—2023 年汇编／中国人民银行通货膨胀监测分析小组编著．—北京：中国金融出版社，2024.3
ISBN 978-7-5220-2361-8

Ⅰ.①价…　Ⅱ.①中…　Ⅲ.①价格—监测—研究报告—中国—2019-2023　Ⅳ.①F726.7

中国国家版本馆 CIP 数据核字（2024）第 053670 号

价格监测分析报告（2019—2023 年汇编）
JIAGE JIANCE FENXI BAOGAO（2019—2023 NIAN HUIBIAN）
出版发行　中国金融出版社
社址　北京市丰台区益泽路 2 号
市场开发部　（010）66024766，63805472，63439533（传真）
网上书店　www.cfph.cn
（010）66024766，63372837（传真）
读者服务部　（010）66070833，62568380
邮编　100071
经销　新华书店
印刷　北京九州迅驰传媒文化有限公司
尺寸　185 毫米×260 毫米
印张　14
字数　325 千
版次　2024 年 3 月第 1 版
印次　2024 年 3 月第 1 次印刷
定价　45.00 元
ISBN 978-7-5220-2361-8
如出现印装错误本社负责调换　联系电话（010）63263947

通货膨胀监测分析小组

组　　长： 王　信

副 组 长： 邹　澜　李　斌　阮健弘　孙天琦
金中夏　肖龙沧　马贱阳　朱兆文

总　　纂： 王　信　周诚君　张雪春　刘　斌　陈　浩

执　　笔： 张怀清　贾彦东　陈　俊　陆　红　高　宏
赵亚琪　徐瑞慧　张立光　厉　鹏　王兆旭
王　冲　胡　德　韩庆潇　张清乐　齐玉录
许　明　亓　鹏　李晓彤　高　菲　孙　毅
滕召建　姜　全　刘晓晴　安立环　卢海峰

合作单位： 中国人民银行山东省分行

卷首语

新冠疫情暴发之前，由于全球化、技术进步、人口老龄化等因素导致长期通胀中枢下移，各国通胀率呈现广泛的下降态势。全球通货膨胀率中位数从1974年接近17%的峰值下降至2017年的2.6%。特别是国际金融危机之后的十年间，全球需求放缓形成周期性通胀下行压力，主要经济体通胀水平进一步走低。2010—2018年，发达经济体的平均通胀率为1.5%，比国际金融危机发生前低0.5个百分点；新兴市场和发展中经济体的平均通胀率从2008年的9.2%降到2018年的4.8%。

自2020年以来，随着新冠疫情席卷全球，美、欧等发达经济体经历了近三年的高通胀时期。美国CPI在2022年6月同比上涨9.1%，为自20世纪80年代以来的峰值。一方面，为应对疫情冲击，美、欧等主要经济体推出了超级宽松的货币政策和多轮大规模财政刺激政策，二者效果叠加导致大量超发货币流入实体领域，进而推升通胀水平。据统计，美国居民端累计超额储蓄在2021年末达到约2.6万亿美元。随着疫情影响缓解，居民超额储蓄逐渐转变为消费，支撑了消费市场尤其是服务消费市场的繁荣。另一方面，疫情暴发以来西方国家多次出现大范围的疫情反复，全球产业链供应链受阻，原油、天然气和粮食等大宗商品供给不足，供需错配进一步推升商品价格。此外，疫情暴发之前的十年，以美国为代表的发达经济体劳动年龄人口比例和劳动参与率均面临下降压力，疫情期间的“大辞职潮”（The Great Resignation）进一步扩大了劳动力供需缺口，特别是在服务业和55岁以上劳动人口群体中。据统计，目前美国劳动力供需缺口约为400万人。未来劳动参与率下降趋势可能进一步加速，尤其是餐饮服务、酒店、物流等服务行业将持续面临劳工短缺问题。按照伯南克（2023）的观点，劳动力市场紧张并非造成本轮全球高通胀的最初原因，但是它已经逐渐成为通胀持续恶化的原因。

与此形成鲜明对比的是，我国有效应对疫情，大力实施保供稳价政策，通胀水平明显低于其他主要经济体。2021年和2022年，我国CPI分别同比上涨0.9%和2%，远低于美国的4.7%和8%，以及欧元区的2.6%和8.4%，也显著低于俄罗斯、巴西、印度、南非等新兴经济体。从供需关系来看，我国较早控制疫情并率先恢复了企业生产经营活动，救助政策集中于保市场主体，从根源上解决了供给动力不足的问题。加之我国工业体系完备，主要工业品供给充裕，粮食库存充裕，生猪产能合理充裕，工农业产品供给均有保障。但由于消费场景缺失、居民收入受损和市场预期走弱，疫情期间我国居民储蓄意愿上升、消费倾向减弱；疫情防控措施逐步放开后，由于居民收入和消费信心恢复缓慢，消费恢复仍不及预期。居民人均消费支出年均增长从2017—2019年的8%降至2020—2022年的4.4%，下降3.6个百分点。从政策层面来看，疫情期间我国采取多种保供稳价政策，围绕畅通生产、流通、消费等环节，运用经济、法律、行政等多种调控手段，保障重要民生商品有效供给和价格总体平稳；针对大宗商品，通过供给和需求双向调节、现货和期货市场联动监管、预期引导等多种政策措施，发挥政府、行业协会和龙头企业的作用，遏制大宗商品价格过快上涨。此外，自疫情暴发以来，中国是全球极少数货币政策始终保持在正常区间的主要经济体之一，一直坚持实施稳健的货币政策，不搞“大水漫灌”，货币供应量保持稳定增长。2020—2022 年中国广义货币（M2）同比增速保持在 10%左右，与名义 GDP 增速基本匹配。因而，我国不具备物价全面上涨的基础，消费价格持续运行在合理区间，较好地实现了物价调控目标。

自 2023 年以来，随着主要发达经济体货币政策转向并持续收紧，全球高通胀得到了暂时抑制。但疫情的“疤痕效应”短期内难以消除，全球产业链和供应链尚未完全恢复；逆全球化持续，产业链本土化和区域化阻碍资源优化配置，导致用工和供应链成本增加；加之乌克兰危机等地缘政治因素不断推高原油、天然气和粮食等大宗商品价格，短期内全球通胀中枢仍将处于高位。我国物价在内需恢复不及预期的压力以及高基数拖累下出现结构性下行，维持低位运行态势，未来有望伴随需求复苏逐步改善。人民银行将继续实施稳健的货币政策，加强与财政政策等的协调配合，提升支持实体经济的质效，形成扩大需求的合力，推动经济运行持续好转，保持物价在合理均衡水平上基本稳定。

自 2004 年以来，中国人民银行通货膨胀监测分析小组持续跟踪价格形势，撰写并定期向货币政策委员会的季度例会提供《价格监测分析报告》，尽量全面地分析价格变动的内在逻辑和准确地把握未来价格变动趋势，为货币政策决策提供重要参考。本书是 2019—2023 年各季度《价格监测分析报告》的合集，有助于增强读者对新冠疫情前后我国价格及宏观经济形势变化的了解。由于时间和水平所限，书中疏漏之处在所难免，欢迎各位读者批评指正，我们将积极采纳并在未来工作中努力完善。

目　录

2019年第一季度　价格监测分析报告

一、总需求呈现稳中趋缓态势，推动价格上涨的动能不足

近期经济增长放缓，工业增加值增速继续回落，2019年前两个月同比增长5.3%，较上年同期低1.9个百分点，总需求呈现稳中趋缓态势，价格上涨、动能不足。

（一）投资增速低位企稳

自2018年下半年以来，国家加大补短板政策支持力度，固定资产投资增速自上年9月起呈平稳回升的态势，2019年1—2月，全国固定资产投资累计同比增长6.1%，增速比上年全年上升0.2个百分点，但比上年同期下降1.8个百分点。其中，民间固定资产投资增速回落，1—2月累计同比增长7.5%，比上年全年低1.2个百分点，比上年同期低0.6个百分点（见图1）。

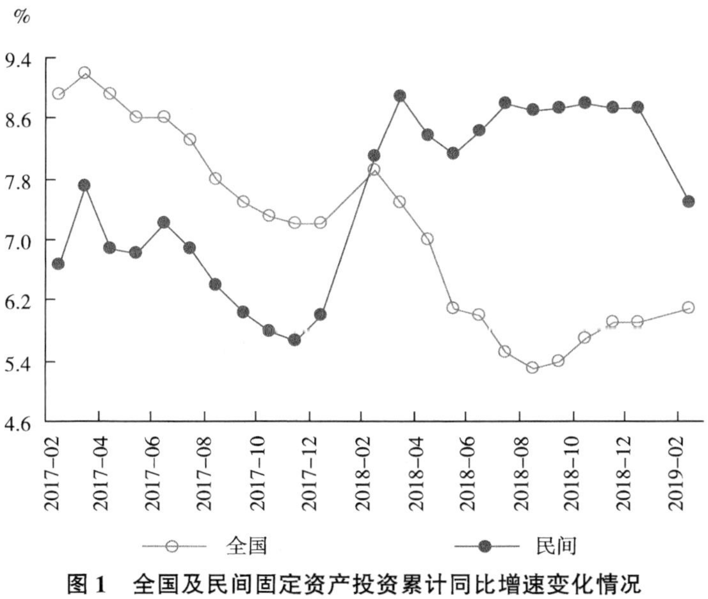

图1　全国及民间固定资产投资累计同比增速变化情况

（数据来源：Wind）

房地产开发投资增速回升。受项目施工进度加快的影响，房地产开发投资增速回升，1—2月房地产开发投资累计同比增长11.6%，增速比上年同期高1.7个百分点，其中住宅投资累计同比增长18%，增速比上年同期高5.7个百分点。

制造业投资增速回落。受企业盈利空间收窄、出口企业压力增大等因素的影响，制造业投资增速结束上年持续回升的态势，有所回落，2019年1—2月，制造业投资累计同比增长5.9%，增速比上年同期高1.6个百分点，但比上年全年低3.6个百分点。

基础设施建设投资增长低位回升。自 2018 年下半年以来，国家加大补短板政策支持力度，加快地方专项债发行进度，12 月国家发展改革委密集批复一批基础设施建设项目，有力地带动了基础设施等短板领域投资，自 2018 年 10 月以来，基建投资增速呈低位企稳回升态势。2019 年 1—2 月，基础设施建设投资（不包含电力、热力、燃气及水的生产和供应业）累计同比增长 4.3%，增速比上年同期低 11.8 个百分点，但较上年全年 3.8%的增速已有所企稳（见图 2）。

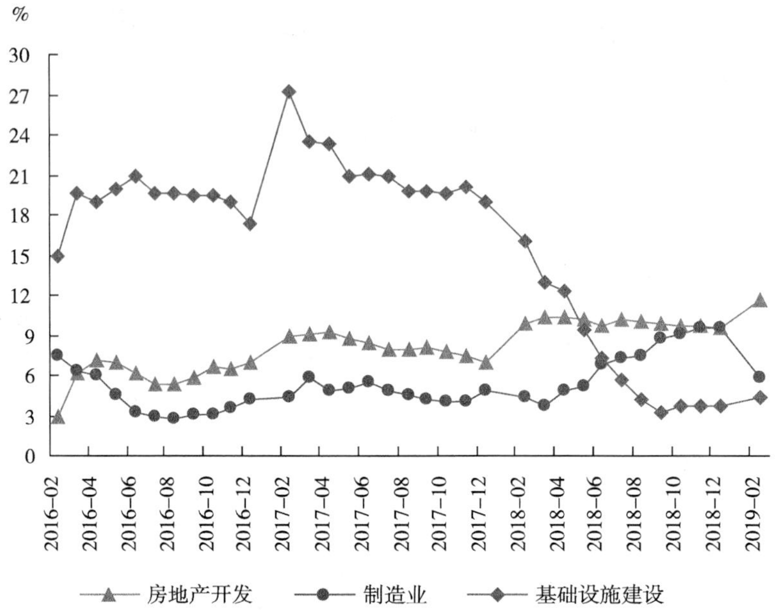

图 2　三个领域固定资产投资累计同比增速变化情况

（数据来源：Wind）

（二）消费增长稳中放缓

近期就业压力加大，居民收入增长缓慢，影响居民消费增长。2019 年 1 月、2 月，全国城镇调查失业率分别为 5.1%、5.3%，分别比上年同期高 0.1 个、0.3 个百分点，是数据发布以来的高点。此外，受居民杠杆率较高等因素的影响，居民消费能力及意愿降低，消费增长总体上处于下行态势。加之汽车消费需求提前透支的影响，汽车销售加速下滑（前两个月下降 2.8%），1—2 月，社会消费品零售总额名义累计同比增长 8.2%，比上年同期低 1.5 个百分点，增速创下自 2003 年 7 月以来的新低。其中，商品零售累计同比增长 8%，增速创下 2010 年数据发布以来的新低（见图 3）。

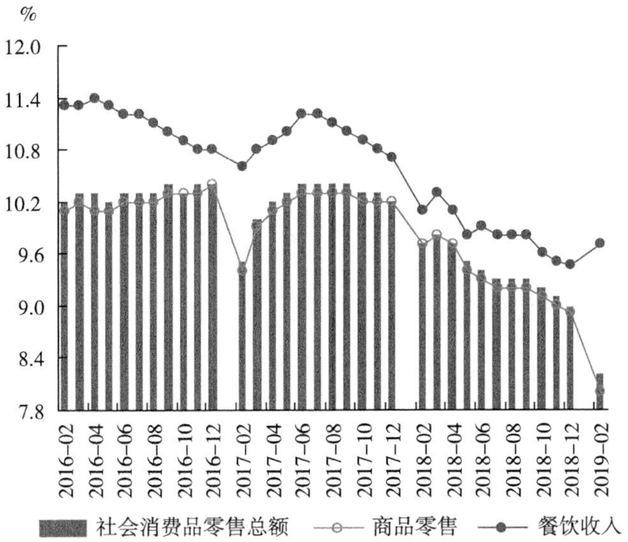

图 3　社会消费品零售总额累计名义同比增速变化情况

（数据来源：Wind）

（三）出口增长放缓

近期全球经济增长放缓，带动全球贸易总体呈下行态势，加之上年国内企业贸易“抢出口效应”，以及年初以来美元走弱的影响，我国出口增长放缓。1—2 月，以美元计价的出口累计同比下降 4.6%，增速比上年同期低 28.3 个百分点。出口交货值累计同比增长 4.2%，增速比上年同期低 5.3 个百分点（见图 4）。

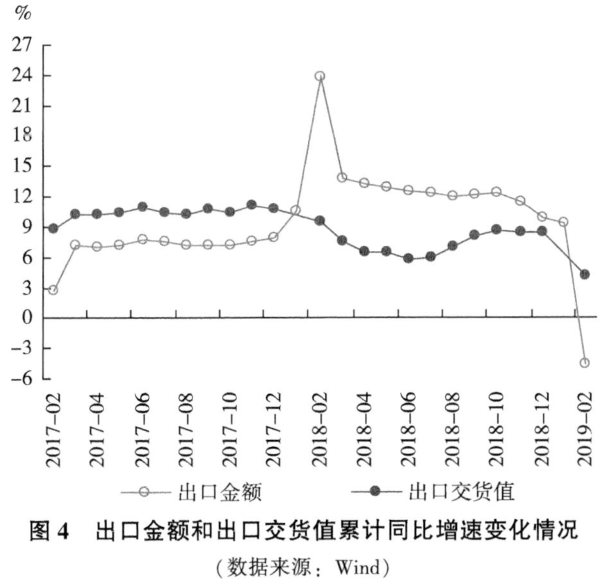

图 4　出口金额和出口交货值累计同比增速变化情况

（数据来源：Wind）

二、CPI 同比涨幅持续回落，PPI 同比涨幅明显收窄

（一）食品类供给增加，油价震荡等带动 CPI 同比涨幅回落

1月、2月，CPI 环比分别上涨 0.5%和 1%；同比分别上涨 1.7%和 1.5%，延续自2018年10月以来的回落走势；剔除食品和能源的核心 CPI 同比分别上涨 1.9%和 1.8%，与2018年第四季度同比涨幅基本持平，为2017年以来的相对低点。1—2月，CPI 累计同比上涨 1.6%，涨幅比上年同期低 0.6 个百分点，比上年全年低 0.5 个百分点（见图5、图6）。

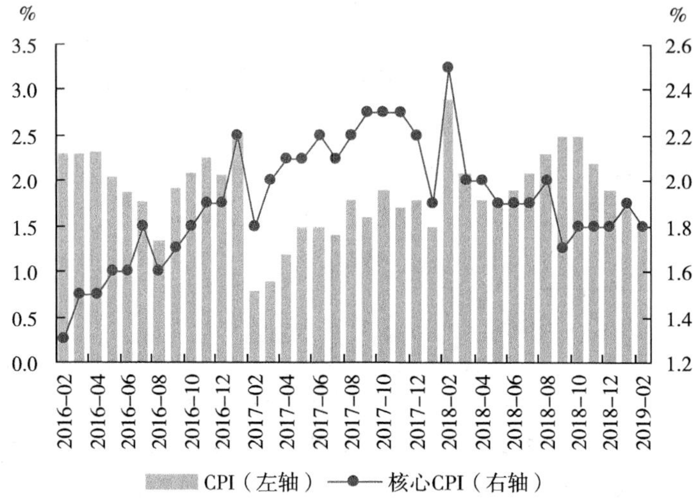

图5　CPI 同比上涨情况

（数据来源：国家统计局）

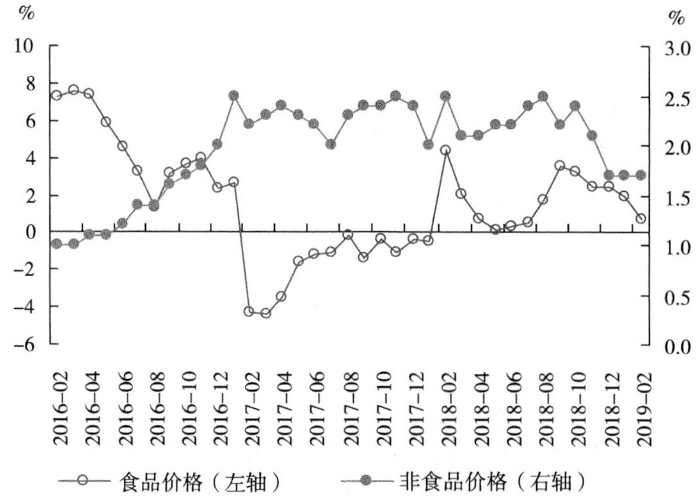

图6　食品价格和非食品价格同比上涨情况

（数据来源：国家统计局）

鲜菜、猪肉、蛋类等供给增加，带来食品价格同比涨幅回落。1 月、2 月，从环比看，受节日效应影响，食品价格分别上涨 1. 6%和 3. 2%；从同比看，受基数较高的影响，食品价格分别上涨 1. 9%和 0. 7%，延续自 2018 年 9 月以来的回落态势。一是天气因素导致鲜菜价格涨幅回落。上年同期，我国大部分地区遭受大范围雨雪天气，而 2019 年 1 月、2 月天气较好、气温总体偏高，有利于鲜菜生长、运输，鲜菜市场供应充足。排除春节错位的影响，1—2 月，鲜菜价格累计同比上涨 2. 6%，涨幅比上年同期低 3 个百分点。二是非洲猪瘟疫情缓解，部分地区生猪禁运解除，猪肉供应增加，猪肉价格下降。1—2 月，猪肉价格累计同比下降 4. 1%。三是受前期较高养殖利润的驱动，蛋鸡养殖补栏明显，产能大幅扩张，蛋价下跌。1—2 月，蛋价累计同比下降 2. 2%，涨幅自 2017 年 12 月以来再度转负（见图 7）。

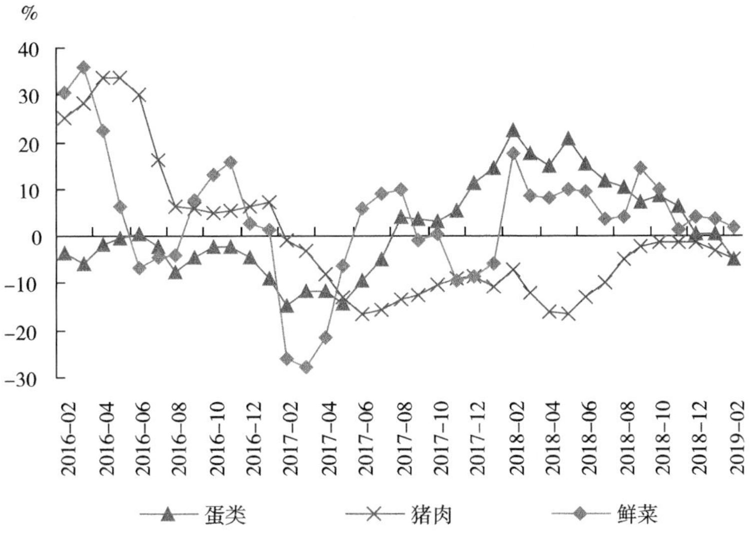

图 7　部分食品价格变化情况

（数据来源：国家统计局）

国际原油价格震荡，非食品价格同比涨幅维持相对稳定。1 月、2 月，从环比看，非食品价格分别上涨 0. 2%和 0. 4%；从同比看，涨幅均为 1. 7%，为自 2016 年 11 月以来的最低值。一是国际原油价格变化向下游传导，带动相关消费品价格波动。自 2018 年 10 月以来，国际原油价格冲上短期高位后大幅下跌，2019 年 1 月、2 月，虽然油价震荡回升，但仍低于上年同期水平。在国际油价带动下，尽管国内成品油价格在 1 月、2 月“四连涨”，但受上年基数较高的影响，交通工具用燃料价格同比分别下降 6. 1%和 2. 9%，涨幅比上年同期分别低 12. 5 个和 9. 4 个百分点。二是医疗改革逐渐完成，医疗服务涨价动能边际回落，此前受到管制的医疗服务价格变化逐渐回归到均衡水平附近。1 月、2 月，医疗服务价格同比均上涨 1. 5%，比上年同期分别低 5. 8 个和 5. 7 个百分点，见图 8。

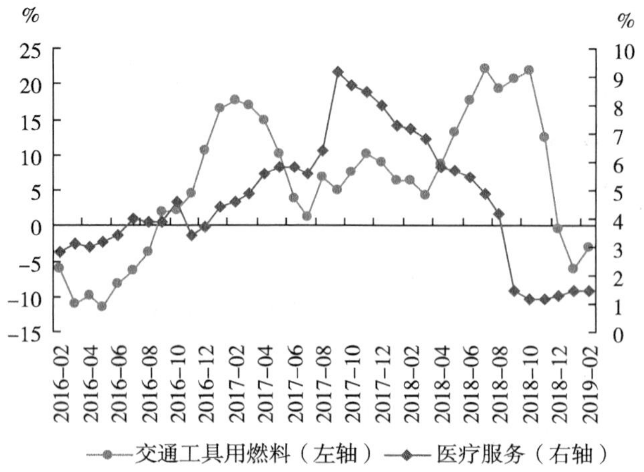

图 8　主要非食品价格变化情况

（数据来源：国家统计局）

（二）受环保治理影响减弱及投资放缓，PPI 同比涨幅明显收窄

工业品价格自 2018 年 11 月以来持续下降，2019 年 1 月、2 月 PPI 环比分别下降 0.6%和 0.1%，同比涨幅呈快速回落的趋势，1 月、2 月皆为 0.1%（见图 9）。其中，生产资料价格同比均下跌 0.1%，涨幅自 2016 年 9 月以来再度转负。

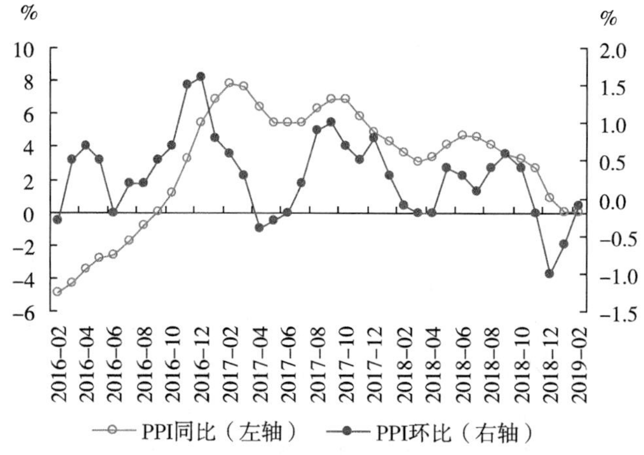

图 9　工业生产者出厂价格走势

（数据来源：国家统计局）

环保治理等因素对中上游部分工业品供给的抑制逐步弱化，而投资需求增长相对缓慢。在供给端，去产能、环保治理等政策的影响减弱，加之部分工业品价格上涨的刺激，企业有效产能恢复。从主要工业品产量看，1—2 月，焦炭产量累计同比增长 7.6%，涨幅比上年同期上升 10.3 个百分点；生铁产量累计同比增长 9.8%，涨幅比上年同期上升 11.5 个百分点；钢材产量累计同比增长 10.7%，涨幅比上年同期上升 6.1 个百分点（见图 10）。在总需求稳中趋缓，特别是在投资需求低位增长的背景下，上中游部分工业品供给相对增加带来上中游部分工业品价格的回落。1 月、2 月，生产资料环比涨幅分别为

-0.8%和 0，同比涨幅分别为 0.6%和 0.4%。

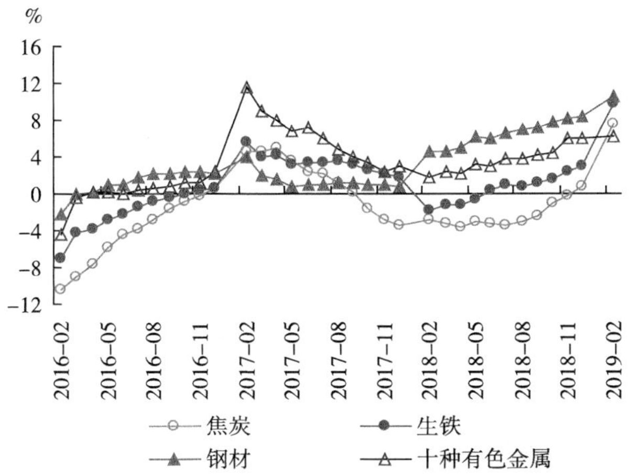

图 10　主要工业品产量累计同比变化情况

（数据来源：Wind）

国际原油价格调整拉低了 PPI 同比涨幅。2018 年 10 月，国际原油价格冲上阶段高位后大幅下跌，2019 年 1 月初，布伦特原油现货价跌至每桶 53 美元左右、WTI 原油现货价跌至每桶 47 美元左右，较 2018 年 10 月高位下降 40%以上。自 2019 年初以来，受欧佩克与非欧佩克产油国开始执行减产协议等因素的影响，国际原油价格有所回升，但仍低于上年同期水平。国际原油价格调整通过贸易、汇率等渠道影响国内能源、化工等相关行业的商品价格。1—2 月，石油和天然气开采业价格同比分别下降 5%和 0.6%，涨幅分别比上年同期低 17.4 个和 12.3 个百分点；石油、煤炭及其他燃料加工业价格同比分别下降 1.6%和 0.9%，涨幅分别比上年同期低 12.5 个和 10.9 个百分点（见图 11）。

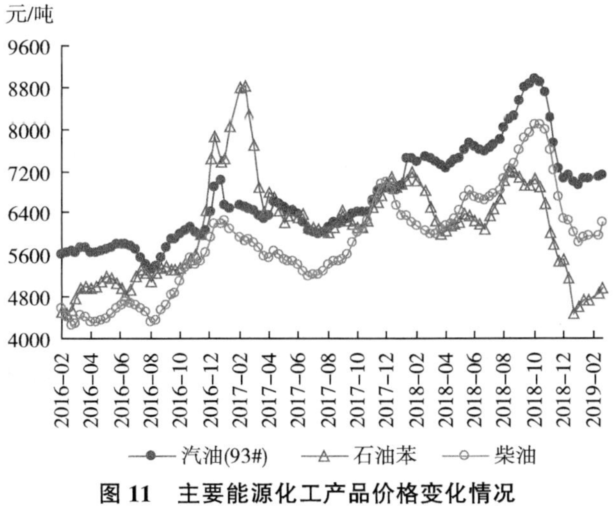

图 11　主要能源化工产品价格变化情况

（数据来源：Wind）

三、预计全年 CPI 上涨 2.2%左右，PPI 下降 0.5%左右

预计 2019 年总需求仍维持缓中趋稳的态势，拉动价格上涨的动能不足，价格波动主

要源于结构性因素的变化。

（一）预计总需求缓中趋稳

预计投资增长延续回升态势。一是基建投资增长或低位回升。为进一步增强基建投资补短板能力，2019年政府规划完成铁路投资8000亿元、公路水运投资1.8万亿元，再开工一批重大水利工程，将对基建投资增长形成支撑。从资金来源看，2019年赤字率拟按2.8%安排，较上年提高0.2个百分点；地方政府专项债券为2.15万亿元，较上年增加8000亿元，加大了基建项目资金支持力度。此外，经过前期逐步清理，PPP项目质量不断改善，落地率保持较高水平，也将成为基建投资的重要资金来源。不过，基建投资大幅度增长的可能性较低。一方面，随着减税降费力度进一步加大，以及地方土地出让金收入的下降，地方财政收入端压力增加；另一方面，经过多年高增长后，基建投资增长未来主要集中在补短板领域，基建投资大规模增加的可能性较低。

二是房地产投资增长仍可能表现出一定程度的韧性。随着今年计划棚改套数的减少，以及货币化安置比例的下降，可能抑制三四线城市房地产投资增长，加之今年前两个月房地产销售面积下降，也影响房地产开发商的投资意愿，表现为近期土地购置面积、新开工面积累计同比呈现下行态势。不过，一些因素或支撑房地产投资增长。（1）2018年下半年以来，在落实一城一策、因城施策的过程中，部分地区房地产调控政策略有宽松，影响房地产开发商的投资预期。（2）考虑到大部分一二线城市的房地产价格仍呈现上涨态势，房地产库存也有所下降，在一定程度上提升了房地产开发投资意愿。（3）租赁房项目建设不断加快，成为一二线城市房地产投资中的新增长点。（4）目前，银行体系流动性较为充裕，有助于降低房贷利率和改善房地产企业融资条件。融360大数据研究院监测数据显示，2月全国首套房贷款平均利率为5.63%，环比下降0.53%；二套房贷款平均利率为5.99%，较上月回落3个基点，已连续回落4个月，并在时隔8个月后首次回落至6%以下水平。

三是制造业投资增速或稳中略缓。年内工业品价格上涨动力不足，制造业利润或将延续下行趋势，对制造业投资增长形成制约。此外，考虑到世界经济下行及全球贸易放缓，今年企业出口增长下行压力可能增加，制造业企业对外部需求的预期并不乐观，将影响企业投资意愿。不过，制造业增值税税率将由16%降至13%，养老保险单位缴费比例降至16%，电价、交通以及网费等成本也将下调，这一系列的减税降费措施对制造业投资增长形成支撑。

消费增长可能相对平稳。2019年个人所得税专项附加扣除开始实施，将进一步刺激居民消费支出增长。脱贫攻坚和乡村振兴的扎实推进，以及各类销售渠道向农村地区的不断下沉，将促进农村消费潜力持续释放。此外，随着取消车辆购置税优惠政策的负面影响边际减弱，汽车消费需求对消费增长的拖累将有所减轻。不过，居民可支配收入增速放缓，以及居民部门高负债，仍将持续抑制消费增长，而房地产销售增长的低迷也将拖累家具、家电以及建筑装潢类商品的消费增长。

出口增长大概率放缓。预计2019年全球经济增长呈下行态势，国际贸易增长放缓将是影响我国出口增长的主要因素。中美贸易摩擦带来的“抢出口”现象提前透支了2019年的部分外部需求。此外，受美国经济放缓以及暂缓加息预期影响，人民币汇率存在升值的可能，也可能影响企业出口。不过，自2019年2月以来，中美贸易谈判不断释放出积极信号，如中美最终能达成协议，或为我国出口增长提供有利环境；我国出口退税政策不断完善，贸易便利程度日益提高，也有助于我国企业出口增长。

（二）PPI同比涨幅维持低位

部分工业品价格涨幅进一步回落。从供给端看，行业去产能已提前完成，去产能政策对供给的边际影响有限；环保治理政策已经持续一段时期，对工业品供给的影响逐步弱化。考虑到企业产能逐步恢复，以及优质产能有释放的空间，上中游工业品供给相对增加。2019年增值税调整将降低上中游制造业的成本，部分工业品价格或将下调，下调幅度取决于企业议价能力。从需求端看，总需求可能呈现缓中趋稳的态势，投资增长可能略有反弹，但空间有限，若没有大的刺激政策带动，拉升工业品价格上涨的可能性较小。近两年生活资料价格呈现低位波动的态势，影响PPI波动的主要是生产资料的变化。从供需看，生产资料或将维持供需平衡，或者供略大于求的格局，生产资料价格可能维持相对稳定态势，或略有回落；考虑到基数效应，部分生产资料价格同比涨幅可能为负，拉低PPI涨幅。

国际原油价格或呈现震荡态势，可能拉低PPI同比涨幅。2019年全球经济放缓的可能性较高，IMF、世界银行、OECD近期分别下调2019年全球经济增速预期0.1个、0.2个和0.2个百分点，分别至3.5%、3.3%和2.9%，全球经济增长前景趋弱将拖累原油需求增长。年内国际原油价格短期走势主要取决于供给方面。OPEC与包括俄罗斯在内的其他非OPEC产油国从2019年1月开始实施新的减产计划；受美国制裁等因素的影响，委内瑞拉和伊朗的原油产量预计下降，特别是如果2019年5月之后美国取消对伊朗制裁的豁免，伊朗原油产量将面临进一步下降的风险。不过，OPEC中部分产油国可能迫于财政压力而采取机会主义行为，影响减产执行效果。此外，美国目前是全球最大的石油生产国，原油价格的上涨会进一步刺激美国页岩油产量增长。总体来看，国际原油价格在4月后或呈震荡走势，受制于供给端的不确定性，也存在弱势上行的可能性，但考虑基数效应，仍可能拉低国内PPI涨幅。

在全球经济放缓的背景下，其他大宗商品价格也多数呈现震荡走势。在黑色金属方面，铁矿石产量受巴西矿难及监管加强的影响而出现超预期下降，全球铁矿石供应或将由过剩转变为偏紧，预计将推动铁矿石价格中枢上移。在有色金属方面，铝的需求受全球贸易摩擦影响有所波动，许多冶炼厂由于利润率下降已缩减生产规模，LME铝库存减少较快，预计今年全球原铝市场将延续短缺，铝价大概率呈现震荡态势。在全球铜精矿供给偏紧的背景下，精炼铜供应将维持偏紧格局，供需双降可能导致铜价维持区间震荡走势。

总体来看，PPI的走势，特别是上中游工业品价格的变化，依赖于环保治理政策变化，以及基建投资增长程度。受2018年3月、4月工业品价格低位的影响，PPI年内同比涨幅在近期企稳或反弹，然后同比涨幅大概率继续收窄。

（三）畜肉类价格上涨或拉动CPI涨幅扩大

预计猪肉价格上涨，同比涨幅或由负转正，成为年内拉升CPI上涨扩大的主要因素。年内猪肉需求仍保持相对平稳，影响猪肉价格走势的主要是供给端。自2017年以来猪肉价格持续低位，抑制了生猪供给的增长。自2018年8月发生猪瘟疫情以来，大量生猪遭到捕杀；近期部分生猪主产区封锁解除后，养殖场普遍选择在春节前集中出栏，导致生猪存栏量进一步下行，生猪供给进一步收缩。2019 年 2 月末，能繁母猪存栏量与生猪存栏量分别跌至 2738 万头和 27754 万头，同比分别下降 19.1 个和 16.6 个百分点。尽管随着猪肉价格上涨，猪肉进口量可能增长，在一定程度上缓解供需矛盾，但从过去几年猪肉进口量看，猪肉进口量占总消费量之比很小。预计年内猪肉价格或有较大幅度上涨，拉动 CPI 同比涨幅扩大。

粮食价格仍将保持相对平稳。国内三大主粮高产量、高库存格局基本未变，价格上涨动力不足。年内市场将承受政策性小麦拍卖、各级储备粮轮换出库以及新麦上市预期的压力，小麦价格或将小幅下滑。随着玉米临储制度的取消，以及种植面积的减少，玉米供给或将逐步下滑，而加工企业年后陆续开工将增加玉米需求，支撑玉米价格温和上涨。2019 年稻谷最低收购价格公布，与上年价格保持一致，在收储托市政策支撑下，价格仍将基本平稳。大豆对外依存度较高，当前美国及全球大豆库存高企，巴西大豆开始收获上市，全球大豆供应充足，抑制国内大豆价格上涨。

非食品价格增速或将收窄。受消费升级因素的影响，旅游、文化、教育等服务需求不断释放，将继续拉动服务类价格上升。人口结构变化带来的劳动力数量减少，人工成本上涨，支撑非食品价格缓慢上升。不过，受短期因素影响，非食品价格同比涨幅可能收窄。一是年内国际原油价格或呈震荡格局，考虑到上年高基数的影响，将拖累居住项目下的水电燃料价格，以及交通通信项目下的交通工具用燃料和邮递服务等价格上涨。二是随着住房租赁市场的逐步规范和发展，重点城市租赁房源有所增加，居住类价格或保持相对稳定。三是随着减税降费力度加大，工业电价、交通费用、通信费用进一步降低，将有效抑制非食品价格上涨。

（四）价格变动趋势预测

预计 2019 年全年 CPI 上涨 2.2%左右。基于以上分析，根据计量经济模型预测，在未有大的外部冲击的情况下，预计食品价格小幅上涨，拉动年内 CPI 回升，全年上涨 2.2%左右；受食品价格波动性较大的影响，CPI 月度同比涨幅波动性较大（见图 12）。

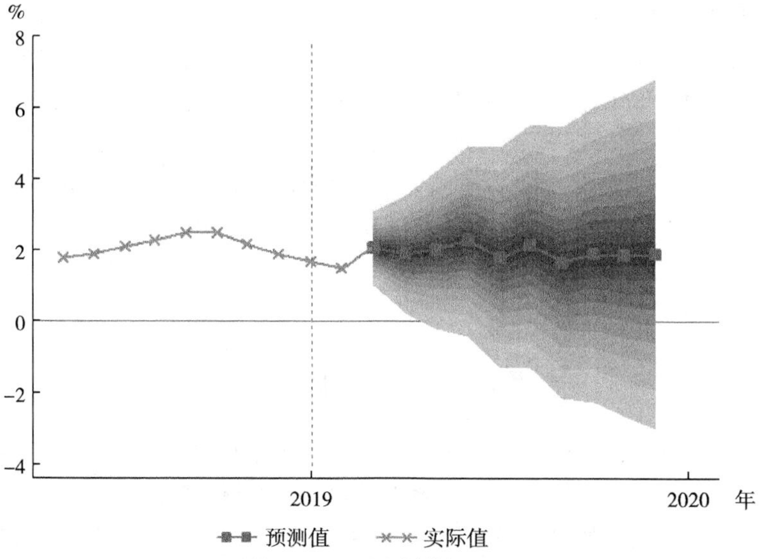

图 12　CPI 同比涨幅预测

（数据来源：2019 年 2 月及之前的数据来源于国家统计局，2 月及之后的数据为作者预测）

预计全年 PPI 下降 0. 5%左右。基于以上分析，根据计量经济模型预测，在投资需求低位企稳回升，特别是基建投资未有大幅度增长的情景下，上中游工业品供需趋于平衡。考虑到基期效应，3 月、4 月，生产资料价格同比涨幅维持平稳，或有回升，然后继续收窄。预计 PPI 同比涨幅低位波动，全年下降 0. 5%左右（见图 13）。

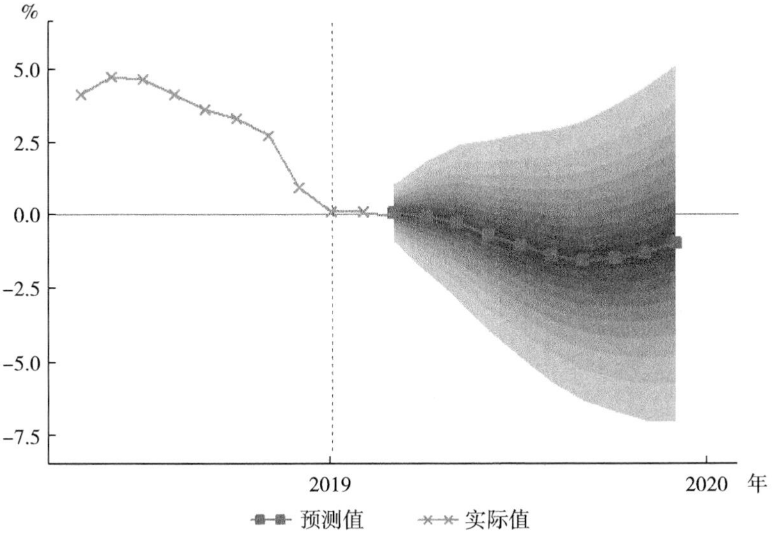

图 13　PPI 同比涨幅预测

（数据来源：2019 年 2 月及之前的数据来源于国家统计局，2 月及之后的数据为作者预测）

2019 年第二季度　价格监测分析报告

一、总需求偏弱，推动价格上涨的动能不足

近期工业生产有所下降，2019 年 1—5 月全国规模以上工业增加值累计同比增长 6.0%，增速比 1—3 月回落 0.5 个百分点，其中 4 月、5 月当月同比分别增长 5.4%和 5%。在总需求呈现稳中趋缓态势的情况下，价格上涨的动能不足。

（一）投资增速略有回落

1—5 月，全国固定资产投资（不含农户）同比增长 5.6%，增速比 1—3 月回落 0.7 个百分点。其中，民间固定资产投资累计同比增长 5.3%，增速比 1—3 月放缓 1.1 个百分点（见图 1）。

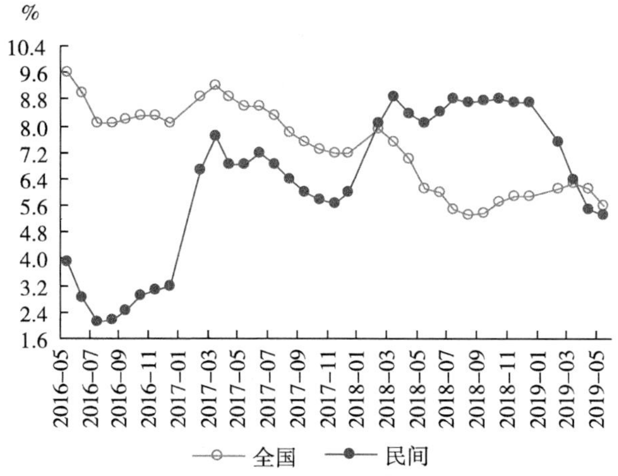

图 1　全国及民间固定资产投资累计同比增速变化情况

（数据来源：Wind）

房地产开发投资增长相对稳定。自 2019 年初以来，受房地产价格上涨、项目施工进度加快等因素的影响，房地产开发投资增速处于 2015 年以来的高位，1—5 月，房地产开发投资累计同比增长 11.2%。其中 5 月受土地购置费增速回落的影响，房地产开发投资增速略有回落。

制造业投资增速回落。受国际贸易放缓、中美贸易摩擦，以及企业盈利空间收窄等因素的影响，2019 年初以来制造业投资增长逐步回落，1—5 月，制造业投资累计同比增长 2.7%，增速比 1—3 月回落 1.9 个百分点，处于近年来的低位。

基建投资增速维持低位。自 2018 年下半年以来，国家加大补短板政策支持力度，推动了基建投资增速低位企稳回升。但 2019 年 5 月财政支出增速放缓，财政支出同比增长

2.08%，较4月大幅下行13.86个百分点，为近期最低值。加之防控地方政府债务风险、融资监管趋严等的影响，以及非标融资继续萎缩，5月基建投资增长放缓。1—5月，基建投资（不含电力、热力、燃气及水的生产和供应业）累计同比增长4%，增速比1—4月回落0.4个百分点，比上年同期低5.4个百分点（见图2）。

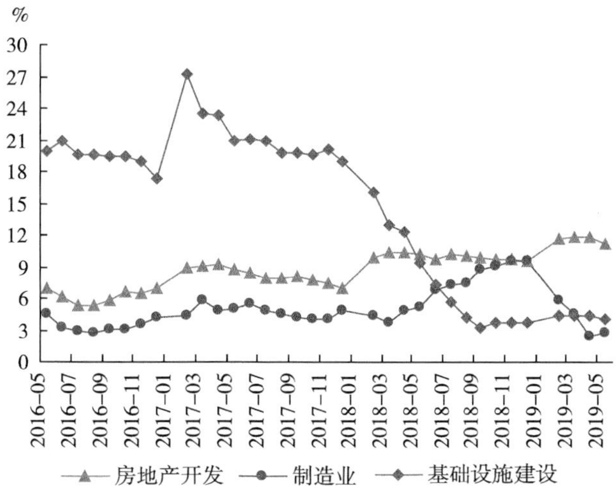

图2　三个领域固定资产投资累计同比变化情况

（数据来源：Wind）

（二）消费增长保持相对平稳

前期居民部门大量加杠杆购房，抑制了居民消费支出增长；加之受汽车消费提前透支的影响，汽车消费需求大幅度下滑，近期消费增长呈现相对平稳态势。2019年1—5月，社会消费品零售总额名义累计同比增长8.1%，比1—3月低0.2个百分点（见图3）。

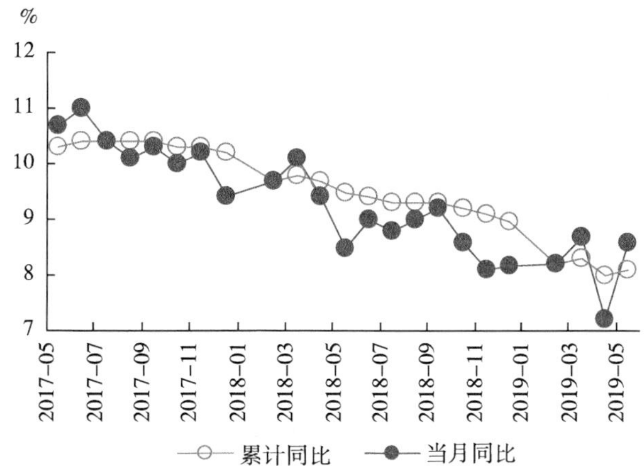

图3　社会消费品零售总额当月及累计同比增速变化情况

（数据来源：Wind）

（三）出口增长放缓

全球经济增长放缓，加之贸易摩擦带来的影响，国际贸易总体呈下行态势。在中美贸易摩擦的背景下，2018 年国内企业贸易“抢跑效应”明显，也提前透支了出口需求，加之近期中美贸易摩擦升级，自 2019 年以来我国出口增速呈现低位波动态势。1—5 月，以美元计价的出口累计同比增长 0.4%，增速比上年同期低 12.5 个百分点。其中，对美出口累计同比下降 8.4%，增速比上年同期低 22 个百分点（见图 4）。

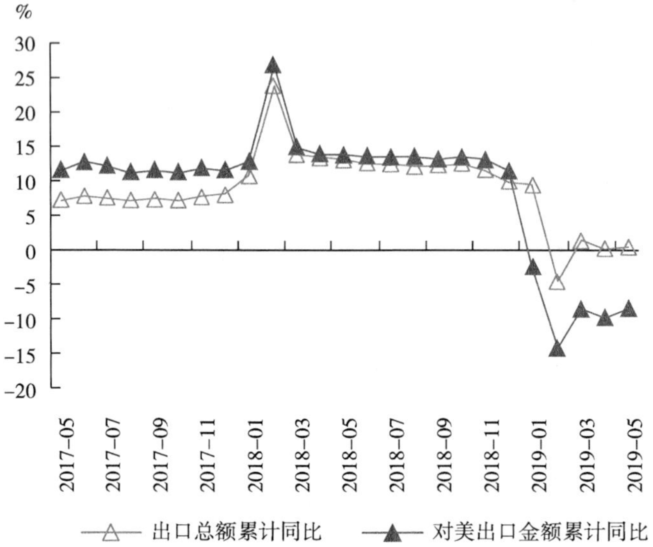

图 4　出口总额及对美出口金额累计同比变化情况

（数据来源：Wind）

二、受结构性因素影响，CPI 同比涨幅略有扩大，PPI 同比涨幅低位波动

（一）猪肉等供应偏紧推升食品价格，CPI 同比涨幅扩大

4 月、5 月，CPI 环比分别上涨 0.1%和持平；同比分别上涨 2.5%和 2.7%，同比涨幅自 3 月以来持续扩大。剔除食品和能源的核心 CPI 同比分别上涨 1.7%和 1.6%，涨幅略有回落，为 2016 年下半年以来的相对低点（见图 5）。

猪肉、鲜果等供给较往年偏紧，带动食品价格同比涨幅扩大。受季节因素影响，往年 4 月、5 月食品价格环比通常为负，但 2019 年 4 月、5 月食品价格环比涨幅分别为-0.1%和 0.2%，涨幅高于上年同期。从同比看，4 月、5 月食品烟酒价格分别上涨 4.7%和 5.8%，分别拉升 CPI 上涨约 1.40 个和 1.69 个百分点。一是生猪存栏量以及能繁母猪存栏量快速下降，猪肉供给不足，猪肉价格处于上涨周期。4 月、5 月，猪肉价格同比分别上涨 14.4%和 18.2%。二是受上年极端天气的影响，苹果、梨等坐果率低，山东、陕西等水果主产区大幅减产，今年库存不足，加之今年南方阴雨天气较多，时令鲜果市场供应减少，导致价格上涨。4 月、5 月，鲜果价格同比分别上涨 11.9%和 26.7%，涨幅分别比上年同期扩大 7.7 个和 29.4 个百分点（见图 6）。

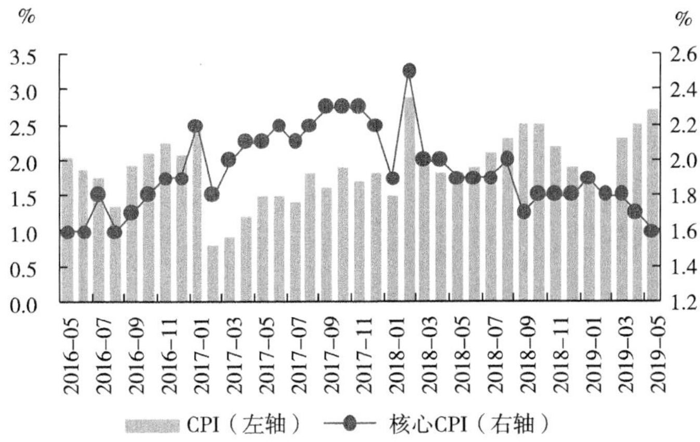

图 5　CPI 同比上涨情况

（数据来源：国家统计局）

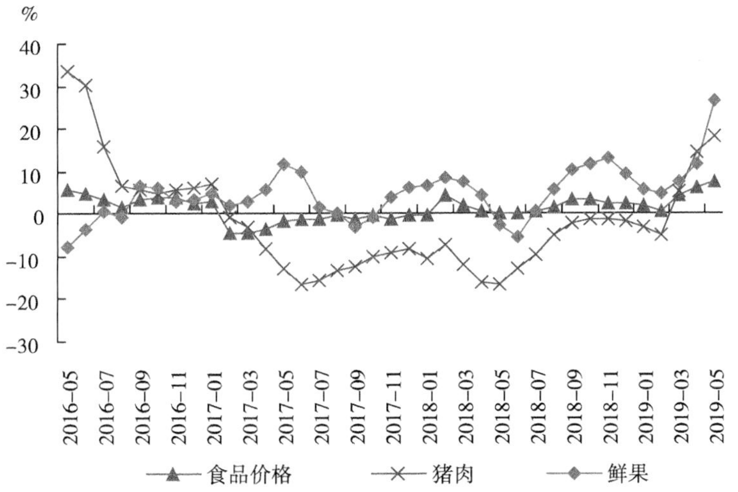

图 6　食品价格变化情况

（数据来源：国家统计局）

2019 年初以来非食品价格同比涨幅持续维持低位。自 2019 年初以来，在总需求放缓的背景下，非食品价格上涨动能不足，持续维持低位。4 月、5 月，非食品价格环比分别上涨 0.1%和持平；同比分别上涨 1.7%和 1.6%，涨幅为自 2016 年 9 月以来的相对低位（见图 7）。一是前期拉升服务价格上涨的医疗服务涨价动能边际回落，此前受到管制的医疗服务价格变化逐渐回归到均衡水平附近。4 月、5 月，医疗服务价格同比分别上涨 1.5%和 1.4%，涨幅均比上年同期低 4.3 个百分点。二是快递行业竞争加剧，快递平均价格降低。4 月、5 月，邮递服务价格同比分别下降 0.2%和 0.1%，涨幅分别比上年同期低 3.5 个和 1.9 个百分点（见图 8）。

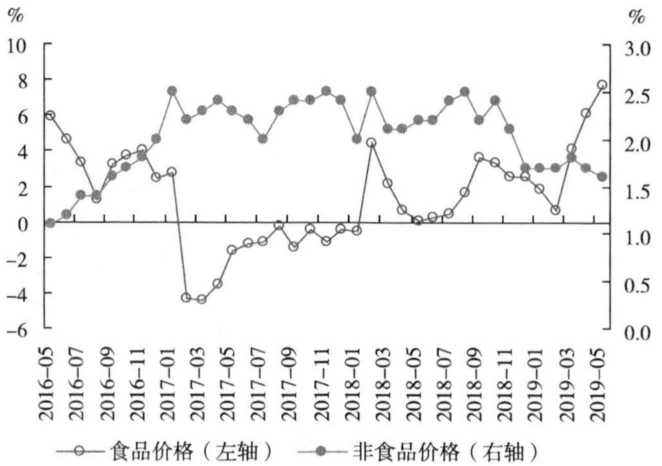

图 7　食品价格和非食品价格同比上涨情况

（数据来源：国家统计局）

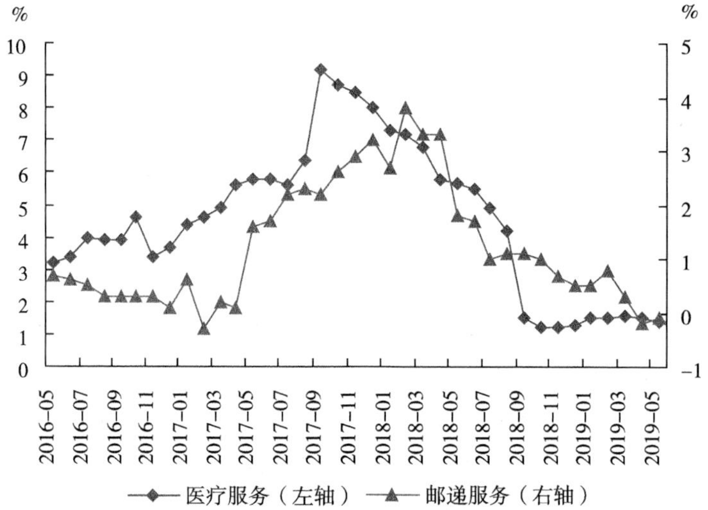

图 8　医疗及邮递服务价格变化情况

（数据来源：国家统计局）

（二）工业品价格上涨动能不足，PPI 同比涨幅维持低位

工业品价格自 3 月以来呈现小幅上涨态势，3 月、4 月和 5 月 PPI 环比分别上涨 0.1%、0.3%和 0.2%。但受基期因素影响，同比涨幅低位波动，3 月、4 月和 5 月分别上涨 0.4%、0.9%和 0.6%（见图 9）。

投资需求维持低位，对工业品价格的拉升作用有限。在供给端，自 2019 年以来，中央启动新一轮生态环保督察工作，污染防治攻坚战继续推进。此外，为防控化解重大安全风险，国家开展煤矿、化工企业等安全生产专项执法检查，倒逼化工、煤矿、非煤矿山等行业领域淘汰退出落后产能。但这些措施对企业生产的影响逐步减弱，对供给的抑制作用有限。在投资需求稳中趋缓的态势下，特别是基建投资需求、房地产投资需求以及汽车生产均有所回落，制约了对钢铁、水泥等部分工业品的需求，部分工业品价格上涨程度有限。4 月、5 月，煤炭开采和洗选业价格环比涨幅分别为-0.5%和 0.7%，同比分别上涨 1.9%和 3.8%；化学原料和化学制品制造业价格环比涨幅分别为 0.3%和-0.2%，同比分别下跌 1.9%和 2.5%。

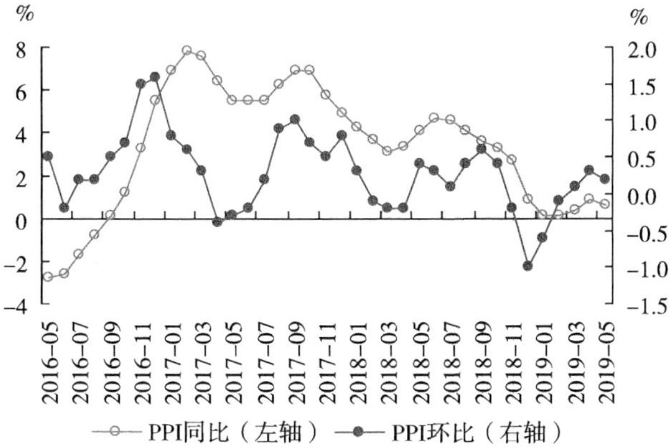

图 9　工业生产者出厂价格走势

（数据来源：国家统计局）

国际输入性因素推高国内相关工业品价格，但程度十分有限。受美国对伊朗启动新一轮制裁、地缘政治冲突升温等的影响，2019 年 4 月、5 月国际原油价格呈现震荡略升态势。2019 年初巴西铁矿发生矿难，国际矿业巨头淡水河谷大幅减产，铁矿石进口价格明显上升。国际原油、铁矿石等大宗商品价格调整通过贸易渠道影响国内能源、钢铁等相关行业的商品价格。4 月、5 月，石油和天然气开采业价格环比分别上涨 3.6%和 4.2%，同比分别上涨 10.1%和 6.7%；石油、煤炭及其他燃料加工业价格环比分别上涨 1.3%和 1.8%，同比分别上涨 4.2%和 2.3%；黑色金属冶炼和压延加工业价格环比分别上涨 2.1%和 0.8%，同比分别上涨 2.4%和 1.9%。

三、预计全年 CPI 上涨 2.4%左右，PPI 下降 0.5%左右

预计总需求仍呈稳中趋缓态势，对价格的拉升作用较弱；下半年 CPI、PPI 同比涨幅的波动主要源于结构性因素的变化。

（一）总需求或呈稳中趋缓态势

预计固定资产投资增速低位企稳。一是基建投资增速有望回升。为完成年初规划的重大项目，增强基建投资补短板力度，下半年基建投资仍将继续发力。从资金来源看，近期印发的《关于做好地方政府专项债券发行及项目配套融资工作的通知》指出，“允许将专项债券作为符合条件的重大项目资本金，积极鼓励金融机构提供配套融资支持”，保证了专项债券可以有条件地撬动融资杠杆，为基建投资增长提供资金支持。不过，5 月下发的《政府投资条例》进一步规范了政府投资行为，加大违规融资和投资的追责力度。此外，受减税降费影响，财政收入增速或将继续下滑，加之地方土地出让金收入不断减少，地方财政支出增长空间受到制约，影响了地方政府固定资产投资增长。总体来看，下半年基建

投资增速主要依赖于财政政策的节奏，在稳增长的逆周期调控政策作用下，基建投资增长有可能改善。二是房地产投资增速或略有下滑。随着房地产开发商的拿地热情减退，近期土地购置面积大幅回落，未来将抑制房地产投资增长。今年以来棚改货币化安置不断收紧，三四线城市房地产投资增长或将减缓。此外，目前建安设备费增长仍有支撑，但预计土地购置费增速较上年大幅回落，叠加房地产销售低迷（受棚改退潮影响），下半年房地产投资增速可能下滑。不过，年内房地产投资增速下降空间相对有限。前期开发商土地购置面积大幅增加，将助推本年房屋施工面积增长，以及房地产建安投资力度增加，对房地产投资形成一定支撑。在当前金融环境下，较为充裕的流动性和低利率为房地产投资提供了稳定的资金来源，1—5 月房地产开发资金累计同比增长 7.6%，较上年同期大幅回升 2.5 个百分点。此外，在房地产库存较低的背景下，部分一二线城市商品房销售价格的上涨，也将刺激房地产开发商的投资意愿。三是制造业投资增长或缓中趋稳。自 2018 年以来工业企业产能利用率呈现下行态势，工业企业利润下滑，制造业投资意愿降低。随着中美贸易摩擦进一步升级，以及全球经济增速放缓，与出口相关的制造业企业需求将受到较大影响，也拖累制造业投资增长。不过，减税降费力度的不断加大，以及民营和小微企业融资环境的持续改善，将为制造业投资增长形成政策支撑。在科技创新驱动和需求快速增长的拉动下，高技术产业投资仍将保持较高增速，为制造业投资增长提供支撑。

消费增速或将保持相对平稳。随着个税改革的落实，以及精准扶贫力度的加大，近期全国居民人均可支配收入增速有所回升，2019 年 1—3 月实际累计同比增长 6.8%，较上年同期上升 0.2 个百分点，将对消费增长形成支撑。6 月初，国家发展改革委等部门印发《推动重点消费品更新升级　畅通资源循环利用实施方案（2019—2020 年）》，提出“坚决破除乘用车消费障碍，大力推动新能源汽车消费使用”，这些政策措施将有效释放汽车消费的潜在需求，叠加上年的低基数，下半年汽车消费快速下滑的形势有望缓解。不过，经济放缓带来的就业压力加大影响消费信心，在房地产调控政策不变的背景下，房地产销售仍然低迷，将继续拖累家具、装潢、家电等消费增长；前期房价大幅上涨造成居民负债增加，仍将制约居民的消费能力。

出口增长或将乏力。全球经济增速或继续放缓，5 月美国、欧盟、日本等主要发达国家和地区的 PMI 指数皆呈下滑趋势，将影响我国企业出口状况。此外，考虑到中美贸易摩擦的不确定性，下半年对美国的出口形势仍不乐观。不过，随着我国与“一带一路”沿线国家、东盟成员国等新兴经济体之间经济合作不断加强，出口增长有望得到支撑；贸易摩擦带来的人民币汇率贬值压力，也将在一定程度上减缓出口下行压力。

（二）PPI 同比涨幅可能继续维持低位

中上游部分工业品价格或略有回落。从供给端看，钢铁、煤炭等行业已提前两年完成去产能目标，去产能政策对供给的影响减弱。环保政策的执行力度仍然未放松，但对企业生产的抑制作用也边际弱化。部分工业品价格维持相对较高水平，刺激企业扩大生产，5 月国家统计局统计的 605 种主要工业产品中，有 325 种产品产量实现同比增长，增长面较上月扩大 4.4 个百分点。从需求端看，在房地产投资增速大概率稳中趋缓、基建投资增速回升幅度有限、制造业投资缓中趋稳的背景下，预计对中上游相关行业的工业品需求有所回落，对工业品价格形成拖累。此外，从 4 月开始实施的增值税结构性减税政策或将直接传导至工业品定价，也在一定程度上拉低部分工业品价格。在整体供略大于求的情况下，叠加结构性减税因素影响，预计未来工业品价格仍将维持弱势，部分中上游工业品价格将有所回落。

国际大宗商品价格或呈震荡趋缓态势。在需求方面，全球需求预期持续走弱，世界银行 6 月最新预测将 2019 年全球经济增速下调 0.3 个百分点至 2.6%。全球经济放缓、国际贸易环境不确定性增加对国际原油需求形成抑制。在需求偏弱的背景下，国际原油价格变化更多地来自供给端。随着页岩油开采成本逐步下降，支撑美国页岩油产量攀升。3 月中旬以来，美国商业原油库存维持快速上行，并处于历史高位，表明国际原油供给相对充裕。美国原油增产或将激发“OPEC+”维护市场份额的动机，预计后续“OPEC+”不会单边加大减产力度。整体看，在需求相对疲弱的背景下，预计下半年国际原油价格呈现震荡趋缓态势，相对于上半年，国际原油价格中枢可能有所下移。

在全球经济整体偏弱的背景下，其他大宗商品价格大幅上涨的概率较小，预计整体呈现偏弱震荡走势。在黑色金属方面，近期铁矿港口库存下行，短期现货整体呈现震荡偏弱格局。在有色金属方面，铜矿供应偏紧的趋势仍在，对期价有一定支撑，但 6 月 LME 铜库存剧增，下游消费相对疲软，铜价缺乏大涨基础；LME 铝库存回升，伦铝库存持续上涨，对铝价上涨形成抑制。

总体上，受国内外需求走弱、大宗商品供给相对充裕等因素影响，工业品价格上涨动能不足，考虑到 6 月以后进入同期高基数区间，在未有大的外部冲击的情况下，预计下半年 PPI 同比涨幅多数月份为负。

（三）猪肉供给相对收缩是推升 CPI 的主要因素

猪肉价格涨幅或将进一步扩大。受非洲猪瘟疫情的影响，生猪存栏量减少，猪肉供给继续相对收缩。从先行指标看，6 月农业农村部畜牧兽医局发布的 5 月存栏信息显示，5 月生猪存栏比上月减少 4.2%，比上年同期减少 22.9%；能繁母猪存栏比上月减少 4.1%，比上年同期减少 23.9%。在猪肉需求变化不大、猪肉进口占比较低的情况下，猪肉供给的相对减少将开启新一轮猪周期，未来猪肉价格可能持续出现上行态势。

鲜菜、鲜果价格回归季节性波动。随着气温回升，蔬菜供应加大，价格将随着鲜菜批量上市逐步回落至合理区间；在鲜果方面，气温回升后夏季时令水果陆续上市，有望缓解鲜果价格整体上涨的压力。预计随着短期极端天气因素逐步消退，鲜菜鲜果供应量加大，价格上涨动力将有所减弱，价格波动将逐步向季节性波动回归，鲜菜价格季节性下跌，鲜果价格涨幅收窄。

粮食价格预计总体稳中略升。国内主要粮食供需维持平衡格局，价格大幅上涨动力不足。玉米供求关系由宽松转为基本平衡，2019 年玉米播种面积小幅调减，由于优势区生产保持稳定，玉米总产量变化不大；玉米消费增速放缓，玉米饲用消费受生猪存栏量下降的影响将有所减少，考虑到玉米工业消费增速趋缓，玉米价格可能呈稳中有涨趋势。2019 年我国将深入推进种植结构调整，小麦、稻谷种植面积将稳中略减，但优质稻谷和专用小麦种植面积继续增加，将保证小麦和稻谷价格基本平稳。受中美贸易摩擦和大豆主产区天气等因素影响，大豆价格未来预计略有上升。美国大豆不同主产区分别遭遇了干旱和持续性降雨天气，单产和种植面积减少；但巴西大豆今年丰产，产量较上年明显增加。受中美贸易关税政策的影响，我国大豆进口国家主要是阿根廷和巴西，进口大豆价格可能略有上涨。随着大豆振兴计划实施，预计2019年我国大豆种植面积有望增加约1000万亩，国内大豆生产较大幅度的增长将抑制大豆价格出现大幅上涨。

非食品价格同比涨幅可能有所收窄。受我国经济结构调整，居民收入水平提高，以及人口结构变化等因素的影响，服务类项目价格存在持续上涨的动能，对CPI具有长期支撑作用，未来非食品价格对CPI上涨的贡献率依然较高。不过，在年内非食品价格同比涨幅可能有所收窄。一是国际油价回落将通过交通工具用燃料项直接传导，带动交通工具用燃料价格回落。二是医疗保健价格或恢复相对平稳。其中，西药由于受到政策因素影响，全国招标价格已经明显回落；中药有缓慢上升趋势。三是增值税减税预计自第二季度起开始向工业制成品价格传导，将拉低非食品价格中的部分工业制成品的价格。

总体来看，下半年食品价格，主要是猪肉价格或成为拉动CPI上涨的主要因素。不过，国际原油价格、医疗保健价格和增值税减税等因素对CPI同比上涨的支撑较弱。考虑到翘尾因素，预计6月CPI同比涨幅较高，下半年CPI同比涨幅略有收窄。

（四）价格变动趋势预测

预计2019年全年CPI上涨2.4%左右。基于以上分析，根据计量经济模型预测，在未有大的外部冲击的情况下，预计食品价格小幅上涨，拉动年内CPI回升，全年上涨2.4%左右；受食品价格波动性较大的影响，CPI月度同比涨幅波动性较高（见图10）。

预计全年PPI下降0.5%左右。基于以上分析，根据计量经济模型预测，在投资需求低位企稳回升，特别是基建投资未有超预期大幅度增长的情景下，上中游工业品供略大于需。考虑到基期效应，预计下半年PPI同比涨幅多数月份为负，全年下降0.5%左右（见图11）。

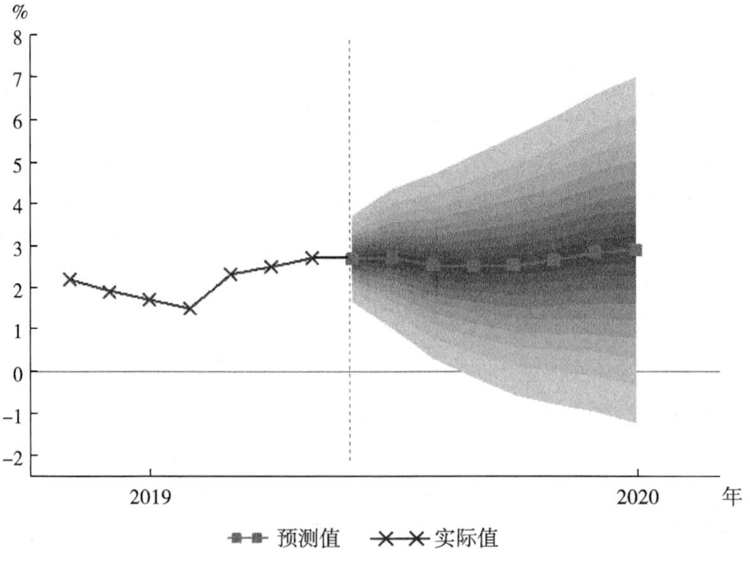

图10　CPI同比涨幅预测

（数据来源：2019年5月及之前的数据来源于国家统计局，6月及之后的数据为作者预测）

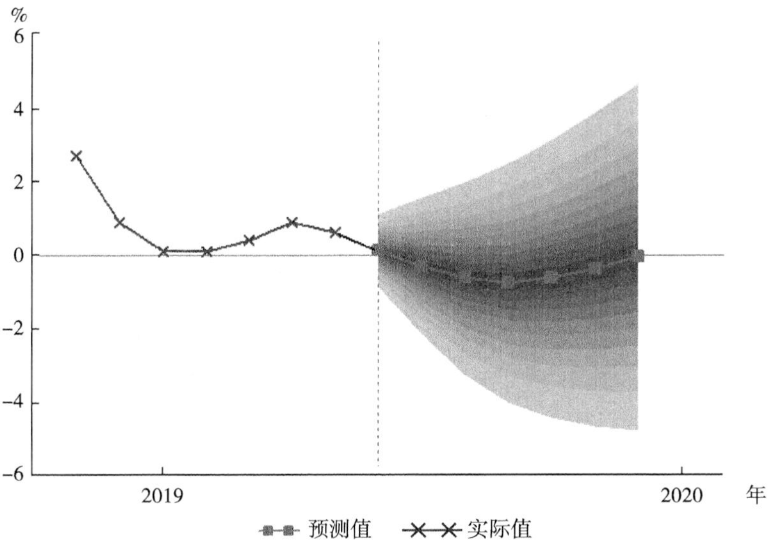

图 11　PPI 同比涨幅预测

（数据来源：2019 年 5 月及之前的数据来源于国家统计局，6 月及之后的数据为作者预测）

2019 年第三季度　价格监测分析报告

一、总需求偏弱，推动价格上涨的动能不足

近期经济增长呈现放缓态势，2019 年第一季度、第二季度 GDP 同比分别增长 6.4%和 6.2%。工业生产有所下降，1—8 月全国规模以上工业增加值累计同比增长 5.6%，增速比 1—6 月回落 0.4 个百分点，比上年同期低 0.9 个百分点。其中，8 月同比增长 4.4%，为 2009 年（排除春节因素）以来新低。从投资、消费和出口看，总需求呈下行态势，价格上涨动能不足。

（一）投资增长维持低位

1—8 月，全国固定资产投资（不含农户）同比增长 5.5%，增速比 1—6 月回落 0.3 个百分点。其中，民间固定资产投资累计同比增长 4.9%，增速比 1—6 月放缓 0.8 个百分点（见图 1）。

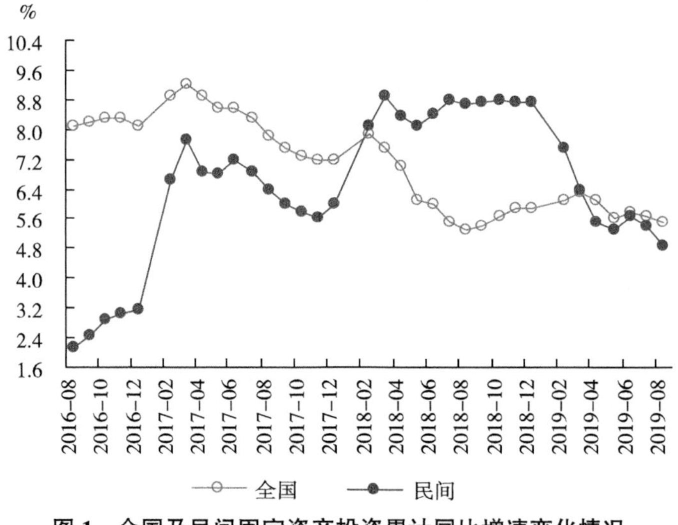

图 1　全国及民间固定资产投资累计同比增速变化情况

（数据来源：Wind）

房地产开发投资增速高位回落。2019 年初，受项目施工进度加快影响，房地产开发投资增速回升，前 4 个月累计同比增长 11.9%，为 2015 年以来的高位。此后，在调控政策影响下，土地市场降温，房地产企业融资来源监管趋严，土地购置费增长回落，带动房地产开发投资增长回落。1—8 月，房地产开发投资累计同比增长 10.5%，比 1—6 月放缓 0.4 个百分点。

制造业投资增长处于低位。受全球经济及贸易增长放缓、中美经贸摩擦加剧，以及企

业盈利空间收窄等因素影响，2019 年初，制造业投资增长逐步回落，前 4 个月制造业投资增长降至自 2004 年以来的低位。虽然减税降费有利于制造业景气回升，但近期中美经贸摩擦升级给外向型企业带来压力，加之需求动能不足和利润增长回落，制造业投资增长放缓。1—8 月，制造业投资累计同比增长 2.6%，增速比 1—6 月回落 0.4 个百分点（见图 2）。

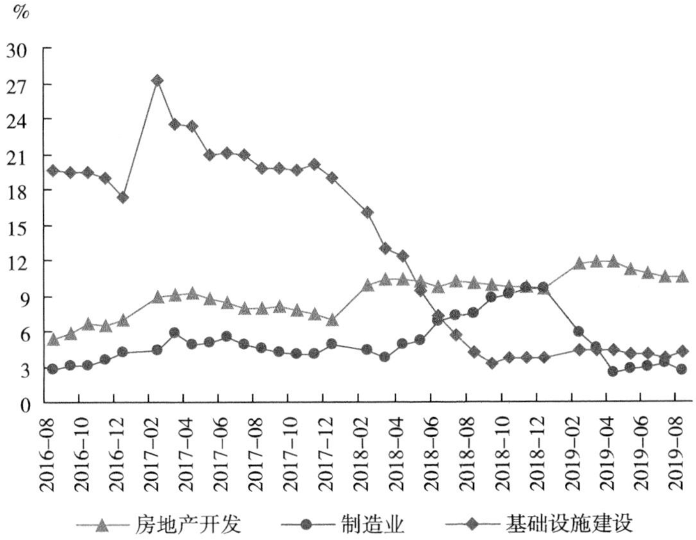

图 2　三个领域固定资产投资累计同比变化情况

（数据来源：Wind）

基建投资增速低位趋稳。受中央对地方政府隐性债务监管趋严、土地融资收紧等的影响，基建投资资金来源受限。但在经济下行压力较大的背景下，财政政策有所宽松，特别是地方政府专项债发行进度加快，有助于扩大重大基础设施领域的有效投资。受此影响，基建投资增长缓中趋稳，1—8 月，基建投资（不含电力、热力、燃气及水的生产和供应业）累计同比增长 4.2%，增速比 1—6 月回升 0.1 个百分点。

（二）消费增长有所放缓

1—8 月，社会消费品零售总额名义累计同比增长 8.2%，比 1—6 月低 0.2 个百分点，比上年同期低 1.1 个百分点。其中，8 月同比增长 7.5%，为自 2003 年 6 月以来的次低。一是房地产销售增长放缓，导致家电、建筑及装潢材料、家具等增速回落。二是 6 月受“国五”“国六”环保标准转换影响，很多厂商、经销商开展促销，产生透支效应，引发 7 月、8 月汽车销售回落。三是受国际油价下跌以及高基数影响，石油及其制品消费增速回落（见图 3）。

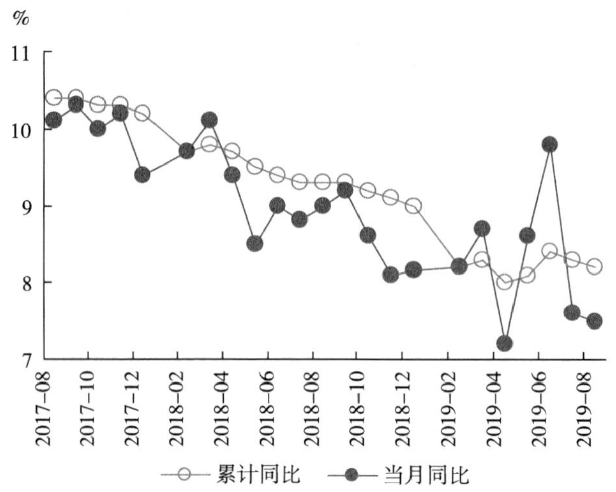

图 3 社会消费品零售总额累计同比及当月同比变化情况

（数据来源：Wind）

（三）出口下行压力加大

受全球经济增长放缓的影响，外需疲弱，出口下行压力加大。1—8 月，以美元计价的出口累计同比增长 0.4%，增速比上年同期低 11.6 个百分点。受中美经贸摩擦的影响，自 2019 年以来我国对美国出口增长下降，加之上年国内企业贸易“抢跑效应”明显，推高了今年对比基数，导致今年对美出口下降明显，1—8 月对美出口累计同比下降 8.9%，增速比上年同期低 22.3 个百分点（见图 4）。

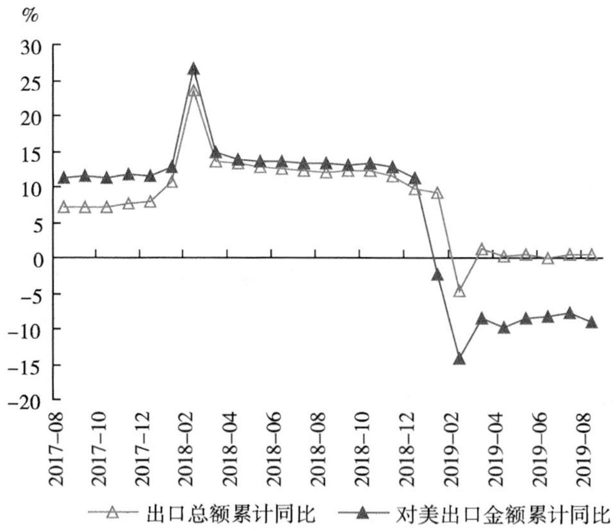

图 4 出口总额及对美出口金额累计同比变化情况

（数据来源：Wind）

二、价格指数呈现 CPI 上涨、PPI 下跌的分化态势

（一）猪肉等食品供应偏紧，推升 CPI 同比涨幅扩大

7 月、8 月，CPI 环比分别上涨 0.4%和 0.7%；同比均上涨 2.8%，为 2018 年 2 月以来的高位。剔除食品和能源的核心 CPI 同比分别上涨 1.6%和 1.5%，涨幅略有回落，为 2016 年下半年以来的相对低点（见图 5）。

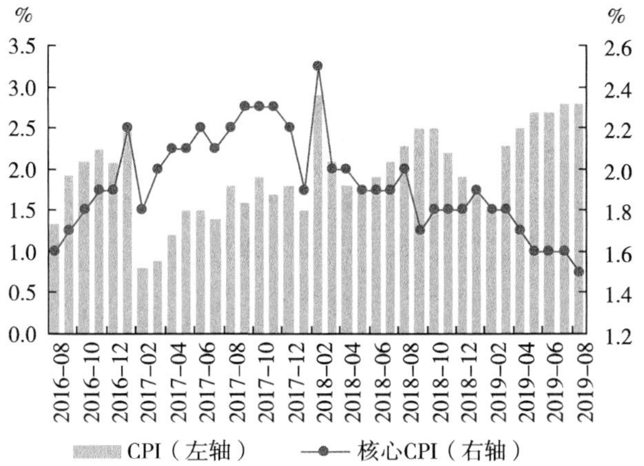

图 5　CPI 同比上涨情况

（数据来源：国家统计局）

供给偏紧推升食品价格（见图 6）。7 月、8 月，食品价格环比分别上涨 0.9%和 3.2%，涨幅高于往年同期；同比分别上涨 9.1%和 10%，涨幅分别比上年同期高 8.6 个和 8.3 个百分点，其中 8 月同比涨幅为 2012 年 2 月以来的高点。一是当前猪周期与猪瘟疫情、环保高压等因素“叠加共振”造成生猪供给严重不足，猪肉供给减少，价格上涨较快。7 月、8 月，猪肉价格环比分别上涨 7.8%和 23.1%，同比分别上涨 27%和 46.7%，涨幅分别比上年同期高 36.6 个和 51.6 个百分点。二是猪肉价格上涨带动替代品价格上升，牛羊肉价格涨幅扩大。8 月，牛羊肉价格环比分别上涨 4%和 2%，远远高于年初以来的其他月份。三是虽然时令瓜果上市带来鲜果价格环比下降，但受基期因素影响，同比涨幅仍较高，7 月、8 月，鲜果价格同比分别上涨 39.1%和 24%，涨幅分别比上年同期高 38.7 个和 18.5 个百分点（见图 7）。

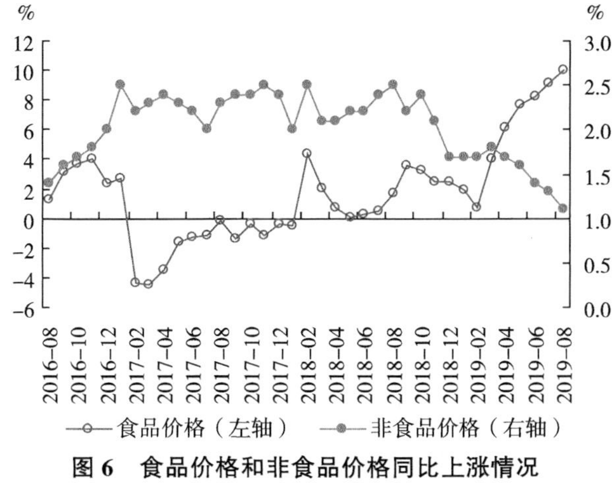

图 6　食品价格和非食品价格同比上涨情况

（数据来源：国家统计局）

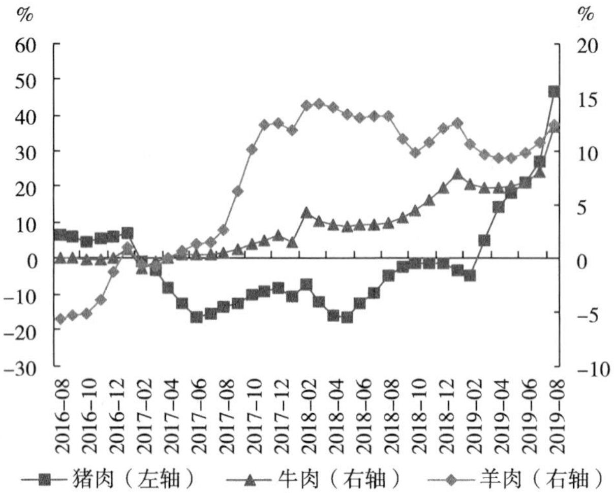

图7　部分食品价格变化情况

（数据来源：国家统计局）

国际油价传导和服务价格回落拉低非食品价格涨幅。7月、8月，非食品价格同比分别上涨1.3%和1.1%，涨幅延续回落态势，其中8月涨幅为2016年下半年以来的低点（见图8）。

一是国际原油价格变化向下游传导，带动相关消费品价格回落。7月、8月，国际原油价格总体下行，带动国内成品油价格总体下调。受此影响，交通工具用燃料价格同比分别下降9%和10.2%，涨幅分别比上年同期低31.2个和29.6个百分点；水电燃料分别上涨0.6%和持平，涨幅分别比上年同期低1.6个和2.3个百分点。

二是受政策调控的影响，二手房交易量下滑，房屋转售为租增多，在一定程度上平抑了租金上涨的动力。7月、8月，居住价格同比分别上涨1.5%和1%，涨幅分别比上年同期低0.9个和1.5个百分点，其中8月同比涨幅为2016年以来的低点。

此外，快递行业竞争加剧，平均价格降低。7月、8月，邮递服务价格同比分别下降0.4%和0.5%，涨幅分别比上年同期低1.4个和1.6个百分点。

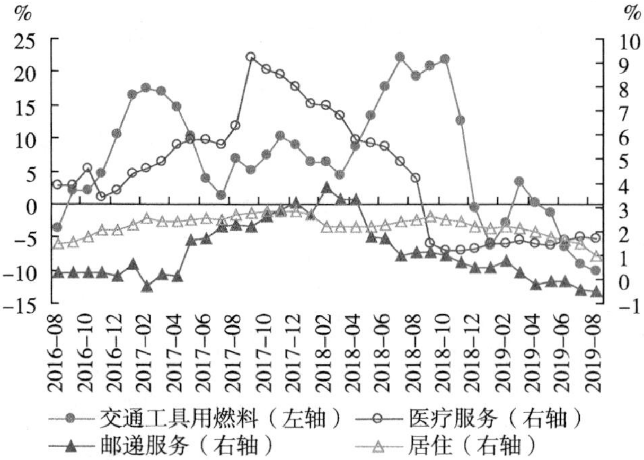

图8　部分非食品价格变化情况

（数据来源：国家统计局）

（二）需求偏弱带来PPI同比涨幅回落

6月以来，工业品价格呈下降态势，6月、7月和8月PPI环比分别下降0.3%、0.2%和0.1%。受基期因素影响，同比涨幅逐渐转负，6月、7月和8月分别为持平、下降0.3%和0.8%。其中，生产资料价格环比分别下降0.4%、0.3%和0.2%，同比分别下降0.3%、0.7%和1.3%。此外，虽然受猪肉价格上涨影响，8月农副食品加工业价格环比上涨1.4%，为数据发布以来的高位，推高食品类生活资料价格涨幅，但由于生活资料在PPI中权重较小，无法对冲生产资料价格下降的影响（见图9）。

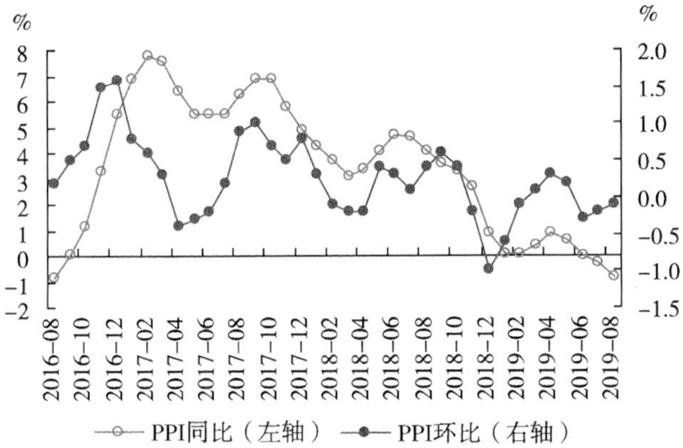

图9　工业生产者出厂价格走势

（数据来源：国家统计局）

中上游工业品供需相对调整带来价格回落。在供给端，自2019年以来，环保治理、安全生产等对企业生产的影响逐步减弱，企业有效产能继续增长。从主要工业品产量看，1—8月，焦炭、钢材产量累计同比分别增长6.7%和11.2%，涨幅分别比上年同期上升9.6个和3.9个百分点，原煤、生铁、粗钢等供给也有所增加。在需求端，尽管基础设施投资增速有所企稳，但制造业投资增速处于低位，房地产企业融资收紧，投资增速回落，制约钢铁、水泥等部分工业品的需求。中上游部分工业品供给的相对增加与需求偏弱导致中上游部分工业品价格回落。7月、8月，黑色金属冶炼和压延加工业价格同比分别下降0.4%和3.1%，涨幅分别比上年同期低12.7个和12.6个百分点。

国际输入性因素带动国内相关工业品价格下降。7月、8月国际原油价格下跌，8月末布伦特原油现货价跌至每桶60美元左右、WTI原油现货价跌至每桶55美元左右，较年内高点下降约20%。油价下跌拉低了国内能源、化工等相关行业的商品价格。7月、8月，考虑到上年的高基数，石油和天然气开采业价格同比分别下降8.3%和9.1%；石油、煤炭及其他燃料加工业价格同比分别下降5.1%和5.9%；化学原料和化学制品制造业价格同比分别下降4%和4.6%。

三、预计全年CPI上涨2.6%左右，PPI下降0.3%左右

预计总需求仍呈稳中趋缓态势，对价格的拉升作用较弱；价格呈现分化走势，年内CPI同比涨幅可能有所扩大，PPI同比涨幅可能维持负区间运行。

（一）总需求或稳中趋缓

预计固定资产投资增长低位波动。一是基建投资增速或企稳回升。根据地方重大项目建设需要，第四季度将提前下达明年专项债部分新增额度，扩大专项债使用范围，并限制专项债资金不得用于土地储备和房地产相关领域，将对基建投资形成拉动作用。二是房地产投资增长仍有下行压力。7月30日中央政治局会议再次重申落实房地产长效管理机制，不将房地产作为短期刺激经济的手段，房地产调控政策的延续，仍将抑制房地产开发投资意愿。此外，融资渠道全面收紧，或将抑制房地产投资增长。三是制造业投资增长可能缓中趋稳。受当前PPI同比增速下滑影响，工业企业利润或将继续下滑，对制造业投资增长形成制约。此外，受全球经济下行和中美贸易摩擦升级影响，相关出口行业的制造业企业投资意愿较低。不过，8月人民银行完善贷款市场报价利率（LPR）形成机制，旨在有效降低实体企业融资成本，将为稳定制造业投资增长形成政策支撑。

消费增长或将缓中趋稳。受经济下行压力加大以及失业率增加影响，上半年全国居民人均可支配收入实际累计同比增长6.5%，较第一季度回落0.3个百分点，居民收入持续放缓将在一定程度上抑制消费增长。房地产销售放缓将带来家具、装潢、家电等消费的下滑，继续拖累消费增长。不过，8月，国务院发布《关于加快发展流通促进商业消费的意见》，将进一步释放汽车消费潜力，加之后期“国五”车去库存的透支作用将逐渐消退，汽车销售的拖累作用将减弱。

预计出口增长趋于放缓。全球经济放缓将继续抑制我国出口增长。8月美国、欧盟、日本等主要发达国家和地区PMI指数皆处于荣枯线以下，显示外需对出口拉动较弱。中美贸易摩擦进一步升级，近期美国宣布拟将2500亿美元中国商品的关税税率从25%提高到30%，并提高其余3000亿美元中国商品的关税税率至15%，将对相关产品的出口产生不利影响。8月出口交货值同比下降4.3%，近三年来首次呈现负增长。未来我国出口增长有进一步放缓的可能。

（二）CPI同比涨幅可能有所扩大

猪肉价格是未来拉动CPI上涨的主要因素。首先，目前非洲猪瘟暴发频次较2018年明显下降，且已有24个省份城市疫区已解除封锁。但由于非洲猪瘟具有前期发现难、传播途径多、潜伏期长，发病过程短、发病率和死亡率高等特点，防控形势依然复杂严峻。从先行指标看，根据农业农村部对400个养猪县的定点监测数据，2019年7月，生猪存栏同比下降32.2%，降幅比上年同期扩大30.2个百分点；能繁母猪存栏同比下降31.9%，降幅比上年同期扩大27.9个百分点，显示国内供给端收缩仍将延续。

其次，8月29日商务部明确表示，将鼓励扩大猪肉进口，适时投放中央储备冻肉。这些政策多数是针对提升养殖户信心和积极性、加快生猪产能恢复提出的，并不能改变生猪的生产周期，短期效果不明显。其中，鼓励扩大猪肉进口和投放储备冻肉是短期政策，有助于缓解供给紧缺，但这两项增加的供给并不足以弥补供需缺口。预计猪肉价格短期内仍将持续上涨。考虑到政策效应和春节后猪肉需求的季节性减弱，预计明年上半年猪肉价格将达到顶部，此后大概率进入高位波动走势，上行周期还将延续14~20个月。

蔬菜、鲜果价格或相对趋稳，影响食品价格波动的程度较小。随着秋后气温逐步下降，北方地区的蔬菜产量降低，上市量逐步减少，但华北东部、南部以及西北地区的蔬菜开始进入采收期，上市量会逐渐加大，可补充北方地区产量的不足。另外，前期极端天气等不利因素对供给的冲击趋于弱化，有利于各地蔬菜生产，预计蔬菜供应将趋于平稳。在鲜果方面，在新品上市之后，前期供给扰动边际走弱。8月，鲜果价格同比上涨24%，涨幅较上月回落15.1个百分点，显示鲜果价格年内高点已过。预计年内全国整体蔬菜和鲜果价格波动将进入相对平稳阶段，价格大幅上涨可能性较低，对食品价格的支撑进一步减弱。

国内粮食价格总体稳定，对食品价格走势影响较弱。国内粮食供应总体稳定，供需维持平衡格局。6月，农业农村部宣布2019年夏粮丰收已成定局，为粮食价格稳定提供支撑。目前小麦、稻谷库存依然庞大。今年全国多地小麦产量增加，粮食重要产区小麦托市收购已经启动，抑制小麦价格下滑。稻谷的产量和进口量均较高，价格低迷走势短期内不会有大的变化。玉米市场将于年底完成去库存，库存已基本回归正常，预计玉米价格会出现小幅上涨。国内大豆市场供应充足，受生猪产业规模萎缩影响，需求相对疲弱，短期内价格会维持在低位。

中美贸易摩擦在一定程度上推升了农产品价格，但对CPI的影响十分有限。我国大宗农产品全面净进口，且进口来源地相对集中，致使贸易摩擦对物价形成上行压力。我国农产品贸易自2004年以来逆差持续扩大，2019年1—7月为414.7亿美元，同比增长13.7%。我国农产品四大进口来源地2018年分别为巴西、东盟、美国和欧盟，进口额合计836.7亿美元。其中，从美国进口的农产品占比在2003年至2017年处于20%~30%。在此背景下，中美贸易摩擦影响我国从美国进口农产品，一定程度上影响了农产品进口价格。不过，由于国内各类农产品价格整体上高于国际农产品价格，加之我国农产品进口量增加，从美国进口占比下降，中美贸易摩擦推升国内农产品价格的幅度十分有限。

非食品类价格同比涨幅可能略有回落。非食品类项目价格刚性特征明显，易涨难跌，但在经济增长放缓、生活资料价格指数低位波动的情景下，受租金下行等因素的影响，年内同比涨幅可能延续小幅回落态势。一是经济增长放缓、居民部门高杠杆使消费能力受到制约，对非食品类中的衣着、教育文化和娱乐、生活用品及服务等价格都将产生不利影响。二是近期深圳、南宁、杭州等城市相继出台住房租赁市场相关政策，多渠道增加租赁住房用地和租赁房源供给，并加强对租赁市场监管，将对住房价格产生影响。三是前几年拉升非食品价格的医疗保健类价格对非食品价格的支撑将有所减弱。不过，受益于海外油价短期内反弹，可能推动交通和通信价格上涨，继而对非食品价格形成支撑。

此外，新一轮增值税税率下调和加计扣除政策降低CPI同比上涨幅度，但这种影响很小，并且是一次性的。

（三）PPI同比可能维持负区间运行

中上游部分工业品价格或略有回落。从供给端看，生态环境保护例行督察及“回头看”工作将对供给产生影响，但随着供给侧结构性改革的持续推进，去产能的节奏开始边际放缓，环保治理的影响减弱，中上游工业品供给端收缩边际弱化。从需求端看，工业景气度总体低迷对中上游工业品需求，尤其是钢铁、有色金属、非金属矿物制品需求形成拖累。8月，PMI已连续4个月处于荣枯线以下，1—7月，全国规模以上工业企业利润累计同比下降1.7%，增速仍在负区间徘徊。整体看，在需求收缩程度大于供给收缩程度的背景下，部分中上游工业品价格或将继续小幅回落。不过，7月30日中央政治局会议后，财政和货币政策趋向宽松，基建投资逐步企稳回升，可能会对部分工业品价格形成支持。

中美贸易摩擦在一定程度上拉低工业品价格。首先，中美贸易摩擦直接影响了我国对美国的出口。1—8月我国货物贸易进出口总值增长3.6%，其中出口增长6.1%，进口增长0.8%。但中美贸易总值下降9%，其中对美国出口下降3.7%，进口下降23.5%。对美国出口的减少在一定程度上压低了相关行业的产品价格。其次，中美贸易摩擦也增加了我国经济的不确定性，间接影响了我国经济增长动能，在一定程度上抑制了工业品价格上涨。

国际大宗商品价格短期上行难以持续。全球经济预期持续走弱，贸易争端的不确定性、英国脱欧、部分国家主权债务风险、地缘政治升温等因素将加剧全球经济增长下行风险，并对大宗商品需求增长产生负面影响。在这样的背景下，国际原油价格的未来走势主要取决于供给端。根据9月EIA预测，2019年美国原油产量为1224万桶/日，显示美国的原油产量仍处于历史高点。此外，8月OPEC产量自今年减产以来首度上升，俄罗斯虽然已经执行减产，但力度不及所做的承诺，显示国际原油供给仍相对宽松。9月14日凌晨沙特石油设施遇袭事件后，预估受影响的石油供应达570万桶/日，约占沙特石油日产量的50%，相当于全球供应量的5%，引致国际原油价格迅速脉冲式拉升，近期有所回调。未来，若沙特短期内实现复产，或限制油价涨幅及上涨时间；若沙特复产缓慢，国际能源署以及美国也会尽早释放战略储备来维持供需平衡，抑制中期价格上涨。总体看，在地缘风险上升的背景下，国际原油价格可能呈现震荡态势，价格中枢有所上移。

在全球经济偏弱、贸易摩擦升级的背景下，其他大宗商品价格不存在大幅上涨的基础，预计整体呈现偏弱震荡走势。世界银行在4月发布的《大宗商品市场展望》中，对2019年能源、有色金属、铁矿石的预测持悲观态度。在主要大宗商品中，除了预计铁矿石价格大幅上涨外，其他大宗商品价格均同比回落。在黑色金属方面，铁矿石需求旺盛，短期来看价格易涨难跌，但由于港口去库存尚未结束，上行空间有限。在有色金属方面，9月LME铜、铝、锌库存分别下降3.19%、1.25%、3.47%，处于相对低位，对金属价格形成一定支撑，但全球经济放缓将抑制价格上涨。

此外，2019年4月1日开展的增值税税率下调带动PPI上涨，但这种影响很小，并且是一次性的。

（四）价格变动趋势预测

预计2019年全年CPI上涨2.6%左右。基于以上分析，根据计量经济模型预测，在未有大的外部冲击的情况下，食品价格，主要是猪肉价格，仍将是拉动CPI上涨的主要因素；在经济放缓、需求偏弱的背景下，非食品价格仍将维持低位波动。未来一段时期CPI会继续呈现上涨态势，近期同比涨幅超过3%的概率较大，2019年全年上涨在2.6%左右；考虑到“春节错位”因素的影响，2020年1月CPI同比涨幅达到高点，甚至突破4%，然后有所收窄，但2020年上半年仍可能维持在3%左右（见图10）。

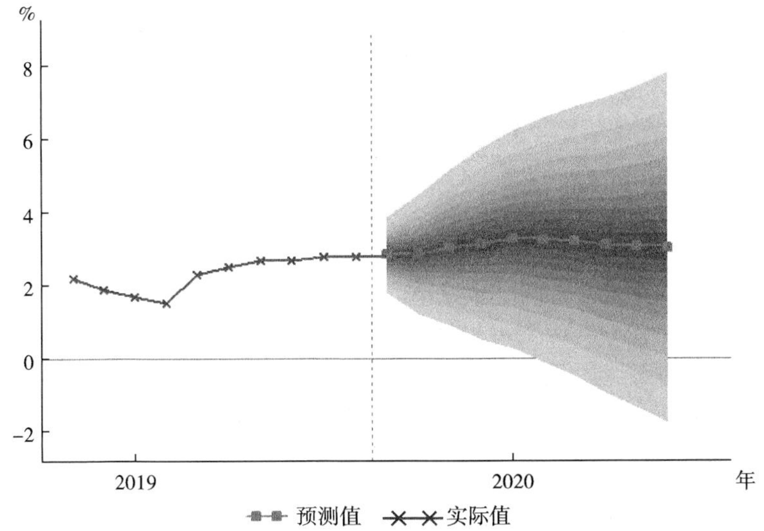

图 10　CPI 同比涨幅预测

（数据来源：2019 年 8 月及之前的数据来源于国家统计局，9 月及之后的数据为作者预测）

预计全年 PPI 下降 0. 3%左右。基于以上分析，根据计量经济模型预测，在经济增长放缓，投资需求增长低位波动，特别是基建投资未有超预期大幅度增长的情景下，伴随抑制工业品供给增长的因素减弱，工业品呈现供略大于需，叠加高基数效应，9 月、10 月 PPI 将继续下行。考虑到第四季度逆周期调控政策有所加力，以及国际油价短期震荡对国内工业品价格形成一定支撑，年末 PPI 同比跌幅可能有所收窄，全年 PPI 下降 0. 3%左右。2020 年上半年仍维持低位，当月同比涨幅在零附近波动（见图 11）。

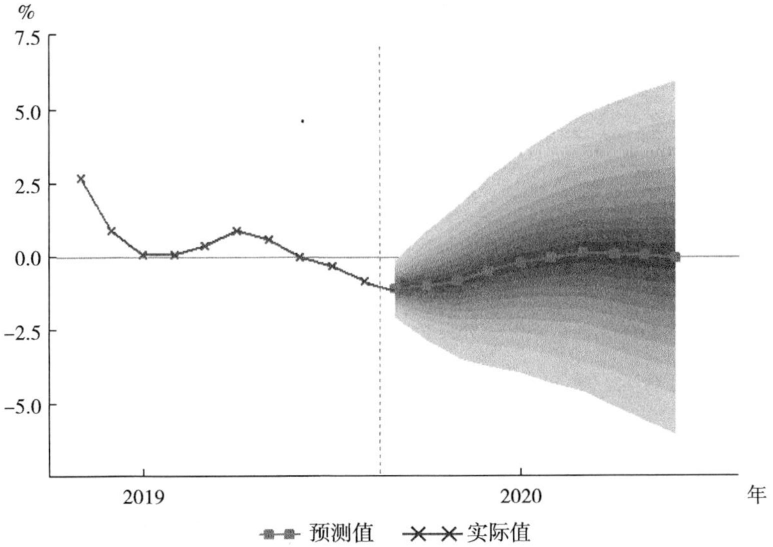

图 11　PPI 同比涨幅预测

（数据来源：2019 年 8 月及之前的数据来源于国家统计局，9 月及之后的数据为作者预测）

专题：当前猪肉价格变化及未来走势

摘要：当前猪周期与猪瘟疫情、环保高压等因素“叠加共振”造成生猪供给严重不足，导致猪肉价格快速大幅上涨。综合考虑生猪生产周期、疫情持续影响、应对政策效应以及需求因素，猪肉价格短期内仍将持续上涨，上行周期也将被显著拉长，预计明年上半年达到顶部，此后大概率进入高位波动走势，上行周期还将延续14~20个月。由于缺乏需求支撑，猪肉价格上涨引发严重通胀的可能性较小，但仍将带动CPI在今年第四季度和明年上半年持续高位运行，个别月份将突破3%甚至4%。

考虑到本轮通胀主要是猪肉供给冲击造成的，且上涨幅度和延续时间在可容忍范围内，货币政策无须过度关注猪肉价格，而应更多考虑核心CPI、PPI等价格指标，保持政策定力，做好逆周期调控。

一、近期猪肉价格变化及主要原因

自2019年2月进入上行通道以来，我国猪肉价格持续加速上涨。从22个省市平均价格看，9月6日猪肉价格达到36.61元/千克，创下历史新高，较2月初18.54元/千克的年内低点上涨97.5%。其中，8月单月价格涨幅达31.4%。本轮猪肉价格涨势之猛、幅度之大，都超出了有统计数据以来的历次周期。

（一）猪周期全面启动并进入上行通道

我国生猪行业集中度和规模化程度相对较低，周期性更为明显。2006年至今，猪肉价格大体经历了三轮周期，每轮周期3年左右。目前看，第四轮周期已经全面启动，猪肉价格从2019年2月开始进入上行通道，持续存在内在上涨动力（见图1）。

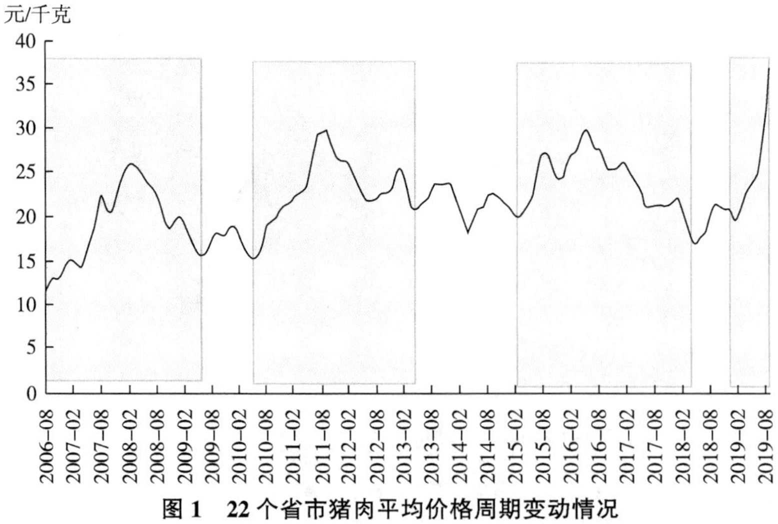

图1　22个省市猪肉平均价格周期变动情况

（数据来源：Wind，人民银行研究局）

（二）非洲猪瘟严重冲击生猪供给

自 2018 年 8 月 3 日以来，非洲猪瘟在国内快速扩散，严重影响了养殖户的信心，规模猪场纷纷加速出栏并推迟补栏，大量小养殖户则退出市场，生猪产能急剧下降。自 2019 年初以来，我国生猪和能繁母猪存栏量快速下降，且降幅逐月加大。其中，1 月、2 月生猪存栏降幅分别高达 1773 万头和 1584 万头，远超同期历史均值，导致 7—8 月生猪出栏明显减少，成为 8 月猪肉价格加速大幅上涨的主要原因。

（三）环保高压加剧生猪产能去化

自 2014 年以来，我国相继出台一系列法规和政策，要求在全国范围内依法关闭或搬迁禁养区内的畜禽养殖场和养殖专业户，畜禽养殖行业整体进入了环保高压期。目前，全国各地特别是东南沿海经济较发达地区的养猪场因为限养禁养政策关停的数量较多，政策执行中存在“一刀切”等不当行政的问题，部分养殖规模在数万头的养殖场也在关停之列。环保政策显著抬高了生猪养殖成本和进入门槛，短期内加剧了生猪产能的去化。

二、未来猪肉价格走势分析

从过去三轮猪周期看，价格上行周期分别为 22 个、17 个和 16 个月。本轮猪周期自 2019 年 2 月全面启动以来，已经连续上涨 7 个月。由于本轮产能去化程度远超前三轮，加之疫情、政策、需求等因素，上行周期将被显著拉长。考虑到政策效应和春节后猪肉需求的季节性减弱，预计明年上半年猪肉价格将达到顶部，此后大概率进入高位波动走势，上行周期将延续 14~20 个月。

（一）猪肉产能难以较快恢复

猪肉价格能否回落，根本上取决于生猪产能能否恢复。而猪肉产能恢复是由生猪生产周期决定的。本轮猪周期能繁母猪去化严重，产能恢复首先要从能繁母猪补库存开始。预计补库存过程应该在 14~20 个月。即使随着各项政策的出台，从 8 月转入补库存阶段，至少需要到明年 10 月，生猪产能才会明显恢复。

（二）非洲猪瘟的影响持续存在

目前，非洲猪瘟暴发频次较 2018 年明显下降，且已有 24 个省份城市疫区已解除封锁，但由于非洲猪瘟具有前期发现难、传播途径多、潜伏期长、发病过程短、发病率和死亡率高等特点，且疫苗研发仍是世界性难题，疫情防控形势依然复杂严峻，并将持续影响养殖户信心，加大生猪产能恢复的不确定性和难度。事实上，自 2019 年 2 月以来，猪肉价格的持续上涨，并没有带来养殖户补栏积极性的提高，生猪和能繁母猪存栏量仍不断下跌。

（三）应对政策短期效果或不明显

8 月 21 日国务院常务会议要求稳定生猪生产，保障猪肉供应。随后各部门陆续在养殖补贴、禁养修正、用地支持、运输便利、信贷保险支持等领域出台措施，不少地方也出台了鼓励养殖、加大补贴等政策措施。这些政策多数针对提升养殖户信心和积极性、加快生猪产能恢复，并不能改变生猪的生产周期，政策短期效果不明显。其中，鼓励扩大猪肉进口和投放储备冻肉属短期政策，有助于缓解供给紧缺。但这两项供给增加不足以弥补供需缺口。从历史数据看，我国可投放的储备冻肉不超过 20 万吨，每年猪肉进口大约 120 万吨，仅能弥补正常状态下的缺口。今年猪肉产量明显减少，估计全年供需缺口将超过 300 万吨。而我国猪肉进口已占全球进口总量的 20%，进一步扩大的空间有限。此外，国内猪肉价格上涨和进口增加会带动进口猪肉价格上涨。7 月我国进口猪肉价格同比上涨 36.6%，涨幅比上个月扩大 10.3 个百分点，同比扩大 44.9 个百分点，削弱了政策效果。

三、猪肉价格上涨不会引致严重通货膨胀

从前两轮猪周期看，CPI 与猪肉价格同步大幅上涨，均是在需求旺盛时期，且伴随着食品、非食品及 PPI 等价格的全面上涨。尽管未来一段时期，猪肉价格仍将持续上涨，并将推动 CPI 持续高位运行。但本轮周期缺乏需求支撑，猪肉价格上涨拉动 CPI 大幅度上涨的可能性较小。

本轮猪周期启动以来，猪肉价格同比涨幅由 3 月的 5.1%持续扩大至 8 月的 46.7%，CPI 同比增速仅从 2.3%扩大至 2.8%；尤其是 8 月猪肉价格同比涨幅较 7 月扩大了 19.7 个百分点，但 CPI 却保持 2.8%不变。目前，在经济下行压力持续加大，国内外需求极为疲弱的背景下，仅由供给冲击因素造成的猪肉价格上涨，难以带动其他食品价格的全面上涨，加之近期非食品价格同比涨幅持续走低，PPI 再次进入负值区间，猪肉价格变化对 CPI 的影响将弱于以往周期。

在猪肉价格带动下，今年第四季度到明年年中，CPI 同比涨幅可能维持在 3%左右，但出现严重通货膨胀的可能性较低。以 22 个省市猪肉平均价格进行简单测算，今年 1 月、2 月为猪肉价格低点，对应明年 1 月、2 月春节前后将大概率出现价格同比涨幅最高点。而 9 月初猪肉价格已达到历史最高点，继续大幅上涨的可能性不大。假如 9 月初的价格保持到春节前后，届时猪肉价格同比增幅将在 90%左右，影响 CPI 约 2.4 个百分点；如果猪肉价格涨至 45 元/公斤左右，则猪肉价格同比涨幅将在 140%左右，影响 CPI 约 3.8 个百分点。综合考虑非食品价格影响，部分月份 CPI 将突破 3%甚至 4%。不过，明年下半年，随着猪肉价格基数的抬升，CPI 同比增速将有所放缓。

总的来看，虽然明年 CPI 月度同比涨幅可能超过 3%的调控目标，但考虑到本轮通胀主要是猪肉供给冲击造成的，且上涨幅度和延续时间在可容忍范围内，货币政策无须过度关注猪肉价格，而应更多考虑核心 CPI、PPI 等价格指标，保持政策定力，做好逆周期调控。

2019年第四季度　价格监测分析报告

一、总需求稳中趋缓，推动价格上涨的动能不足

近期经济下行压力加大，2019年前三个季度GDP当季同比增速分别为6.4%、6.2%和6.0%。工业生产低位运行，1—11月全国规模以上工业增加值累计同比增长5.6%，增速与前三季度持平，比上年同期低0.7个百分点。从投资、消费和出口来看，总需求不旺，推动价格上涨的动能不足。

（一）投资增速维持低位

1—11月，全国固定资产投资（不含农户）同比增长5.2%，增速比前三季度回落0.2个百分点。其中，民间固定资产投资累计同比增长4.5%，比前三季度放缓0.2个百分点（见图1）。

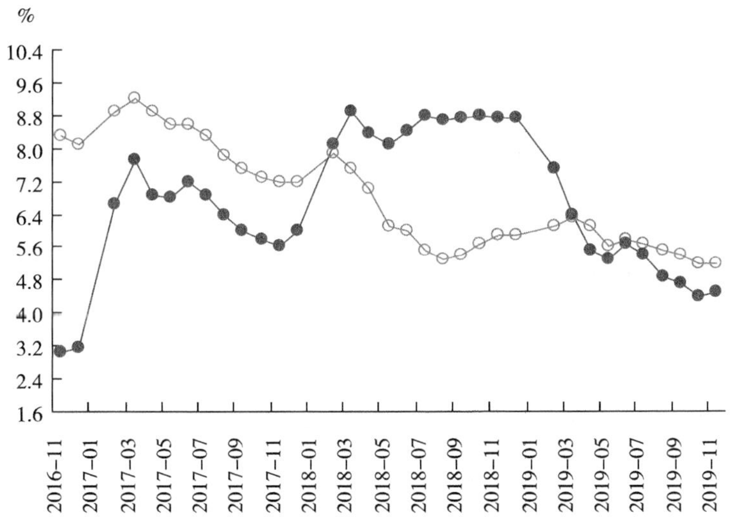

图1　全国及民间固定资产投资累计同比增速变化情况

（数据来源：Wind）

房地产开发投资增长相对稳定。2019年初，受项目施工进度加快影响，房地产开发投资增速回升，前4个月累计同比增长11.9%，为2015年以来的高位。此后，在调控政策影响下，房地产企业融资收紧，土地市场降温，土地购置费增速回落，房地产开发投资增速略有回落。1—11月，房地产开发投资累计同比增长10.2%，比前三季度放缓0.3个百分点。

制造业投资增速处于低位。全球贸易增速放缓，加之中美经贸摩擦的恶化，制造业企业需求增长放缓，盈利空间收窄，投资增速维持低位。1—11 月，制造业投资累计同比增长 2. 5%，增速与前三季度持平，为 2004 年数据发布以来的低位（见图 2）。

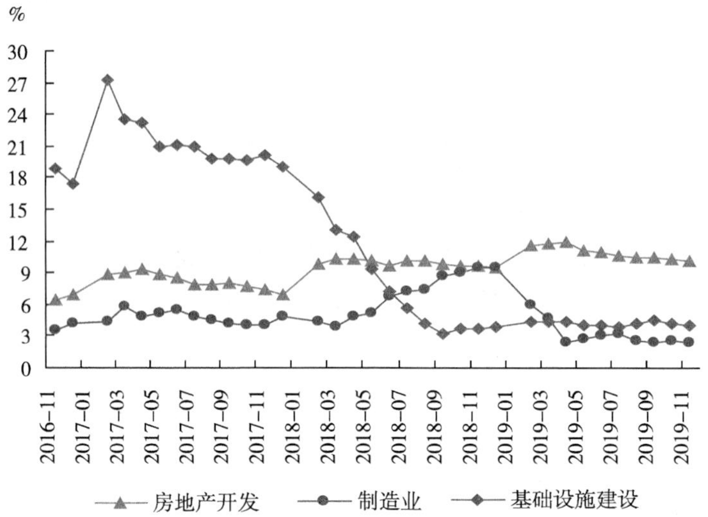

图 2　三个领域固定资产投资累计同比变化情况

（数据来源：Wind）

基建投资增速在低位相对稳定。出于经济稳增长的需要，自 2018 年 8 月以来，财政政策对基建投资的支持力度不断加码。不过，受地方政府隐性债务监管趋严、表外非标融资加速收缩、PPP 项目持续整改等因素的影响，基建投资资金来源受限，自 2019 年以来基建投资增速在低位波动。1—11 月，基建投资（不含电力、热力、燃气及水的生产和供应业）累计同比增长 4. 0%，增速比前三季度回落 0. 5 个百分点。

（二）消费增长相对稳定

受居民收入增长放缓、债务增加等因素影响，年初以来消费增长一直呈低位波动态势。1—11 月，社会消费品零售总额名义同比增长 8. 0%，比前三季度低 0. 2 个百分点，比上年同期低 1. 1 个百分点。其中，10 月同比增长 7. 2%，为 2004 年以来的最低值。房地产销售增速放缓，引致建筑及装潢材料、家具、家电等增速回落；前期车辆购置税等刺激消费政策透支需求，2019 年多个月份汽车销售下降，对消费增长形成拖累；受基数影响，石油及其制品的消费同比增速较上年同期明显回落（见图 3）。

（三）出口略有下降

在全球经济增长放缓的背景下，国际贸易处于疲软状态，中美贸易摩擦进一步影响了我国出口增长。1—11 月，以美元计价的出口同比下降 0. 3%，增速比上年同期低 11. 8 个百分点。其中，1—11 月，我国对美出口同比下降 12. 5%，增速比上年同期低 25. 4 个百分点（见图 4）。

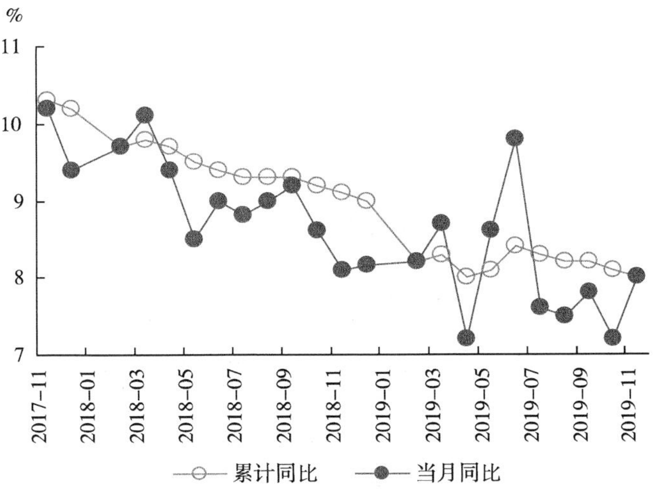

图 3　社会消费品零售总额累计同比及当月同比变化情况

（数据来源：Wind）

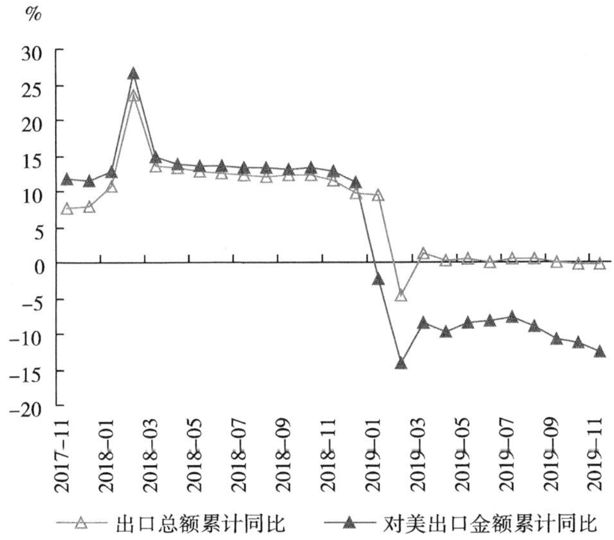

图 4　出口总额及对美出口金额累计同比变化情况

（数据来源：Wind）

二、食品价格拉动 CPI 上涨，基期因素导致 PPI 跌幅扩大

（一）食品价格拉动 CPI 快速上涨，核心 CPI 涨幅处于低位

居民消费价格变化的结构性特征明显。10 月、11 月，CPI 环比分别上涨 0.9%和 0.4%；同比分别上涨 3.8%和 4.5%，创下自 2012 年 2 月以来的高点。剔除食品和能源的核心 CPI 同比分别上涨 1.5%和 1.4%，涨幅略有回落，为 2016 年以来的相对低点（见图 5）。

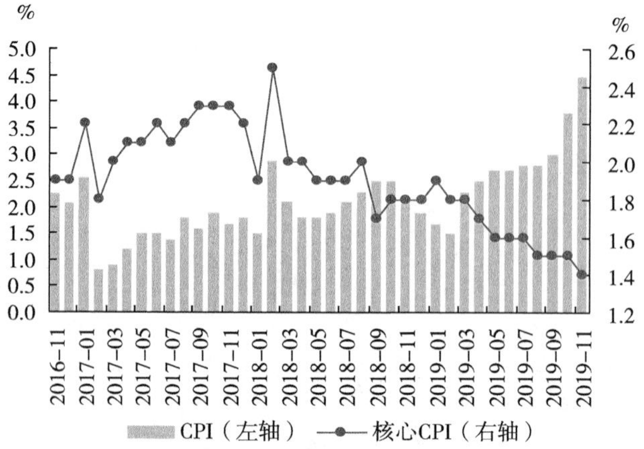

图 5　CPI 同比上涨情况

（数据来源：国家统计局）

供给收缩推升猪肉等食品价格（见图 6）。10 月、11 月，食品价格环比分别上涨 3.6%和 1.8%，涨幅高于往年同期平均水平；同比分别上涨 15.5%和 19.1%，涨幅分别比上年同期高 12.2 个和 16.6 个百分点，其中 11 月同比涨幅为自 2008 年下半年以来的高点。猪周期与猪瘟疫情、环保高压等因素“叠加共振”，生猪供给严重不足，猪肉供给持续减少，猪肉价格快速上涨。10 月、11 月，猪肉价格环比分别上涨 20.1%和 3.8%，同比分别上涨 101.3%和 110.2%，涨幅分别比上年同期高 102.6 个和 111.3 个百分点。同时，猪肉价格大幅上涨带动替代品需求增加，牛羊肉价格环比涨幅高于往年同期平均水平，同比涨幅扩大。10 月、11 月，牛肉价格同比分别上涨 20.4%和 22.2%，涨幅分别比上年同期高 15.9 个和 16.7 个百分点；羊肉价格同比分别上涨 16.1%和 14.3%，涨幅分别比上年同期高 6.2 个和 3.4 个百分点（见图 7）。

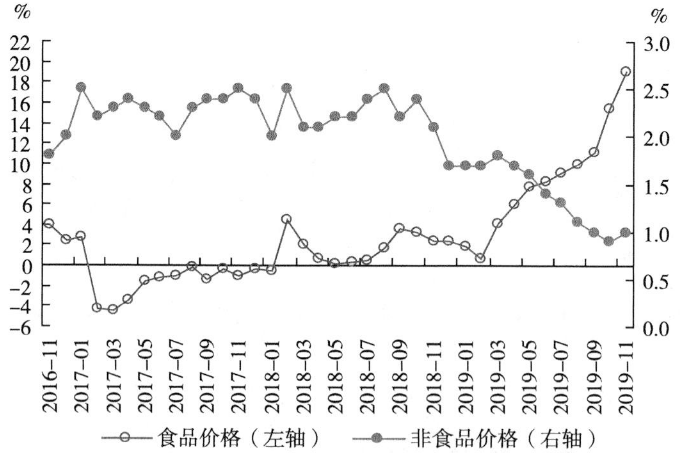

图 6　食品价格和非食品价格同比上涨情况

（数据来源：国家统计局）

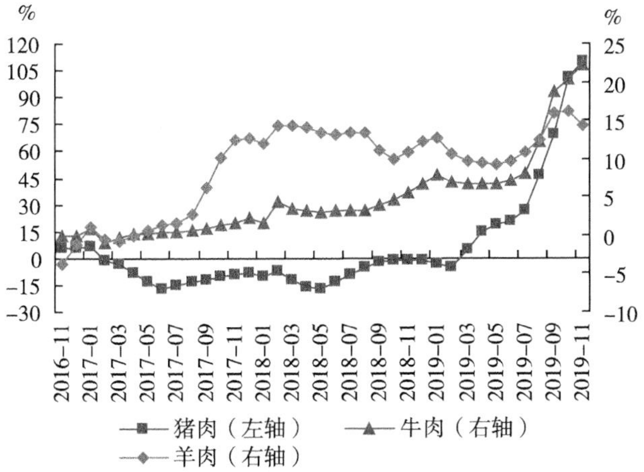

图 7　部分食品价格变化情况

（数据来源：国家统计局）

消费品和服务价格回落，非食品价格涨幅维持低位。受居民收入放缓、负债率上升等因素的影响，居民消费需求增长缓慢，非食品价格上涨动能不足。10 月、11 月，非食品价格同比分别上涨 0.9%和 1.0%，其中 10 月涨幅为自 2015 年 2 月以来的低点（见图 8）。

一是受政策调控的影响，二手房交易量下滑，房屋转售为租增多，在一定程度上平抑了租金上涨的动力。10 月、11 月租赁房租金价格同比分别上涨 1.2%和 0.9%，涨幅分别比上年同期低 1.3 个和 1.6 个百分点，其中 11 月同比涨幅为自 2006 年 2 月以来的低点。

二是 10 月、11 月国际原油价格总体略升，带动国内成品油价格一次下调、二次上调。但由于基数效应，10 月、11 月燃料价格同比明显下降，其中交通工具用燃料价格同比分别下降 15.1%和 10.6%，水电燃料同比分别下降 0.8%和 0.5%。

三是国家组织药品集中采购和试点扩围工作在全国范围内展开，中西药品价格涨幅降低。10 月、11 月中药价格同比分别上涨 3.6%和 3.4%，涨幅分别比上年同期低 2.7 个和 2.9 个百分点；西药价格同比均上涨 3.3%，涨幅均比上年同期低 2.1 个百分点。

四是自 5G 宣布商用以来，手机厂商为抢占市场，整体调低产品价格，10 月、11 月通信工具价格同比分别下降 3.0%和 3.8%。

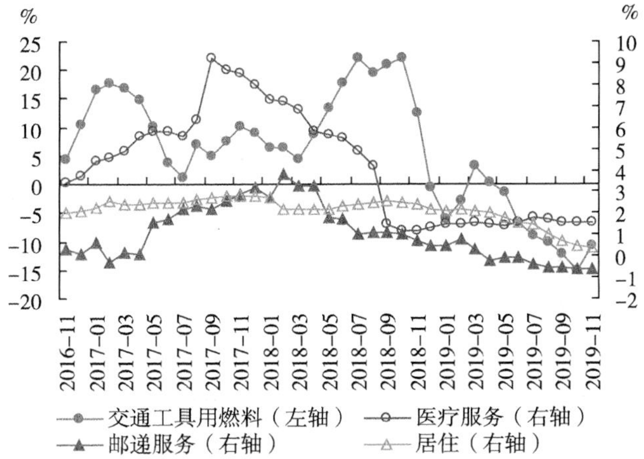

图 8　部分非食品价格变化情况

（数据来源：国家统计局）

(二) 工业品供需调整及基期因素导致PPI同比跌幅扩大

自9月以来，工业品价格总体呈波动态势，9月、10月和11月PPI环比分别上涨0.1%、0.1%和下降0.1%。但受基期因素影响，尤其是受上年油价高基数的影响，同比跌幅扩大，9月、10月和11月分别下降1.2%、1.6%和1.4%。其中，生产资料价格环比分别持平、持平和下降0.2%，同比分别下降2.0%、2.6%和2.5%（见图9）。

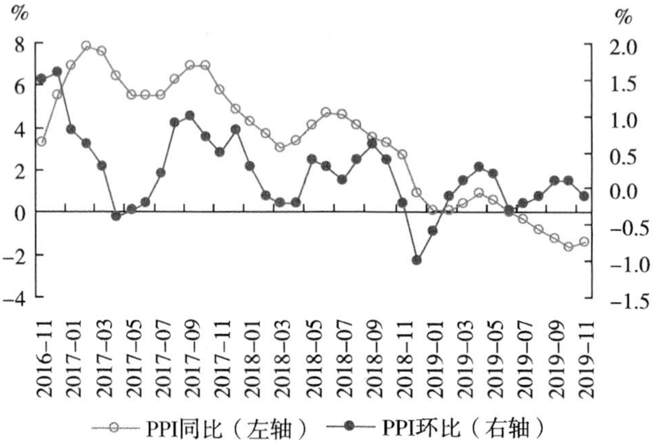

图9　工业生产者出厂价格走势

（数据来源：国家统计局）

部分工业品供略大于需，价格略有回落。在供给端，自2019年以来，环保治理、安全生产等对企业生产的影响边际减弱，企业有效产能继续增长。从主要工业品产量来看，1—11月，焦炭、钢材产量累计同比分别增长5.9%和10.0%，涨幅分别比上年同期上升6.0个和1.7个百分点，生铁、粗钢、水泥等供给也有所增加。

在需求端，房地产开发投资增速相对平稳，基建投资增速在低位略有回升，对钢铁、水泥等部分工业品的需求增长偏弱。总体上，工业品供给增长的相对增加与需求偏弱带来中上游部分工业品价格回落。10月、11月黑色金属冶炼及压延加工业价格环比均下降0.3%，同比分别下降6.1%和5.3%；煤炭开采和洗选业价格环比分别下降0.1%和0.5%，同比分别下降1.0%和2.8%。

基期因素带来部分工业品价格同比下降。近期国际原油价格震荡微涨，11月末布伦特和WTI原油现货价格分别为每桶63.23美元和55.17美元，较9月末分别上涨3.5%和2.0%。受此影响，国内能源、化工等相关行业的商品价格环比波动较小。但考虑到上年的高基数，同比价格明显下跌。10月、11月，石油和天然气开采业价格同比分别下降17.9%和11.2%；石油、煤炭及其他燃料加工业价格同比分别下降12.0%和9.9%；化学原料和化学制品制造业价格同比分别下降6.2%和6.4%。

食品价格变化向中上游传导，推升生活资料价格涨幅。受近期猪肉价格大幅上涨的影响，农副产品加工企业成本上升。9月、10月、11月，农副食品加工业价格环比均上涨1.8%，为数据发布以来的高位，并带动生活资料价格环比分别上涨0.5%、0.3%和0.3%，同比分别上涨1.1%、1.4%和1.6%。生活资料价格的上涨在一定程度上对冲了生产资料价格下降的影响。

三、预计2020年CPI上涨3.5%左右，PPI下降0.2%左右

预计总需求缓中企稳，对价格变化影响较小。价格变化的结构性特征将更加明显，CPI涨幅扩大，PPI同比略有下降。

（一）总需求增长或企稳

预计固定资产投资增长将小幅回升。一是基建投资增长或将加快。为撬动更多社会资本参与基础设施建设，11月国务院常务会议提出，针对基建和补短板领域要放松资本金要求。12月中央政治局会议继续强调"加强基础设施建设"。在政策驱动下，基建投资增长明年初有望企稳回升。同时，预计明年新增地方专项债较今年显著增加。对基建投资的支撑作用有望进一步加强，不过，在减税降费背景下，受财政收入下行、地方政府土地出让金减少，以及严控隐性债务等因素制约，预计基建投资回升幅度有限。

二是房地产投资增长小幅放缓。受"房住不炒"政策和居民部门杠杆率快速增长的影响，房地产销售面积增速将延续下滑趋势，对房地产投资增速形成抑制。此外，由于房企融资受限，在资金周转压力下，土地购置面积持续负增长，预计明年新开工面积同比增速将有所回落。不过，12月10日中央经济工作会议强调，"全面落实因城施策，稳地价、稳房价、稳预期的长效管理调控机制"，部分城市房地产调控政策或将根据当地房地产价格和需求情况适时调整，房地产投资仍可能保持一定增速。

三是制造业投资增长或小幅回升。近期工业企业利润整体下滑，资产负债率持续走高，影响企业投资增长。不过，中美第一阶段经贸协议文本达成一致，出口企业以及产业链上的相关企业投资增长或有改善。从先行指标看，11月制造业PMI为50.2%，在连续6个月低于临界点后，再次回到扩张区间，表明制造业投资有回暖迹象，预计明年制造业投资总体低位小幅反弹。

消费增长或将缓中趋稳。目前居民部门杠杆率攀升较快，债务负担和利息支出压力较大。截至2019年第三季度末，居民部门杠杆率达56.3%，较年初上升3.1个百分点，预计全年杠杆率增幅超过2018年。同时，今年居民人均可支配收入增长放缓，前三季度实际增长6.1%，比上半年大幅回落0.4个百分点。这些因素在一定程度上将抑制消费增长。不过，汽车销售低迷对消费的拖累或将减弱。11月15日国家发展改革委表示将破除汽车消费的各项限制，有助于汽车销售企稳。此外，就业形势相对稳定，社会保障覆盖面在扩大，有利于稳定消费预期；新消费模式、新消费业态的发展也对消费增长形成一定程度的支撑。

出口状况有望改善。一是在宽松政策刺激下，全球经济下行压力有所缓解，外部需求或企稳，或将支撑国内出口边际改善。二是中美第一阶段经贸协议文本达成一致，中美贸易摩擦短期缓和，预计我国对美国出口改善。三是人民币实际有效汇率的市场化波动在一定程度上缓解出口下行压力。此外，近期《区域全面经济伙伴关系协定》（RCEP）谈判取得重大进展，有利于我国对东盟出口。不过，明年全球贸易增长改善程度十分有限，中美经贸关系不确定性依然很大，我国出口增速回升幅度较为有限。

(二) 食品价格推动 CPI 涨幅扩大

猪肉价格将是拉动 CPI 上涨的主要因素。目前，中央和地方恢复生猪生产的政策效应已逐渐显现，尽管中小型养殖户补栏仍偏谨慎，但大型养殖企业已开始主动补栏，加上市场行情带动，养殖户补栏信心有望进一步增强。从先行指标看，根据农业农村部对全国 400 个县的定点监测数据，11 月，生猪存栏环比增长 2%，自 2018 年 11 月以来首次回升；能繁母猪存栏环比增长 4%，已连续 2 个月回升。两大重要生产指标止降回升，表明生猪产能可能已经触底。按照大型养殖集团 180 天的养殖周期来算，预计猪肉供应底部可能出现在 2020 年年中。

未来猪肉价格仍将持续上涨，考虑到扩大猪肉进口和投放储备冻肉等政策影响，以及较高价格抑制猪肉需求，上升速度放缓，上升幅度有限，明年上半年或呈现震荡态势，下半年猪肉价格逐步回落。

受基数效应影响，猪肉价格同比涨幅的高点领先于猪肉价格高点，考虑到春节因素，猪肉价格同比涨幅 2020 年 1 月达到高点，随后回落维持高位震荡，8 月涨幅开始回落。

粮食价格总体稳定，对食品价格走势影响有限。10 月农业农村部预计，2019 年全年粮食将实现增产，总产量保持在 1.3 万亿斤以上，国内供应量总体稳定，供需维持平衡格局。目前，小麦市场供需格局基本宽松，在临储库存高企以及政策性粮源定期投放的情况下，明年价格将维持低位。稻谷产量和进口量均较高，市场整体去库存压力依然较大，预计明年价格低迷走势不会有大的变化。随着“大豆振兴计划”的推进落实，目前国内大豆种植面积已经恢复到历史最高水平，在下游深加工需求没有改善的情况下，明年大豆价格将维持低位。在玉米种植面积调减、生猪养殖需求恢复、玉米深加工产能扩张、草地贪夜蛾在国内扩散等因素的作用下，明年玉米价格可能会出现小幅回升，对粮食价格形成一定支撑。此外，随着中美第一阶段经贸协议文本达成一致，未来我国将大幅增加大豆、小麦、玉米、稻谷等美国农产品进口，一定程度上抑制粮食价格上涨。

非食品价格同比涨幅或维持相对平稳。非食品类项目价格刚性特征明显，易涨难跌，但受居民可支配收入增速收窄、医改进程放缓、住房租金上涨动力不足等因素影响，明年非食品价格涨幅维持相对稳定。一是居民可支配收入增速放缓，叠加住户部门杠杆率上升，以及食品价格上涨对居民收入的挤压，将影响居民对衣着、生活用品及服务、医疗保健及个人用品、教育文化和娱乐等的消费，抑制非食品类价格上涨幅度。二是在“房住不炒”、租赁政策利好的背景下，未来住房租赁市场或迎来进一步发展，居住价格上涨动能不足。

从整体看，明年 CPI 同比涨幅继续扩大，受基数效应和春节错月的影响，2020 年 1 月可能达到高点，各月 CPI 同比涨幅呈现前高后低走势。

(三) 工业品价格维持相对稳定，PPI 同比略微下跌

供给增长与需求短期改善将推动工业品价格维持相对稳定。从需求端看，一是在稳增长政策下，基建投资增速将小幅回升，房地产投资增长呈现韧性，而出口改善可能带动制造业投资增速略有回升。二是当前工业企业处于主动去库存末期，10 月工业企业产成品

存货累计同比上涨 0.4%，较上年同期下降 8.9 个百分点，产成品库存增速已经降至历史低位。明年上半年可能开启新一轮补库存，部分工业品需求增加。

从供给端看，钢铁、煤炭等行业已提前两年完成去产能目标，环保治理、安全生产等政策对企业产能的影响逐步弱化，近期焦炭、钢材、水泥等工业品供给明显改善。从整体看，工业品供需大体平衡，工业品价格维持相对稳定。

国际原油价格或呈震荡走势。从需求端看，随着全球贸易紧张局势缓解、欧洲经济景气度回暖，以及全球宽松财政货币政策效应显现，全球经济或将缓慢复苏，推动原油需求温和回升。11 月，EIA 和 IEA 分别上调 2020 年原油需求增长预期至 137 万桶/日和 124 万桶/日（前值为 130 万桶/日和 122 万桶/日）。

从供给端看，近期 OPEC 成员国初步达成减产协议，预计将在 2020 年第一季度上调减产规模 50 万桶/日，为 OPEC 近十年来的最大减产幅度。加之沙特等主要参与国表示将继续提供额外的自愿减产量，最终减产幅度可能超过 210 万桶/日。此外，考虑到今年以来美国石油钻井平台数量持续萎缩，钻探活动出现放缓，以及独立页岩油开采企业削减开支，未来美国页岩油产量增加可能较前期有所放缓。综合来看，明年国际原油供需可能维持相对平衡，价格或维持震荡走势。

受全球经济边际改善、各国景气度抬升、供给偏紧等因素影响，预计其他大宗商品价格小幅回升。在黑色金属方面，必和必拓、淡水河谷、力拓和 FMG 四大铁矿石供应商发货量下滑，主要港口铁矿石库存大多维持在低位运行。11 月末我国国内 45 个港口库存总量为 1.24 亿吨左右，低于前两年水平。考虑到近期国内钢产品产量及需求都有所增长，以及全球铁矿石供应的寡头垄断形势，铁矿石价格可能上涨。在有色金属方面，年初以来受罢工停产、矿山品位下滑的影响，铜精矿产出受限，库存水平偏低，2019 年 1—8 月全球精炼铜产量同比下滑 2%；随着智利罢工持续进行，铜供应端或将进一步收紧。此外，伦铝、伦锌的库存同步去化，有色金属价格上涨的可能性较高。

整体来看，工业品需求改善，供给增长恢复，工业品供需相对平衡，考虑到基数效应，预计 PPI 同比略有下跌。

（四）价格变动趋势预测

预计 2019 年全年 CPI 上涨 2.9%左右，2020 年上涨 3.5%左右。基于以上分析，在总需求缓中趋稳的背景下，非食品价格涨幅仍将维持低位波动；食品价格，主要是猪肉价格，将是拉动 CPI 上涨的主要因素，未来一段时期 CPI 同比涨幅会继续扩大。预计 2019 年 12 月同比涨幅 4.5%，全年上涨 2.9%左右。考虑到基期以及“春节错位”因素的影响，2020 年 1 月 CPI 同比涨幅达到高点，可能突破 5%，然后有所收窄，上半年维持在 4%以上；8 月开始同比涨幅快速收窄，11 月、12 月同比涨幅可能在 2%以下，全年在 3.5%左右（见图 10）。

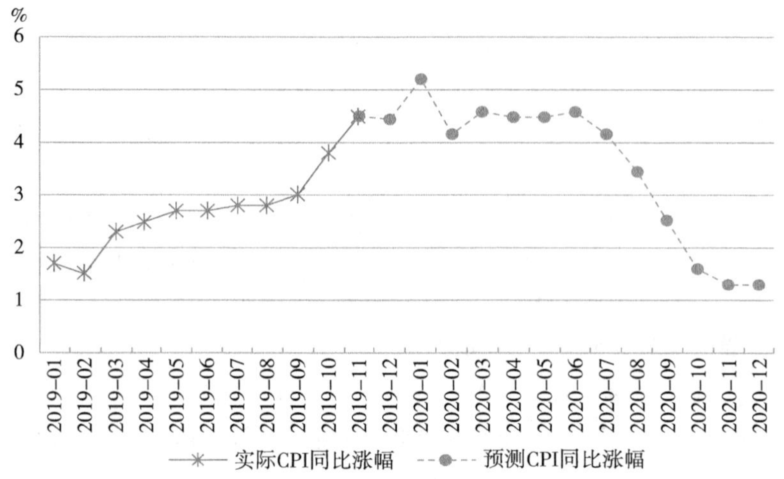

图 10　CPI 同比涨幅预测

（数据来源：2019 年 11 月及之前的数据来源于国家统计局，12 月及之后的数据为作者预测）

预计 2019 年全年 PPI 跌幅在 0.4%左右，2020 年跌幅在 0.2%左右。基于以上分析，在经济增长缓中趋稳，投资需求增长略有回升，特别是基建投资未有超预期大幅度增长的情景下，对部分工业品需求或有小幅增长；而环保治理、去产能等抑制工业品供给增长的因素逐步减弱，工业品供需相对平衡。近期 PPI 同比跌幅逐步收窄，2019 年全年跌幅在 0.4%左右，2020 年跌幅在 0.2%左右，各月同比涨幅在零附近波动（见图 11）。

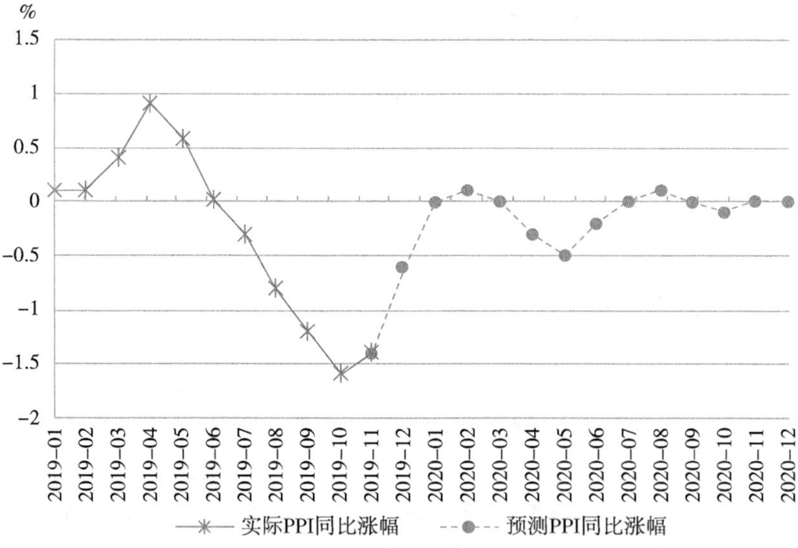

图 11　PPI 同比涨幅预测

（数据来源：2019 年 11 月及之前的数据来源于国家统计局，12 月及之后的数据为作者预测）

2020 年第一季度　价格监测分析报告

一、疫情短期削弱总需求，结构性压低物价水平

2020 年初，突如其来的新冠疫情给我国经济带来巨大的短期冲击，前两个月规模以上工业增加值同比实际下降 13. 5%。疫情严重抑制了人员流动和物资运输，带来消费需求急剧下滑，固定资产投资下降，企业出口受阻。

（一）消费短期承压

新冠疫情恰逢春节假期，本应是消费旺季，但疫情及严格的防控措施限制了人员流动，居民消费明显受到抑制，非生活必需类商品销售受到明显冲击，旅游、餐饮、线下文化娱乐等领域消费基本处于停滞或半停滞状态，在“居家”要求和“避险”心理等影响下，粮油食品类、饮料类和中西药品类消费保持了增长。2020 年 1—2 月，社会消费品零售总额同比名义下降 20. 5%（扣除价格因素实际下降 23. 7%）。其中，除汽车以外的消费品零售额下降 18. 9%，餐饮收入同比下降 43. 1%（见图 1）。

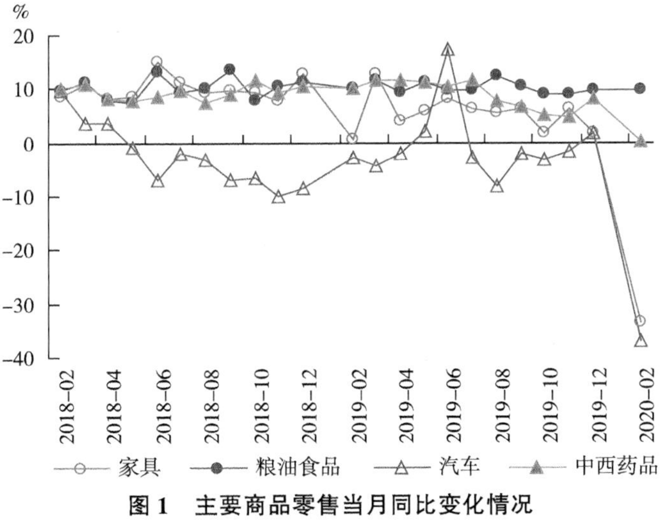

图 1　主要商品零售当月同比变化情况

（数据来源：Wind）

（二）固定资产投资受冲击明显

在打好疫情防控阻击战的形势下，人员流动受到限制，施工天数明显减少、开复工率普遍较低，供应链受到冲击，带动固定资产投资明显回落。1—2 月，全国固定资产投资（不含农户）累计同比下降 24. 5%，增速比上年同期低 30. 6 个百分点。其中，民间固定资

产投资累计同比下降 26.4%，比上年同期低 33.9 个百分点（见图 2）。

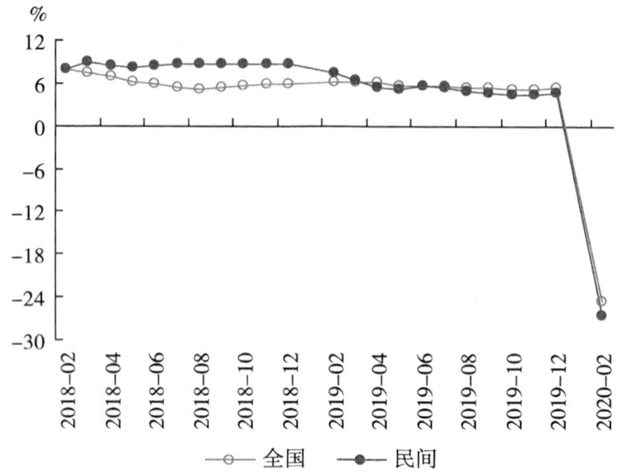

图 2 全国及民间固定资产投资累计同比增速变化情况

（数据来源：Wind）

制造业投资受到较大冲击。自 2019 年以来，受全球贸易增速放缓、中美经贸摩擦等的影响，制造业企业盈利空间收窄，投资增速维持低位。在疫情冲击下，企业复工复产推迟，生产经营活动受限；同时，订单减少、物流阻隔、市场不确定性上升等也影响企业投资意愿。2020 年 1—2 月，制造业投资累计同比下降 31.5%。

房地产项目新开工和土地交易受阻，投资增速下滑。春节假期延长和防疫措施影响项目开工进度；多地暂停土地交易，土地购置面积及购置费增速大幅回落。1—2 月房屋新开工面积累计同比下降 44.9%，房地产开发投资累计同比下降 16.3%。

疫情影响开工节奏，基建投资暂未充分启动。为防控新冠疫情，全国各省区市推迟开工、复工时间，部分地区要求新建和停工在建项目不得在 3 月 1 日前开工、复工。受此影响，基建投资暂时受到约束，尚未充分发力。1—2 月，基建投资（不含电力、热力、燃气及水的生产和供应业）累计同比下降 30.3%（见图 3）。

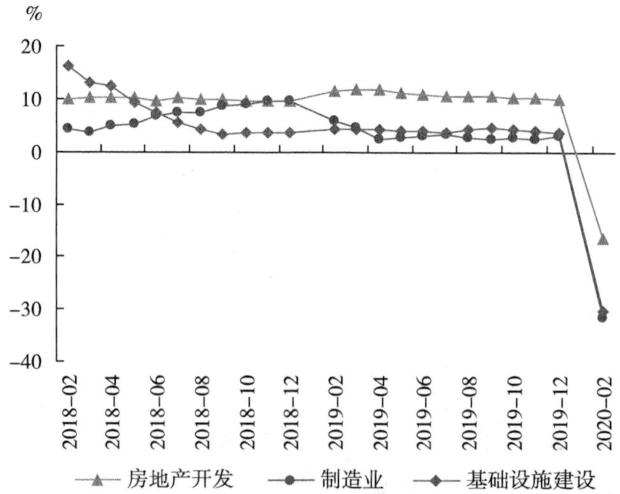

图 3 三个领域固定资产投资累计同比变化情况

（数据来源：Wind）

（三）出口暂时受阻

受年初国内疫情蔓延、春节假期延长影响，企业生产复工较慢，对外贸供给能力形成明显制约，部分出口企业无法按时交单。同时，疫情在海外扩散影响全球供应链，也对外部需求产生负面影响。1—2 月，以美元计价的出口额同比下降 17.2%，增速比上年同期低 12.7 个百分点。其中，我国对美出口额同比下降 27.7%，增速比上年同期低 13.6 个百分点（见图 4）。

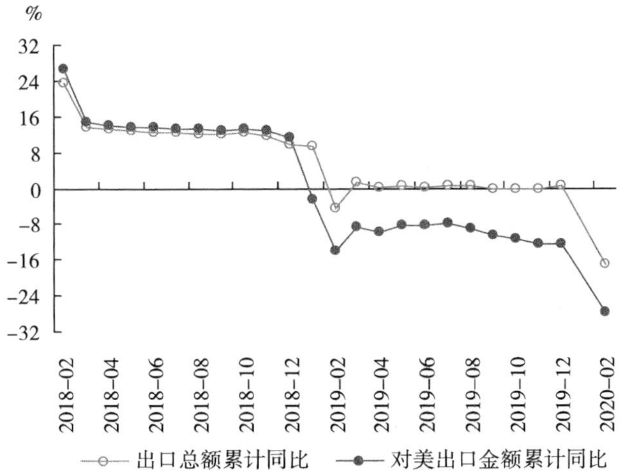

图 4　出口总额及对美出口金额累计同比变化情况

（数据来源：Wind）

二、食品价格拉动 CPI 上涨，内外部冲击导致 PPI 下跌

春节与疫情因素交织，使得近期价格走势较为复杂。疫情及防控措施抑制了人流和物流，对不同行业、不同商品和服务的供求形成非对称冲击，市场供求暂时偏离均衡状态，商品和服务价格变化呈明显结构性特征。

（一）食品价格推高 CPI 涨幅，非食品价格涨幅回落

居民消费价格变化的结构性特征明显。2020 年 1 月、2 月，CPI 环比分别上涨 1.4% 和 0.8%，同比分别上涨 5.4%和 5.2%，为 2011 年 10 月以来的高点。1—2 月，CPI 累计同比上涨 5.3%，涨幅比上年同期高 3.7 个百分点。剔除食品和能源的核心 CPI 同比分别上涨 1.5%和 1%，涨幅回落，其中 2 月涨幅为该数据发布以来的最低值。1—2 月，核心 CPI 累计同比上涨 1.3%，涨幅比上年同期低 0.6 个百分点（见图 5）。

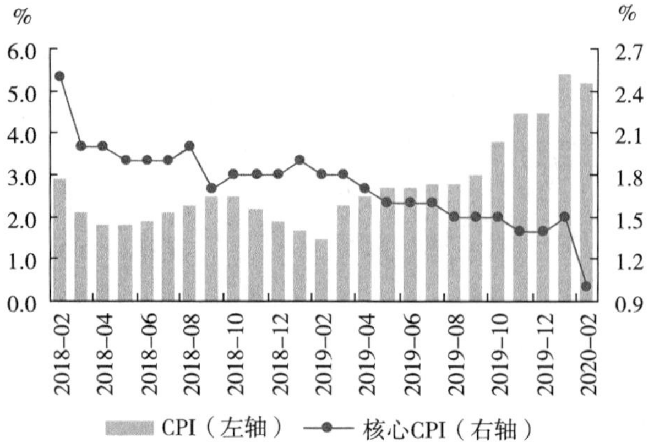

图5　CPI同比上涨情况

（数据来源：国家统计局）

春节与疫情因素叠加，推升猪肉等食品价格（见图6）。1月、2月，食品价格环比分别上涨4.4%和4.3%，涨幅高于往年同期平均水平；同比分别上涨20.6%和21.9%，涨幅分别比上年同期高18.7个和21.2个百分点。从需求端看，1月春节期间，猪肉等食品需求增加；2月疫情期间，受“居家”要求和“避险”心理等因素影响，部分居民对于作为生活必需品的食品出现囤购行为，部分地区出现抢购方便面、肉制品和速冻食品等易储食品现象，甚至波及其他食品。从供给端看，2月初开始，为防控疫情扩散，各地不同程度地实施了交通运输管控措施，部分地区物流不畅，影响鲜菜、鲜果、畜肉、水产品等农产品运输，人力短缺及防控措施也造成物资配送难度加大，食品供给受到抑制。此外，猪周期与猪瘟疫情、环保高压等因素“叠加共振”，猪肉供给相对不足，尽管中央和地方增加储备猪肉投放，但猪肉价格仍呈现上涨态势。1月、2月，猪肉价格环比分别上涨8.5%和9.3%，同比分别上涨116%和135.2%，涨幅分别比上年同期高119.2个和140个百分点。鲜菜、牛肉、水产品等价格也明显上涨（见图7）。

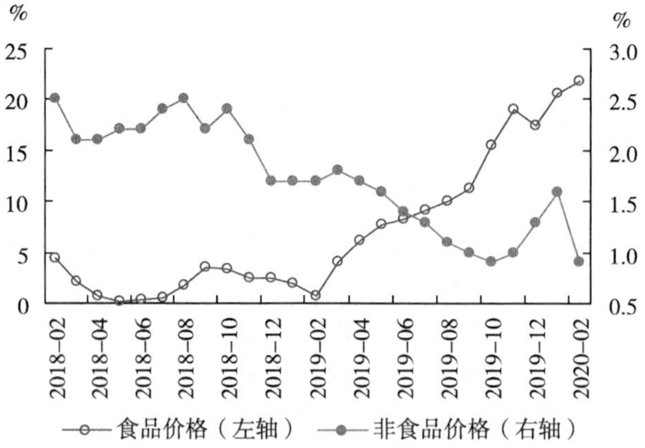

图6　食品价格和非食品价格同比上涨情况

（数据来源：国家统计局）

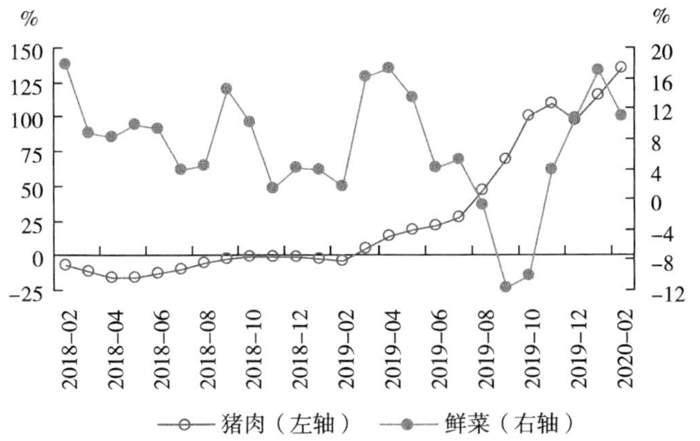

图 7　部分食品价格变化情况

（数据来源：国家统计局）

非食品价格涨幅维持低位。1 月、2 月非食品价格环比分别上涨 0.6%（为近三年高点）和下降 0.2%，同比分别上涨 1.6%和 0.9%。春节因素、疫情及原油价格变化给 1 月、2 月非食品价格带来了不同的影响。1 月受春节前城市务工人员返乡影响，部分服务价格上涨明显，其中美发、家政服务、车辆修理与保养价格分别上涨 5.2%、4.7%和 4.6%；受前期成品油调价影响，汽油和柴油价格分别上涨 2.7%和 3.0%。

2 月，因疫情防控的需要，部分商业和服务网点停止营业，部分非生活必需品消费需求受到抑制，供需均有收缩，价格基本稳定，部分项目价格甚至下降。2 月国际原油价格下跌带动国内成品油价格两次下调，汽油和柴油价格环比分别下降 5.7%和 6.2%，居民用煤和液化石油气价格环比分别下降 1.0%和 0.4%；春装上市延缓，服装价格环比下降 0.3%。服务价格环比由上月上涨 1.0%转为下降 0.2%；同比上涨 0.6%，涨幅回落 0.9 个百分点；其中医疗服务价格环比微涨 0.1%，飞机票、理发和宾馆住宿价格环比分别下降 7.8%、2.5%和 1.0%（见图 8）。

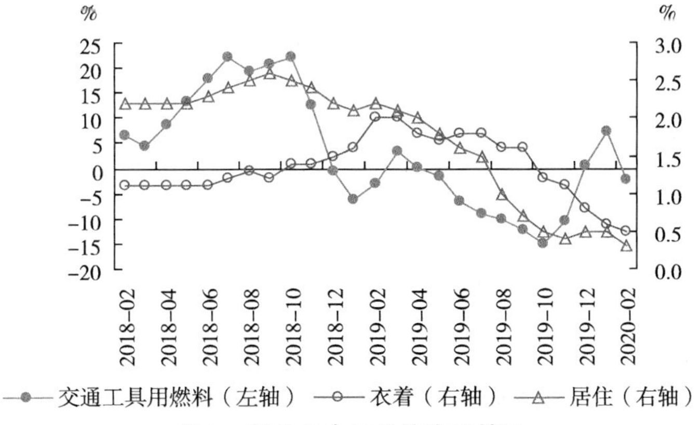

图 8　部分非食品价格变化情况

（数据来源：国家统计局）

(二)疫情冲击及原油价格下跌导致PPI涨幅回落

受春节和疫情影响，一些工业企业停工停产，需求减弱，PPI环比由1月的持平转为2月下降0.5%，叠加基期因素影响，同比分别上涨0.1%和下降0.4%。1—2月，PPI累计同比下降0.2%，涨幅比上年同期低0.3个百分点。其中，1月、2月生产资料价格环比分别持平和下降0.7%，同比分别下降0.4%和1%（见图9）。

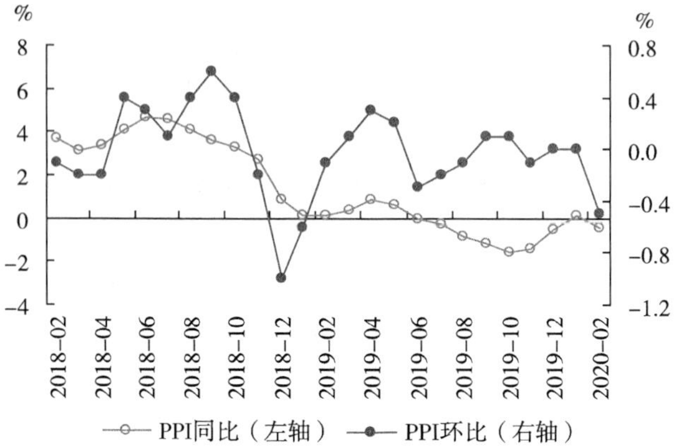

图9　工业生产者出厂价格走势

（数据来源：国家统计局）

疫情对工业品需求冲击更为显著，价格有所回落。疫情减弱工业品供需两端，下游需求更为明显的收缩带来中上游部分工业品价格回落。在供给端，春节及疫情防控期间，基础工业总体仍保持正常的生产秩序，从主要工业品产量看，1—2月，乙烯产量增长5.6%，生铁、粗钢、有色金属等供给也有所增加。在需求端，制造业、房地产和基建投资增速均大幅下滑，对钢铁、水泥等工业品需求减弱。1月、2月黑色金属冶炼和压延加工业价格环比分别下降0.6%和1.4%，同比分别上涨0.7%和下降0.9%；煤炭开采和洗选业价格环比分别下降0.6%和持平，同比分别下降4.1%和4%。

国际原油价格下跌等输入性因素引致部分工业品价格下降。2月国际原油价格大幅下跌，2月末布伦特和WTI原油期货价格分别为每桶50.5美元和45.29美元，影响国内石油及相关产品价格环比由涨转降，石油和天然气开采业，石油、煤炭及其他燃料加工业价格环比分别下降11%和4.4%，同比分别下降0.4%和0.8%。受国际铜价走低影响，铜冶炼价格下降3.6%，拉动有色金属冶炼和压延加工业价格由上月上涨0.6%转为下降1.5%。

三、预计2020年CPI上涨3.6%左右，PPI下跌1.6%左右

在供需皆回升的背景下，我国供大于需的状况仍将持续，新冠疫情在境外大部分地区蔓延，国际金融市场剧烈动荡，国际经济很可能陷入衰退，金融风险急剧上升。在此背景下，尽管我国采取了一系列政策，但外需不确定性明显上升，整体上抑制我国价格水平上涨。国际原油价格3月初大幅度下跌，或拉低CPI涨幅，加大PPI下跌幅度。

(一) 总需求或逐步反弹回稳

预计固定资产投资增速将低位反弹。一是基建投资增长有望加快。3月国务院常务会议提出，“抓紧帮助解决各类所有制重大项目建设中的用工、原材料供应、资金、防疫物资保障等问题，推动各地1.1万个在建重点项目加快施工进度”。财政部明确提出“要扩大地方政府专项债券发行规模”，截至2月末，全国已经累计发行专项债券9498亿元，约为上年同期的3倍。随着相关支持政策的落地，基建投资增速有望复苏回升。以5G网络、工业互联网等为代表的“新基建”投资增速可能加快，成为基建投资新的增长点。不过，在疫情影响下，受损严重行业的减税降费力度不断加大，而受损严重地区的转移支付也在增加，进一步加剧了财政收支矛盾，一定程度上扩大基建投资增长幅度。

二是房地产投资增速将有所回升。随着疫情逐步得到遏制，房地产销售和施工开始恢复正常，房地产投资增速有望稳步回升。不过，疫情导致商品房销售增速大幅下滑，进一步加重了房地产企业悲观预期，削弱投资意愿。疫情对年初土地交易产生冲击，也将滞后影响房地产开工进度，拖累房地产投资增长。此外，在坚持“房住不炒”以及“不将房地产作为短期刺激经济的手段”的要求下，房地产调控政策仍将延续，在一定程度上将抑制房地产投资回升空间。

三是制造业投资增长可能仍然低迷。近期，财政部发布阶段性减免企业社保费、医保费和实施缓缴停缴住房公积金等政策；稳健的货币政策更加注重灵活适度，引导市场利率下行，加大对中小微企业等领域的普惠性资金支持。在政策力度不断加大的背景下，制造业投资增速将有所恢复。不过，从上年开始，制造业利润累计同比增速持续为负，企业经营状况较差，受疫情冲击影响，制造业盈利能力将进一步恶化，投资意愿难以明显改善。此外，疫情在境外大部分地区蔓延，与出口相关的企业将受到较大影响，或成为拖累制造业投资增长的重要因素。从先行指标看，2月中国制造业PMI为35.7%，较上月大幅回落14.3个百分点，表明制造业受损严重，投资增长短期内难有明显改善。

消费增长或将逐渐回升。在疫情影响逐渐消退的背景下，餐饮、娱乐、交通、旅游等行业的消费需求将逐渐回补，支撑消费增速回升到平稳运行态势。为进一步发挥消费基础性作用，国家发展改革委等23个部门联合印发了《关于促进消费扩容提质 加快形成强大国内市场的实施意见》，将有利于消费需求加快释放。不过，疫情过后，居民消费积极性的完全恢复仍需要一定时间，消费增长回升较为缓慢。此外，2019年全国居民人均可支配收入实际同比增长5.8%，较2018年回落0.7个百分点；2009年末居民部门杠杆率快速攀升至55.8%，较2018年末上涨3.7个百分点，加之受近期疫情影响，居民收入增速或继续下降，债务负担可能进一步增加，将拖累消费增长。

预计出口跌幅可能收窄，但难有明显好转。伴随出口企业开始复工复产，前期国内制约出口的因素逐渐消退。我国出口状况主要依赖于国际因素。从目前来看，受全球疫情愈演愈烈的影响，美国、欧盟等主要发达国家和地区的管制措施开始趋严，人流、物流受到限制，全球产业链遭到冲击，经济出现全球性衰退的可能性较高。2020年2月摩根大通全球制造业PMI为47.2%，较上月回落3.2个百分点，结束了连续三个月的扩张；服务业PMI回落5.6个百分点至47.1%；综合PMI回落6.1个百分点至46.1%。OECD在3月2日的经济展望中已将2020年全球经济增速预期从2.9%下调至2.4%。国际货币基金组织总裁格奥尔基耶娃 3 月 4 日表示，预计 2020 年全球经济增长率将低于 2019 年的 2.9%。疫情在境外蔓延，全球经济衰退，或将明显拖累我国出口。

（二）CPI 同比涨幅将呈前高后低态势

1. 食品价格同比涨幅上半年维持高位，然后逐步回落至低位

首先，预计猪肉价格上半年或呈震荡态势，下半年逐步回落，在基数效应作用下，食品价格涨幅前高后低。从先行指标看，根据农业农村部对全国 400 个县的定点监测数据，能繁母猪存栏量于 2019 年 10 月出现拐点，截至今年 1 月已连续 4 个月稳步回升；生猪存栏量也于 2019 年 11 月出现回升拐点，生猪供给正在持续恢复。根据上述两个指标领先猪肉价格 7~10 个月的规律，预计猪肉价格在今年 6 月开始趋势性下行。但新冠疫情带来饲料运输受阻、养殖人员到岗困难、种猪调运不畅等问题，猪肉价格高位运行时间将有所延长。近期政府继续采取扩大猪肉进口、投放储备冻肉等政策，预计猪肉价格上半年或呈震荡态势，然后逐步回落。在基期效应作用下，全年猪肉价格同比涨幅呈前高后低态势，甚至 11 月同比涨幅为负。

其次，随着国内新冠疫情形势好转，交通运输不畅等制约食品供应的因素逐步消除，天气转暖，预计近期鲜菜价格将向季节性变化靠拢，带动食品价格涨幅略有回落。

此外，粮食价格或小幅上涨。从供给端看，目前尚不能排除蝗灾扩散至我国的风险，可能对今年粮食产量产生直接影响。根据全国农业技术推广服务中心发布的病虫情报，随着气温升高，草地贪夜蛾繁殖速度加快，将对小麦、玉米等农作物造成较大危害。从需求端看，生猪饲养上半年开启复产，饲料需求增加，或对玉米等粮食价格形成一定支撑。不过，粮食价格主要受储量丰富、价格相对稳定的小麦和水稻影响，与玉米价格相关系数低；我国近年来致力于提升粮食种植面积和库销比，粮食进口依存度较小。因此，若蝗灾扩散不到我国，预计相对于国际粮价而言，国内上涨幅度可能较小；若蝗灾直接造成我国粮食减产较多，可能粮食价格将有较大幅度的提高。在其他农产品方面，由于印度作为棉花和甘蔗主要出口地受蝗灾影响较大，而我国棉花和白糖进口依存度高，且显性库销比处于低位，预计棉花和白糖价格或将有较大幅度上涨。

2. 非食品价格同比涨幅或将维持低位

受需求低迷、国际原油价格暴跌、居民可支配收入增长放缓等因素影响，非食品价格涨幅或将维持低位。一是近期国际油价大幅下跌，带动交通工具用燃料和水电燃料价格下行，将直接拉低全年非食品价格涨幅。二是尽管国内疫情基本得到有效控制，但境外输入病例逐日增多，就业景气度依然较低，对住房租赁价格产生不利影响，短期内仍小幅回落。三是各行业尤其是吸纳逾 60%就业人口的服务业复工迟缓，对居民可支配收入造成较大影响，将抑制居民对衣着、生活用品及服务、教育文化和娱乐等的消费。此外，医疗保健价格水平可能随国内疫情结束将逐步回落，恢复季节性变动。

综合来看，CPI 同比涨幅近期略有回落后仍将维持相对高位，从 7 月、8 月开始，在食品价格拉动下，CPI 同比涨幅将收窄；当月同比涨幅全年呈前高后低的态势。

（三）PPI 同比跌幅或呈 V 形走势

今年全球经济金融形势风险较大，影响 PPI 走势的不确定性因素较多，其中国际原油价格下跌程度及持续时间、基建投资规模是关键因素。

国际原油价格或维持低位震荡，预计拉动 PPI 下跌 2 个百分点。3 月 6 日 OPEC 与俄罗斯进一步减产协议谈判破裂，带来国际原油价格大幅度下跌，近期金融市场大幅下挫也加深了国际原油价格下跌程度，3 月 19 日布伦特原油期货和 WTI 原油期货结算价格分别低至每桶 24.88 美元和 20.37 美元。原油价格下降直接拉低国内 PPI 中油气开采、加工等行业价格，间接影响化学原料和化学制品制造、化学纤维制造等行业价格，并通过产业链向中下游工业品价格传导，拉低交通运输业、物流业和生产企业的运输成本，对我国 PPI 走势产生明显影响。根据历史数据，国际原油价格剧烈下跌会引发 PPI 深度通缩。未来国际原油价格走势取决于疫情冲击是否导致金融或经济危机，以及国际原油供给市场博弈的状况。从短期看，俄罗斯和 OPEC 之间难以达成新的协议，这意味着近期国际原油价格继续保持在较低水平。在假定 2020 年国际原油价格全年每桶 40 美元的情景下，仅国际原油价格低位将拉低全年 PPI 涨幅 2 个百分点。

国内工业品供需回升，工业品价格近期或有所回落。从需求端看，伴随疫情形势好转，更加积极的财政政策落地，“新基建”将持续发力，房地产投资需求有所回升，制造业营运状况逐步复苏，经济运行改善在一定程度上提振工业品需求。从供给端看，在疫情防控形势向好的背景下，复工复产进度不断加快，将助推工业品供给显著增加。在需求端与供给端皆有改善的背景下，中上游企业较下游企业恢复快，以及境外疫情扩散带来出口减少，短期内工业品供给仍略大于需求，工业品价格仍将回落。伴随一系列稳增长政策的实施、落地，基建、房地产和制造业等投资增长将逐步恢复，工业品价格或企稳回升，其回升幅度依赖于逆周期调节的力度，尤其是传统基建规模大小。

综合来看，在国际原油价格大幅下跌的冲击下，近期 PPI 同比跌幅或逐步扩大；伴随稳增长政策的实施、落地，年内工业品价格或逐步企稳、回升；预计全年 PPI 同比跌幅呈 V 形走势。

（四）价格变动趋势预测

预计 2020 年全年 CPI 上涨 3.6%左右（见图 10）。基于以上分析，非食品价格涨幅仍将维持低位波动；考虑到基期因素，近期 CPI 同比涨幅略有收窄，维持在 4%以上，7 月、8 月同比涨幅快速收窄，11 月、12 月同比涨幅可能在 2%以下。预计 2020 年 CPI 涨幅在 3.6%左右，当月同比涨幅呈前高后低态势。

预计 2020 年 PPI 跌幅在 1.6%左右（见图 11）。基于以上分析，国际原油价格低位拉动近期 PPI 同比跌幅逐步扩大；稳增长政策的实施、落地有助于年内工业品价格逐步企稳；如果基建投资等未有超预期大幅度增长，2020 年 PPI 跌幅在 1.6%左右，当月同比跌幅呈 V 形走势。

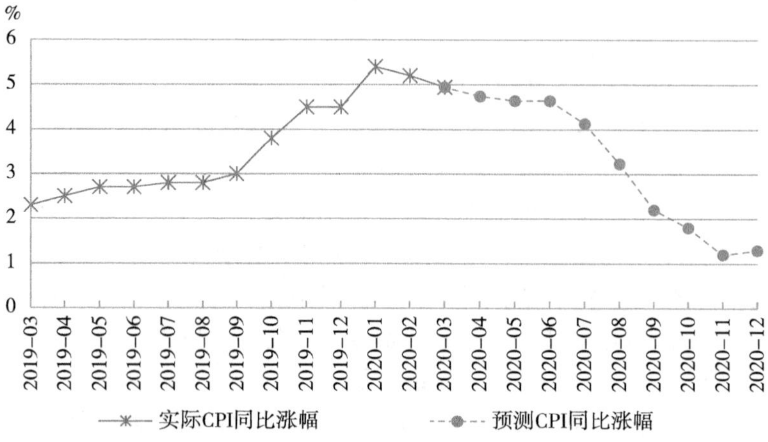

图 10　CPI 同比涨幅预测

（数据来源：2020 年 2 月及之前的数据来源于国家统计局，3 月及之后的数据为作者预测）

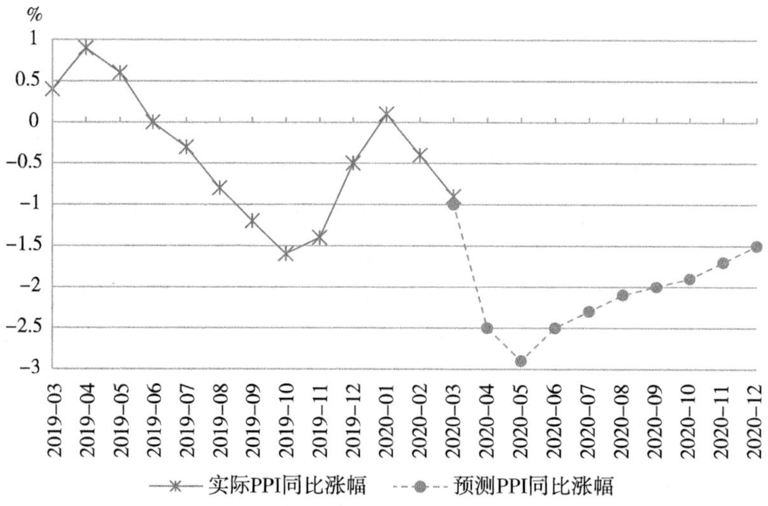

图 11　PPI 同比涨幅预测

（数据来源：2020 年 2 月及之前的数据来源于国家统计局，3 月及之后的数据为作者预测）

2020年第二季度　价格监测分析报告

一、需求复苏弱于生产，压低部分行业和产品价格

2020年4月、5月，复工复产深入推进，经济呈现恢复态势，规模以上工业增加值同比增速由负转正，分别实际增长3.9%和4.4%。多数行业需求端的复苏力度不及生产端，尤其是接触型、聚集型消费需求仍较低，外部需求面临较大压力，带来相关行业产品价格回落。

（一）固定资产投资增长修复较快

随着国内疫情得到有效控制和经济社会秩序有序恢复，在一系列稳增长政策作用下，投资项目新开工和建设持续加快，投资降幅连续收窄。1—5月，全国固定资产投资（不含农户）同比下降6.3%，降幅比第一季度收窄9.8个百分点。4月、5月环比分别上涨6.20%和5.87%，当月同比分别下降2.2%和增长0.9%（见图1）。

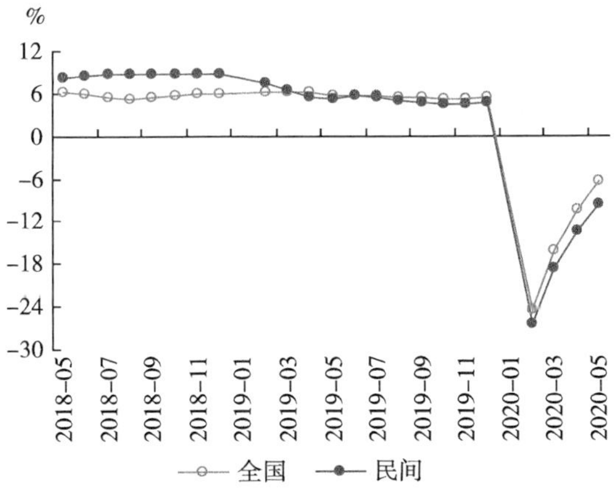

图1　全国及民间固定资产投资累计同比增速变化情况

（数据来源：Wind）

房地产开发投资改善。随着复工加快推进、房地产市场需求回暖，房地产开发投资增长修复较快。1—5月，房地产开发投资同比下降0.3%，其中4月、5月当月同比分别增长7%和8.1%。

基建投资增速加快。在积极的财政政策和稳健灵活适度的货币政策推动下，基建投资逐渐发力，增速明显反弹。1—5月，基建投资（不含电力、热力、燃气及水的生产和供应业）同比下降6.3%，降幅比第一季度收窄13.4个百分点。

制造业投资复苏面临困难。虽然国内疫情防控取得明显成效，但企业生产经营面临的困难仍然较多，企业资本开支较为谨慎；海外疫情形势较为严峻，复工复产进程相对较

慢，产业链供应链循环受阻，出口企业面临的外部不确定性较大，投资意愿下降。1—5月，制造业投资同比下降14.8%，降幅比第一季度收窄10.4个百分点（见图2）。

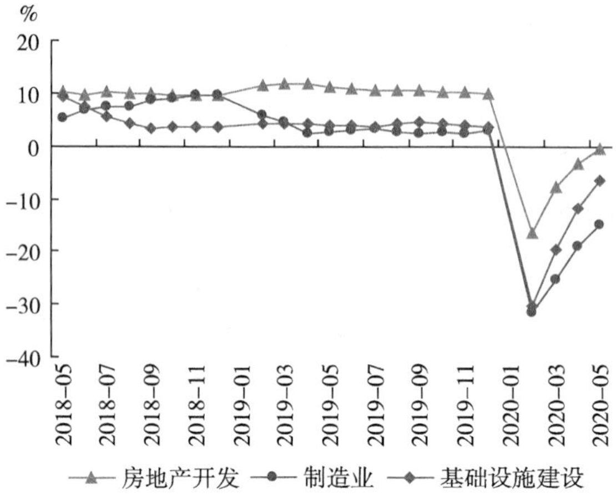

图2　三个领域固定资产投资累计同比变化情况

（数据来源：Wind）

（二）消费复苏相对滞后

随着复市复业推进、生产生活秩序逐渐恢复正常，居民消费需求有所复苏。但在担忧情绪影响下，接触式、聚集性消费复苏较慢。在新冠疫情冲击下，就业不充分现象较为明显，居民可支配收入增长明显放缓，制约消费能力和消费意愿的回升。1—5月，社会消费品零售总额累计同比下降13.5%，其中4月、5月当月同比分别下降7.5%和2.8%。除汽车以外的消费品零售额累计同比下降13%，餐饮收入累计同比下降36.5%（见图3）。

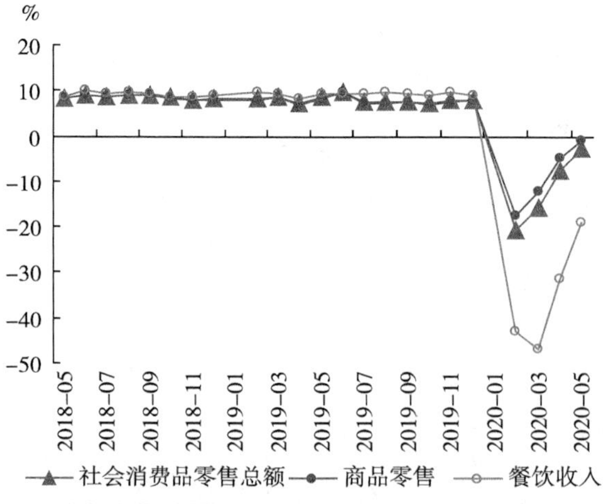

图3　社会消费品零售总额及分项当月同比增速变化情况

（数据来源：Wind）

（三）出口增长维持弱势

新冠疫情在全球范围内扩散，海外复工复产推进相对缓慢，全球经济陷入衰退，世界经济贸易严重萎缩；加之美国再次通过“实体清单”实行出口管制，企业面临的外部不确定性增加，我国出口面临压力。不过，4 月、5 月防疫物资出口显著增加，部分对冲出口下滑。1—5 月，以美元计价的出口额同比下降 7.7%，比第一季度回升 5.6 个百分点。其中，医疗仪器及器械，纺织纱线、织物及制品，中药材及中式成药同比分别增长 28.5%、21.3%和 8%（见图 4）。

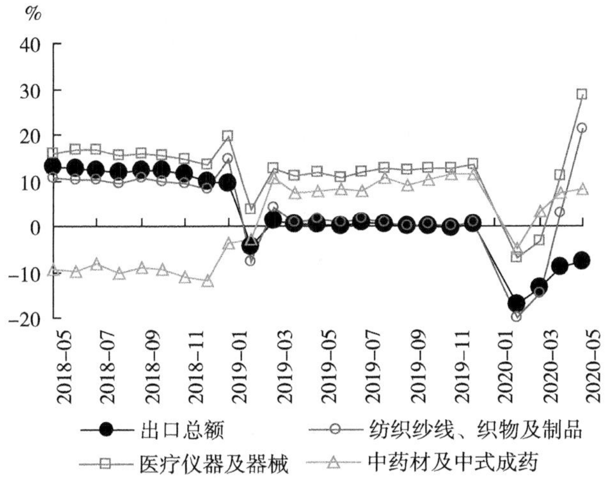

图 4　出口总额及防疫物资相关出口金额累计同比变化情况

（数据来源：Wind）

二、食品价格回落拉低 CPI 涨幅，需求复苏力度弱于生产及国际原油价格下行拉动 PPI 跌幅扩大

4 月、5 月，国内疫情形势总体稳定，复工复产、复市复业有序推进，市场供需状况均有所好转。其中，生猪产能逐步恢复，鲜菜大量上市，食品价格回落较多带动消费品价格涨幅回落。工业生产恢复相对较快，国际原油价格大幅下跌，国内多数工业品价格下降。

（一）食品价格回落较多，拉低 CPI 涨幅

推动 CPI 上涨的结构性因素减弱，CPI 与核心 CPI 同比涨幅差距缩小。2020 年 4 月、5 月，CPI 环比分别下降 0.9%和 0.8%，同比分别上涨 3.3%和 2.4%。剔除食品和能源的核心 CPI 环比均持平，同比均上涨 1.1%，保持相对稳定（见图 5）。

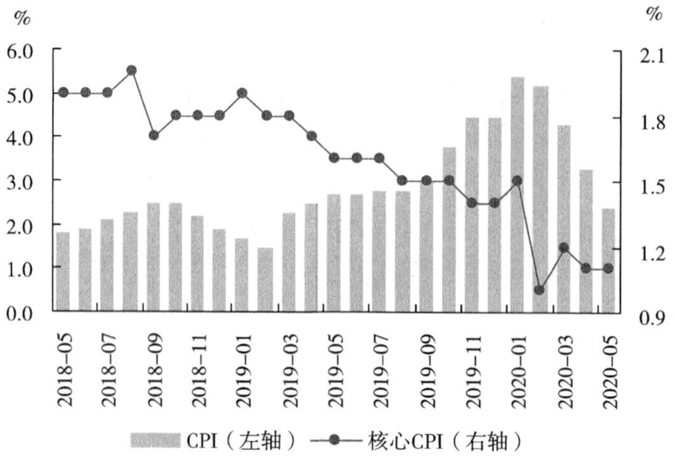

图5　CPI同比上涨情况

（数据来源：国家统计局）

生产、生活秩序恢复，市场供需状况好转，食品价格回落（见图6）。4月、5月，食品价格环比分别下降3%和3.5%，降幅高于往年同期平均水平。受翘尾因素影响，同比分别上涨14.8%和10.6%，涨幅分别比上年同期高8.7个和2.9个百分点。一是生猪产能加快恢复，疫情防控形势好转后人流物流恢复，加之中央和地方多次投放储备肉，猪肉供给持续增加。同时，气温逐渐升高，消费进入淡季，猪肉价格回落。4月、5月，猪肉价格环比分别下降7.6%和8.1%，带动同比涨幅回落至100%以内。二是鲜菜大量上市，鲜果、鸡蛋供应充足，但近期餐饮行业恢复相对较慢，食品价格呈回落态势。4月、5月，鲜菜、鲜果、蛋类价格环比分别下降8.0%、12.5%、2.2%和0.8%、1.9%、4.1%，同比涨幅相应回落（见图7）。

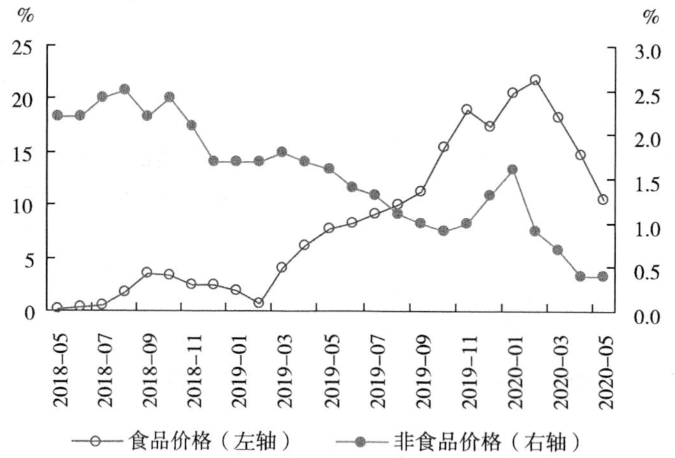

图6　食品价格和非食品价格同比上涨情况

（数据来源：国家统计局）

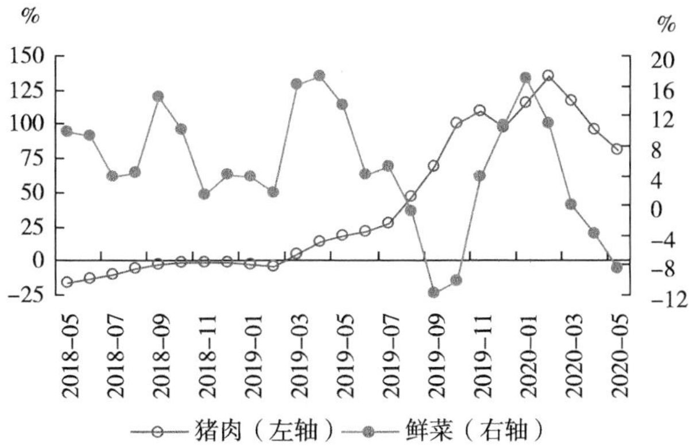

图 7　部分食品价格变化情况

（数据来源：国家统计局）

非食品价格保持相对稳定。4 月、5 月非食品价格环比分别下降 0.2%和持平，同比均上涨 0.4%（见图 8）。一是国际原油价格下跌后略有反弹，但仍处于历史相对低位，带动汽油、柴油和液化石油气等交通工具、生活用燃料价格下降。4 月、5 月，交通工具用燃料价格环比分别下降 7.3%和持平，水电燃料价格环比分别下降 0.7%和 0.4%。二是随着国内疫情防控取得显著成果，医疗物资不再短缺，医疗保健价格涨幅回落。4 月、5 月西药价格环比分别下降 0.1%和 0.5%。三是随着复市复业推进，美发、家政等部分服务业需求逐渐恢复，推动价格回升。4 月、5 月其他用品和服务价格环比分别下降 0.1%和上涨 0.5%，家庭服务价格环比分别上涨 0.3%和持平。

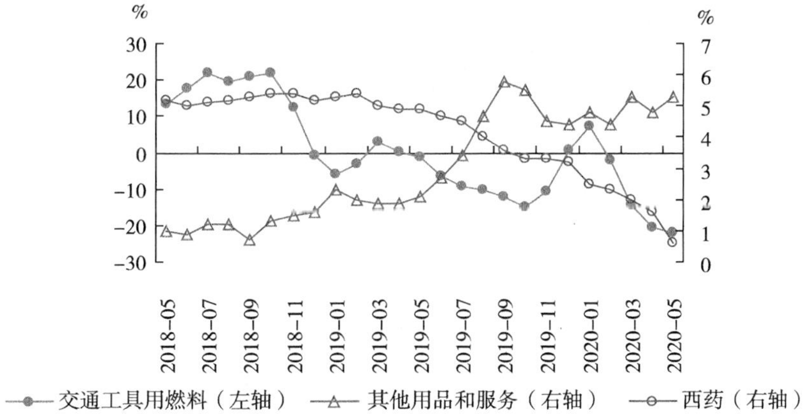

图 8　部分非食品价格变化情况

（数据来源：国家统计局）

（二）供给复苏快于需求及原油价格下跌扩大 PPI 跌幅

供给端复苏快于需求端，以及国际原油价格维持低位，引致相关工业品价格回落。4 月、5 月，PPI 环比分别下降 1.3%和 0.4%，同比分别下降 3.1%和 3.7%。其中，生产资料价格环比分别下降 1.8%和 0.5%，同比分别下降 4.5%和 5.1%（见图 9）。

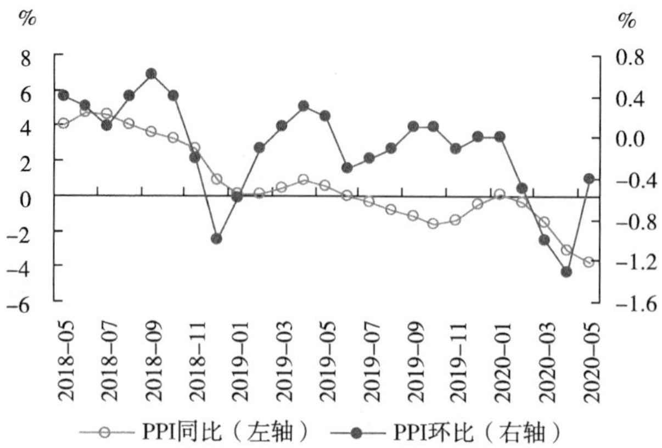

图 9　工业生产者出厂价格走势

（数据来源：国家统计局）

工业品需求复苏进度慢于供给，价格有所回落。随着统筹推进疫情防控和经济社会发展成效显现，生产需求持续改善，但节奏有所不同。在供给端，工业生产总体恢复较好。国家统计局抽样调查显示，截至 5 月末，67.4%的规模以上工业企业达到正常生产水平八成以上。从主要工业品产量看，4 月、5 月，发电量同比分别增长 0.3%和 4.3%，钢材产量同比分别增长 3.6%和 6.2%，粗钢、有色金属、水泥等供给也有所增加。在需求端，虽然基建和房地产投资增长加快修复，但制造业面临的困难和不确定因素仍然较多，对中上游工业品需求相对不足。在供求调整下，4 月、5 月，煤炭开采和洗选业价格环比分别下降 2.3%和 2.9%，同比分别下降 5.4%和 8.8%；黑色金属冶炼和压延加工业价格环比分别下降 1.6%和持平，同比分别下降 7.3%和 8%。

国际原油价格下跌等输入性因素带动部分工业品价格下降。今年 2 月以来国际原油价格大幅下跌，4 月布伦特和 WTI 原油期货价格分别跌至每桶 26.6 美元和 16.7 美元，5 月虽有所反弹，但仍处于历史相对低位。国际油价变动影响国内石油及相关产品价格下降。4 月、5 月，石油和天然气开采业价格环比分别下降 35.7%和 9.1%，石油、煤炭及其他燃料加工业价格环比分别下降 9%和 4%，化学原料和化学制品制造、化学纤维制造等价格也明显下降。叠加上年高基数影响，4 月、5 月，石油和天然气开采业价格同比分别下降 51.4%和 57.6%，石油、煤炭及其他燃料加工业价格同比分别下降 19.8%和 24.4%。

三、预计全年 CPI 上涨 2.9%左右，PPI 下降 2.3%左右

随着国内疫情得到有效控制，复工复产、复商复市全面推进，经济社会发展成效持续显现，总需求逐步改善，将对价格稳定形成一定支撑。但价格变化的结构性特征将更加明显，预计年内 CPI 同比涨幅逐渐回落，PPI 同比跌幅或逐步收窄。

（一）总需求将逐步回稳

预计固定资产投资增长延续回升态势。一是基建投资增速将持续回升。“两新一重”项目的加快建设，将为基建投资增速回升提供重要支撑。在新型基础设施建设方面，以 5G 网络、工业互联网等为代表的“新基建”项目投资不断加快，将成为基建投资新的增

长点。在新型城镇化建设方面，通过新开工改造城镇老旧小区 3.9 万个，将明显增加公共设施投资力度。在重大基础设施建设方面，交通、水利等传统基建项目顺利复工，将支持投资增长持续回升。从资金来源看，2020 年财政赤字率提高至 3.6%以上，并安排专项债券 3.75 万亿元，较上年增加 1.6 万亿元；此外，还将发行 1 万亿元的抗疫特别国债，用于地方公共卫生等基础设施建设和抗疫支出。在财政资金支持下，基建投资增速有望延续回升势头。不过，随着上半年经济增长明显放缓，以及减税降费力度的不断加大，叠加地方土地出让金收入下降，财政收入的压力持续增加，财政收支矛盾可能进一步加剧，在一定程度上制约基建投资回升幅度。

二是房地产投资增长有望改善。随着疫情影响消退，房地产销售增长明显回升，销售端的改善提高了房地产开发商的投资积极性，将进一步助推房地产投资增速持续回升。前期疫情导致房地产施工进度滞后，在交房压力加大的背景下，房地产企业施工强度会有所提升，将支撑房地产投资增长加快。2020 年 5 月 18 日中共中央、国务院印发《关于新时代加快完善社会主义市场经济体制的意见》，提出了探索实行城市群内户口通迁等改革方向，也有利于房地产投资增长。此外，当前充裕的流动性和低利率在一定程度上改善了房地产企业的融资环境，1—5 月房地产开发到位资金同比下降 6.1%，较年初回升 11.4 个百分点。不过，也要看到，在“房子是用来住的、不是用来炒的”定位下，房地产调控政策仍将延续，一定程度上抑制房地产投资增长回升空间。

三是制造业投资增速或有回升。当前，下调增值税税率和企业养老保险费率等减税降费力度进一步加大、执行期限再次延长；降低工商业电价、减少宽带资费以及减免国有房屋租金等优惠措施继续升级；提高中小微企业贷款可得性、降低融资成本的金融政策不断加码。在一系列优惠政策支持下，制造业投资意愿或将改善。不过，受疫情冲击影响，制造业盈利水平大幅下降，1—4 月制造业利润总额同比下降 26.8%，意味着制造业企业经营状况仍然较差，将抑制企业投资增长回升空间。在海外疫情持续蔓延的背景下，外部需求不足对出口相关企业投资意愿的影响仍然较大，5 月制造业 PMI 新出口订单指数为 35.3%，远低于荣枯线，表明短期内企业对外需的悲观预期难有改善，将成为拖累制造业投资增长的重要因素。

消费增长或逐步恢复。4 月末国家发展改革委等 11 个部门联合发布《关于稳定和扩大汽车消费若干措施的通知》，随着延长新能源汽车购置补贴期限、畅通二手车流通交易等五项措施的落地实施，汽车消费增长将成为拉动消费需求的重要驱动因素。但在经济下行压力较大、失业率有所增加的背景下，第一季度全国居民人均可支配收入实际累计同比下降 3.9%，涨幅较 2019 年大幅回落 9.7 个百分点，居民收入的明显下降将在一定程度上抑制消费增长；此外，受疫情影响，在餐饮、旅游等传统消费方面，居民消费信心短期内仍难以完全恢复，将继续拖累消费恢复速度。

出口增长难有明显改善。在美国、欧盟等主要发达经济体经济重启的背景下，5 月摩根大通全球制造业 PMI 为 42.4%，较上月回升 2.8 个百分点，表明全球经济开始触底回暖，或将支撑国内出口边际改善。不过，当前，海外疫情尚未完全消退，特别是以印度、巴西等为代表的新兴经济体或将成为疫情的重灾区。IMF 发布的《全球视角下的“大封锁”》报告指出，疫情下“大封锁”造成全球性危机，发达经济体和新兴经济体在 2020 年都将陷入衰退，IMF 继续下调全球经济增速预测。此外，中美贸易关系仍然存在较大不确定性，成为影响出口的不利因素。在全球经济与贸易恢复难度较大的背景下，我国出口形势依然不容乐观。

宏观政策实施力度加大为总需求复苏提供支撑。积极的财政政策将更加积极有为，在扩大财政赤字规模 1 万亿元、发行抗疫特别国债 1 万亿元的基础上，通过建立特殊转移支付机制，资金直达市县基层、直接惠企利民，支持减税降费、减租降息、扩大消费和投资等各个方面。货币政策将更加灵活适度，把支持实体经济恢复发展放到更加突出的位置，综合运用降准降息、再贷款等手段，引导广义货币供应量和社会融资规模增速明显高于上年，同时创新直达实体经济的货币政策工具，推动企业便利获得贷款和利率持续下行。

（二）预计 CPI 同比涨幅明显回落

1. 食品价格同比涨幅回落至低位

首先，预计下半年猪肉价格逐步回落，将成为拉低食品价格同比涨幅的主要因素。受支持生猪养殖政策、猪瘟疫苗研发成功等利好因素影响，生猪补栏速度不断加快。从先行指标看，农业农村部对全国 400 个县的定点监测数据显示，从 2019 年 10 月开始，能繁母猪存栏止降回升，已连续 7 个月恢复增长；全国生猪存栏连续 3 个月增长。这些指标表明生猪产能恢复势头持续向好。同时，猪肉大量进口，以及冻储肉持续投放，短期内进一步增加了猪肉供给。供给端的持续改善，仍将带动猪肉价格下行，叠加 2019 年下半年的高基数因素，猪价同比将会较快回落。此外，由于 CPI 采用链式拉氏法则编制，猪肉权重由上期猪肉支出占总消费比重来确定，今年下半年猪肉占 CPI 同比权重将上升，也会放大猪肉价格回落对食品价格以及 CPI 的拖累程度。

其次，国内疫情防控取得成效，物流交通基本恢复，各地农产品生产回归正常，鲜菜、鲜果供应充足，农产品价格将向季节性变化靠拢，对食品价格上涨产生一定的抑制作用。

此外，国内粮食供应总体稳定，供需基本维持平衡格局，价格大幅上涨动力不足，对食品价格走势影响有限。由于国内主要粮食中稻米、小麦和玉米基本可以自给自足，受国际粮食供应影响较小。今年虫灾尚在可控范围，造成大规模粮食减产的概率不大，粮食总体供给相对充足，有利于粮食价格稳定。具体来看，稻米方面，随着经济社会运行逐步恢复，稻米需求有所回升；但国家政策性稻谷投放精准充足，新季稻谷生产势头良好，预计后期国内稻米价格稳中趋弱。小麦方面，国家政策性小麦大量供应，有效缓解了市场粮源偏紧的状态，随着面粉消费进入淡季，国内小麦价格将平稳偏弱运行。玉米方面，由于农户余粮销售接近尾声，市场流通粮源偏紧，随着畜禽养殖持续恢复，饲料和工业需求回升，玉米价格可能小幅回升。大豆方面，受国内豆制品需求增加，以及大豆产区余粮不足影响，近期大豆价格有上涨压力。考虑到我国大豆供给主要依赖进口，当前国外大豆供应量较为充足，加上国内临储大豆拍卖开启，未来大豆价格上涨空间有限。

2. 非食品价格同比涨幅或略有回升

受国际原油价格上涨，以及服务业需求逐步恢复影响，非食品价格涨幅或略有回升。一是在“OPEC+”减产协议影响下，近期国际油价已经有所回升，将带动交通工具用燃料和水电燃料价格小幅上涨，对下半年非食品价格的拖累作用减弱。二是为做好“六稳”工作、落实“六保”任务，相关支持政策密集出台落地，国内服务业需求有望进一步提速，生活用品及服务、教育文化和娱乐等消费的增长将对非食品价格形成一定的支撑。但受疫情影响，居民可支配收入大幅回落，叠加住户部门杠杆率上升，将持续影响居民服务需求，非食品价格回升空间十分有限。

整体来看，预计猪肉价格逐步回落，考虑到基数效应，食品价格涨幅明显收窄；非食品价格略有小幅回升，CPI 同比涨幅回落。

（三）PPI 同比跌幅或将逐步收窄

国际原油价格或在相对低位震荡。从需求端看，美国、欧盟等发达国家疫情峰值已过，各国实施逐步解封计划，全球经济开始缓慢复苏，将推动原油需求温和回升。根据 EIA《短期能源展望报告》预测，全球原油日需求量将从第三季度开始持续回升。不过，主要发达经济体复工后面临疫情的再次反复，部分新兴经济体仍在疫情蔓延阶段，年内国际原油需求增长空间有限。从供给端看，“OPEC+”国家近期就原油减产再次达成共识，同意将日均减产 970 万桶的协议执行至 7 月末。但值得关注的是，沙特、科威特和阿联酋表示不打算将 118 万桶/日的自愿额外减产延长到 6 月末之后。同时，随着国际原油价格逐步回升至每桶 40 美元大关，美国部分页岩油厂商开始着手恢复生产，也将增加全球原油供给。此外，当前较高的全球原油库存水平也将抑制油价进一步上涨。综合来看，需求端的经济复苏支撑油价回升，但供给端在更大程度上决定了国际原油价格走势，预计年内国际原油价格或呈震荡走势。

受全球经济边际改善，以及供给偏紧等因素影响，其他大宗商品价格或小幅回升。在黑色金属方面，需求端，国内高炉开工率的持续上升对铁矿石需求形成支撑；供给端，随着疫情在巴西等国的蔓延，铁矿石供应偏紧的局面或将持续。受此影响，6 月初，国内 45 个港口库存总量仅 1.07 亿吨左右，处于近年来的低位。如果低库存继续维持，铁矿石价格仍有上行空间。在有色金属方面，随着主要发达国家先后重启经济，有色金属需求开始回升，有色金属生产逐步恢复。考虑到前期停工停产带来 LME 铜、铝、锌等金属库存的持续增加，以及供需两端的改善情况，有色金属价格或将保持震荡走势。

工业品价格逐步小幅回升。从需求端看，随着更加积极的财政政策落地，基建投资增长将加速，生产经营活动正常化也将支撑房地产投资与制造业投资稳步回升。在此背景下，中上游相关行业的工业品需求或者将持续改善。从供给端看，复工复产进度不断加快，工业用电量等数据已恢复至上年同期水平，工业品供给已经基本恢复。综合供需两端情况，在工业品生产基本稳定的背景下，下半年国内投资需求的持续回升，将成为工业品价格逐步企稳的主要驱动因素。不过，疫情蔓延和各国经济重启仍有很大不确定性，外需低迷对工业品价格的抑制作用仍将持续。

综合来看，原油价格将在相对低位震荡，对 PPI 的拖累作用有所减弱；国内投资需求的恢复将带动工业品价格企稳回升，年内 PPI 跌幅大概率逐渐收窄。

（四）价格变动趋势预测

预计 2020 年 CPI 上涨 2.9%左右。基于以上分析，受服务业逐步恢复，以及国际原油价格触底反弹等影响，非食品价格或有小幅回升，但受制于居民可支配收入下降，非食品价格上涨动力不足，同比涨幅仍将在低位波动。考虑到猪肉供给逐步改善，食品价格同比涨幅将波动下行，在第四季度回落或较为明显。预计 CPI 同比涨幅近期呈现波动态势，8 月、9 月略有收窄，11 月、12 月同比涨幅收窄至 2%以下，甚至个别月份在 1%左右。预计全年 CPI 涨幅在 2.9%左右，当月同比涨幅呈前高后低态势（见图 10）。

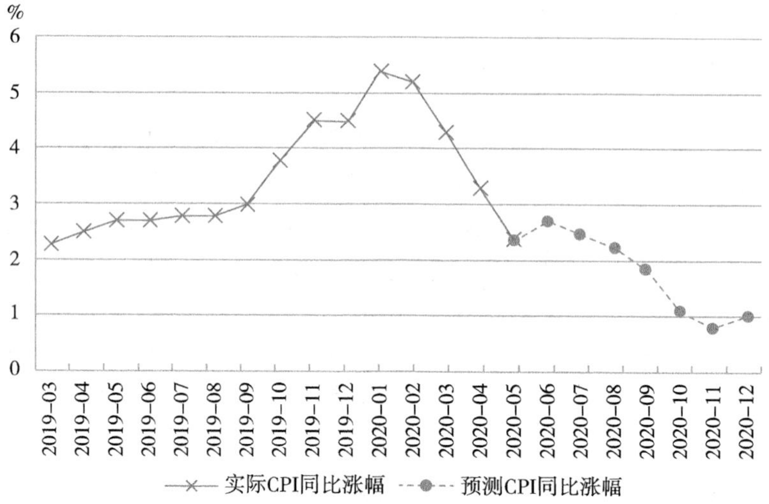

图 10　CPI 同比涨幅预测

（数据来源：2020 年 5 月及之前的数据来源于国家统计局，6 月及之后的数据为作者预测）

预计 2020 年 PPI 跌幅在 2.3%左右。基于以上分析，国际原油价格反弹后仍将在相对低位震荡，但年内对 PPI 的拖累作用减弱。伴随稳增长政策的实施、落地，基建、房地产和制造业等投资需求稳步恢复，带动工业品价格企稳回升，回升幅度依赖于宏观调控政策落地力度，尤其是传统基建规模大小。如果基建投资等未有超预期大幅度增长，预计全年 PPI 跌幅在 2.3%左右，当月同比跌幅呈 V 形走势（见图 11）。

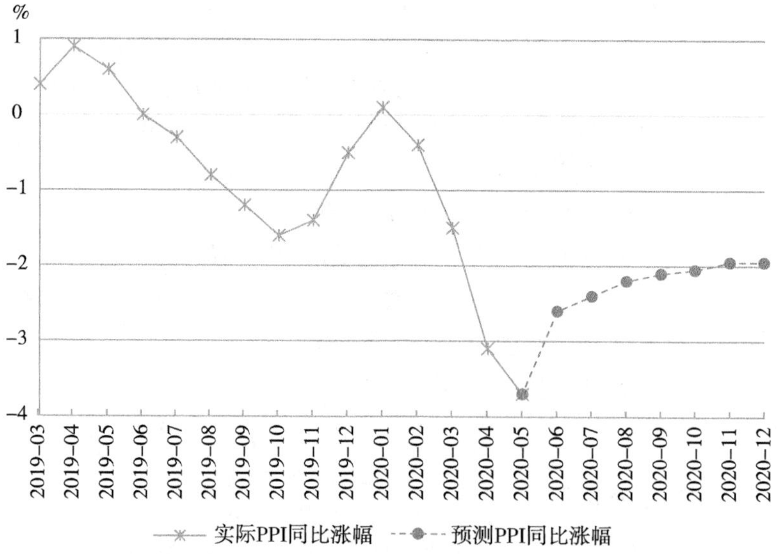

图 11　PPI 同比涨幅预测

（数据来源：2020 年 5 月及之前的数据来源于国家统计局，6 月及之后的数据为作者预测）

2020年第三季度　价格监测分析报告

一、部分行业需求复苏较快，带动产品价格回升

2020年7月、8月，工业生产复苏态势持续巩固，规模以上工业增加值同比增速继续回升，分别实际增长4.8%和5.6%。1—8月累计增长0.4%，年内首次转正。多数行业需求改善，尤其是基建投资和房地产投资需求增长较快、出口有所好转，带来相关行业产品价格回升。

（一）投资增长稳步回升

随着统筹推进疫情防控和稳投资各项政策措施落实落地，各地区各部门资金保障和相关要素保障有效加强，投资增长稳步回升。1—8月，全国固定资产投资（不含农户）同比下降0.3%，累计增速接近转正，降幅比上半年收窄2.8个百分点。其中，7月、8月，投资恢复较快，环比分别增长4.85%和4.18%（见图1）。

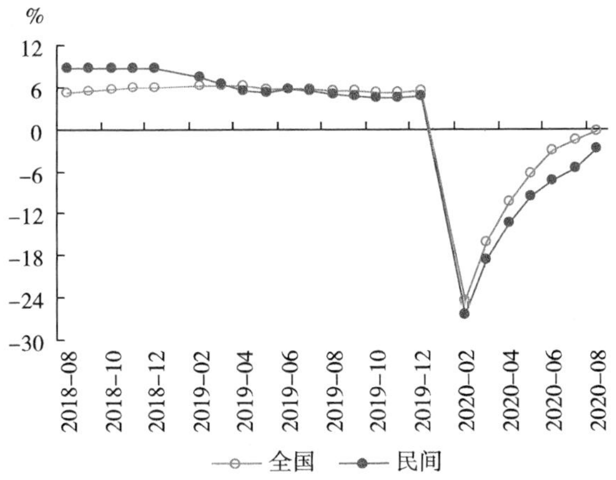

图1　全国及民间固定资产投资累计同比增速变化情况

（数据来源：Wind）

房地产开发投资平稳增长。随着复工加快推进、房地产市场需求回暖，房地产开发投资持续复苏。房地产开发投资累计同比增速自6月以来转正，1—8月增长4.6%，其中7月、8月当月同比分别增长11.7%和11.8%。

基础设施投资基本恢复至上年同期水平。在积极财政政策的推动下，基建投资逐渐发力，但近期部分地区遭受洪涝灾害，项目施工进度受到拖累，基建投资增速受到影响。1—8月，基建投资（不含电力、热力、燃气及水的生产和供应业）同比下降0.3%，基本恢复至上年同期水平，降幅比上半年收窄2.4个百分点。

制造业投资稳步恢复。随着国内疫情形势好转，制造业企业生产经营活动向好，利润

持续改善。近期出口好转，除提振医药、医疗仪器设备及仪器仪表、电子及通信设备等高技术制造业投资外，逐渐引致纺织、化工等传统制造业投资复苏。1—8 月，制造业投资同比下降 8.1%，降幅比上半年收窄 3.6 个百分点（见图 2）。

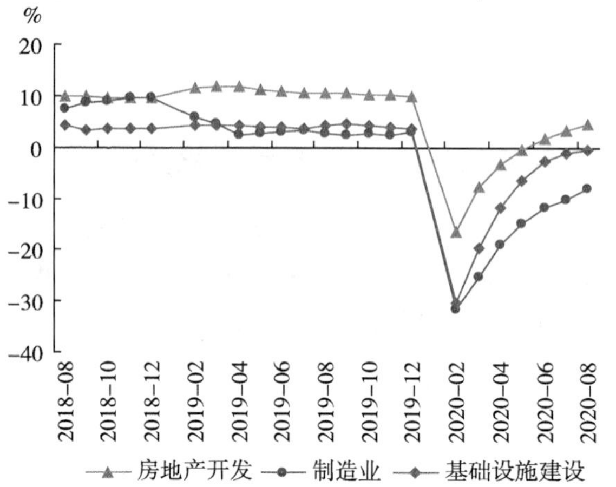

图 2　三个领域固定资产投资累计同比变化情况

（数据来源：Wind）

（二）消费需求继续恢复

随着疫情防控形势不断向好，居民生活秩序持续恢复，消费市场不断复苏，商品零售加快增长，餐饮收入同比降幅收窄。7 月、8 月，社会消费品零售总额同比分别下降 1.1%和增长 0.5%，8 月为今年以来首次正增长。其中，商品零售分别增长 0.2%和 1.5%，餐饮收入分别下降 11%和 7%。8 月，限额以上单位 18 个商品类别中，已有 14 类商品零售额同比增长，其中体育娱乐用品、文化办公用品等 9 类商品零售额连续 5 个月增长（见图 3、图 4）。

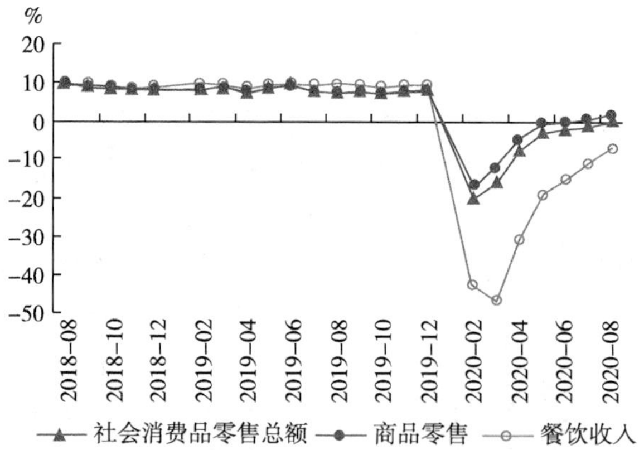

图 3　社会消费品零售总额及分项当月同比增速变化情况

（数据来源：Wind）

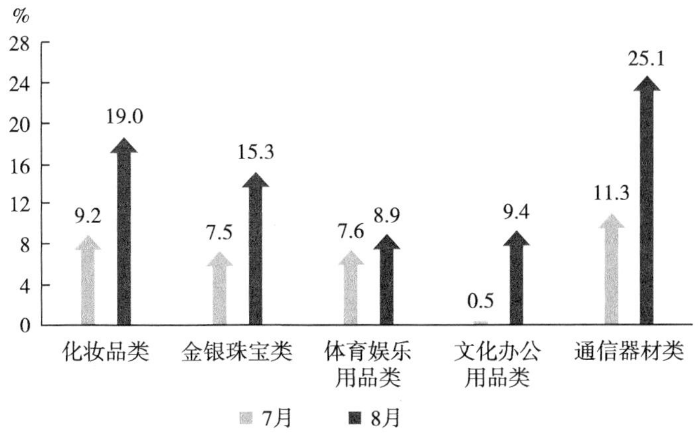

图 4　部分商品零售额当月同比增速变化情况

（数据来源：Wind）

（三）出口增长持续回升

在海外疫情严峻、全球经济衰退的背景下，我国经济表现领先全球，承担起“全球供应中心”的角色，弥补海外供给，尤其是防疫物资的缺口。近期美国、日本等发达经济体有所复苏，外需改善，我国出口保持较高增速。7 月、8 月，以美元计价的出口额同比分别增长 7.2%和 9.5%，其中对美国出口额分别增长 12.6%和 20%；医疗仪器及器械出口额同比分别增长 78%和 38.9%，纺织纱线、织物及制品出口额同比分别增长 48.4%和 47%（见图 5）。

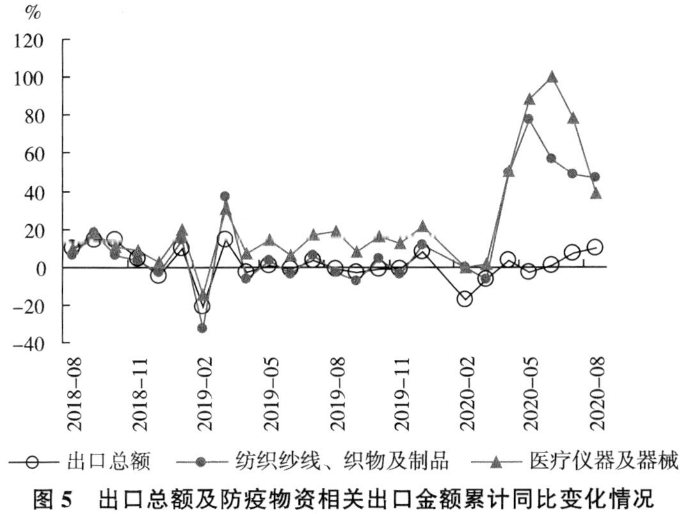

图 5　出口总额及防疫物资相关出口金额累计同比变化情况

（数据来源：Wind）

二、食品价格推高 CPI 环比涨幅，投资复苏及国际大宗商品价格上行带动 PPI 环比上涨、同比跌幅收窄

7 月、8 月，各地区各部门统筹疫情防控和经济社会发展，生产需求均持续回升。但受汛情影响，生猪、鲜菜等鲜活产品的生产和调运受阻，供给短期收缩，部分食品价格上升，带动消费品价格环比上涨。工业品需求不断恢复，原油、铁矿石、有色金属等国际大

宗商品价格反弹，带动国内部分工业品价格上涨。

（一）食品价格推高CPI环比涨幅，核心CPI涨幅处于低位

居民消费价格变化的结构性特征明显，CPI与核心CPI同比涨幅分化。2020年7月、8月，CPI环比由降转升，分别上涨0.6%和0.4%；受基期因素影响，同比分别上涨2.7%和2.4%。剔除食品和能源的核心CPI环比分别持平和上涨0.1%，同比均上涨0.5%，同比涨幅创该数据正式发布以来的最低值（见图6）。

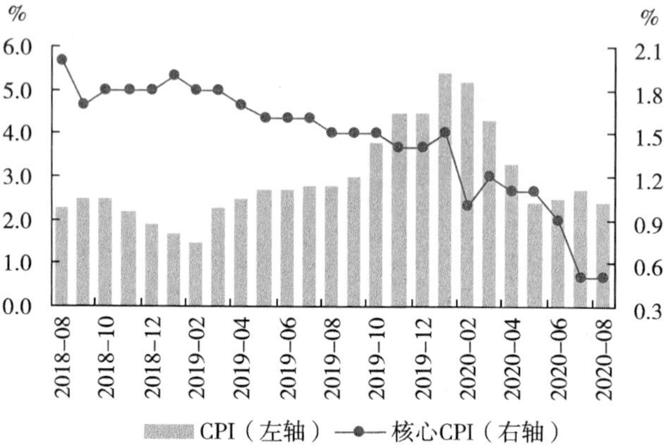

图6　CPI同比上涨情况

（数据来源：国家统计局）

需求状况好转、短期供给收缩，推升猪肉等食品价格（见图7）。7月、8月，食品价格环比分别上涨2.8%和1.4%。受翘尾因素影响，同比分别上涨13.2%和11.2%，涨幅分别比上年同期高4.1个和1.2个百分点。一是餐饮服务逐渐恢复，猪肉需求有所扩大。部分地区汛情对生猪的生产和调运产生不利影响，短期猪肉供给收缩。7月、8月，猪肉价格环比分别上涨10.3%和1.2%。二是受饲料成本上涨、需求恢复及猪肉价格上涨等因素影响，牛肉、羊肉、鸡肉和鸭肉价格均有不同程度上涨。三是高温及降雨天气影响鲜菜的生产和调运，7月、8月鲜菜价格环比分别上涨6.3%和6.4%。四是蛋鸡存栏量处于低位、夏季产蛋率不高，加之临近开学和中秋，需求增加较多，7月、8月，蛋类价格环比分别上涨3.1%和9.4%（见图8）。

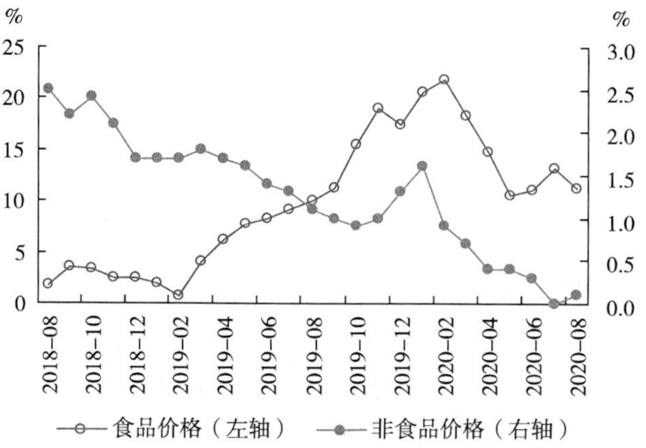

图7　食品价格和非食品价格同比上涨情况

（数据来源：国家统计局）

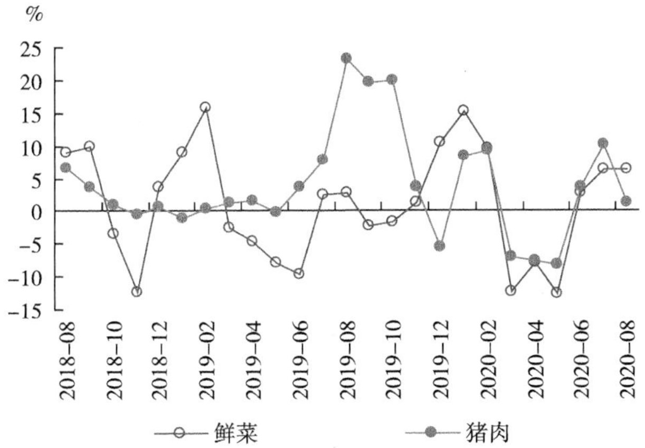

图 8　鲜菜和猪肉价格环比变化情况

（数据来源：国家统计局）

非食品中，部分商品和服务价格涨跌不一，总体保持相对稳定。7月、8月，非食品价格环比分别持平和上涨0.1%，同比分别持平和上涨0.1%。一是国际原油价格从低谷反弹，带动汽油、柴油等燃料价格上涨。7月、8月，交通工具用燃料价格环比分别上涨2.4%和0.8%。二是受全球黄金价格上涨的影响，金属首饰等价格回升。7月、8月，其他用品和服务价格环比分别上涨0.8%和2.4%，同比分别上涨5.1%和6.1%。三是随着国内疫情防控取得显著成果，跨省游恢复，多地推出景区免票或降价等优惠措施，旅游度假服务价格回落，7月、8月环比均下降1.5%（见图9）。

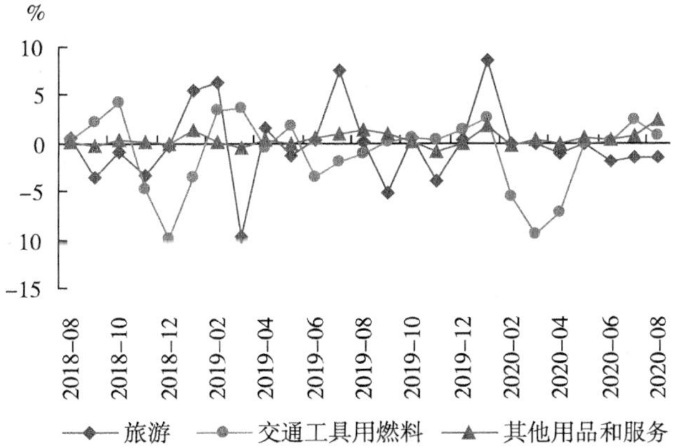

图 9　部分非食品价格变化情况

（数据来源：国家统计局）

（二）投资需求复苏及国际大宗商品价格上行，带动PPI环比上涨、同比跌幅收窄

工业生产向好，以及国际大宗商品价格持续上涨，引致相关工业品价格回升。6月、7月、8月，PPI环比由降转升，分别上涨0.4%、0.4%和0.3%。叠加基期因素，同比分别下降3%、2.4%和2%，降幅持续收窄。其中，生产资料价格环比分别上涨0.5%、0.5%和0.4%，同比分别下降4.2%、3.5%和3%（见图10）。

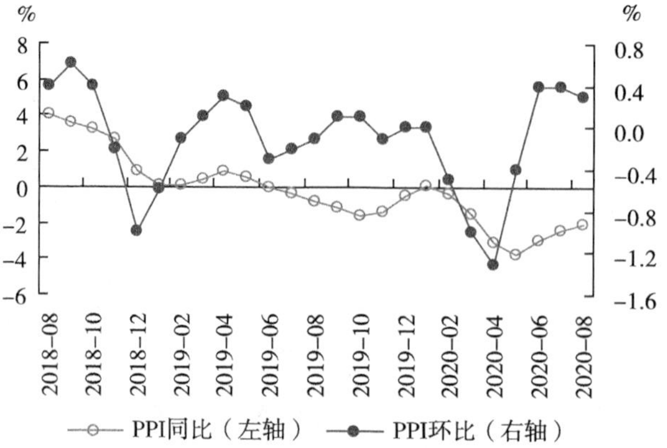

图 10 工业生产者出厂价格走势

（数据来源：国家统计局）

工业品需求明显复苏，拉动价格回升。在供给端，工业生产总体恢复较好。从主要工业品产量看，7 月、8 月，发电量同比分别增长 1.9%和 6.8%，钢材产量同比分别增长 9.9%和 11.3%，粗钢、有色金属、水泥等供给有所增加。在需求端，近期中下游行业需求逐步恢复，投资增长稳步回升，与之相关的产品需求保持较快增长。7 月、8 月，黑色金属冶炼和压延加工业价格环比分别上升 1.1%和 1.5%，有色金属冶炼和压延加工业价格环比分别上升 3.1%和 3%。

国际大宗商品价格上行，带动部分工业品价格上涨。今年上半年国际原油价格大幅下跌，6 月以来，国际油价波动上行，拉动国内石油及相关产品价格上涨。6 月、7 月、8 月，石油和天然气开采业价格环比分别上升 38.2%、12%和 3.6%，石油、煤炭及其他燃料加工业价格环比分别上升 1.7%、3.4%和 1.2%。国内基建和房地产投资回归常态，国际铁矿石、有色金属等价格涨幅明显，9 月初，美国洲际交易所（ICE）铁矿石价格指数（62%Fe：CFR 中国北方）突破 130 美元/吨，伦敦金属交易所（LME）铜现货收盘价突破 6800 美元/吨，均比 6 月初上涨 30%左右。6 月、7 月、8 月，黑色金属矿采选业价格环比分别上升 2.9%、2.7%和 4.3%，有色金属矿采选业价格环比分别上升 1.2%、2.5%和 3.1%。

三、预计全年 CPI 上涨 2.8%左右，PPI 下降 1.9%左右

随着统筹推进疫情防控和经济社会发展的一系列政策措施落实，我国经济运行状况持续向好，总需求稳步回升，将对价格稳定形成一定支撑。预计价格变化的结构性特征明显，CPI 同比涨幅将逐渐回落，PPI 同比跌幅或逐步收窄。

（一）总需求将稳步回升

预计固定资产投资增长延续回升态势。一是基建投资增速将有所回升。7 月，国务院常务会议要求“各地要加快专项债发行和使用，支持‘两新一重’、公共卫生设施建设”。在政策支持下，基建投资增速将继续回升。从项目建设来看，前期各地密集批复一大批基建项目，未来项目施工将驱动基建投资增长，尤其是“两新一重”投资将保持较高增速。

从资金来源看，地方债发行节奏不断加快，尤其是专项债加速发行。截至 8 月末，抗疫特别国债已经发行完毕，一般债券与专项债券发行分别完成全年计划的 87%和 77.3%。考虑到地方债发行主要集中于第二、第三季度，而资金拨付和使用则相对滞后，年内财政资金对基建投资的支持力度加大。此外，基础设施 REITs 开辟了新融资渠道，基建项目外资准入进一步放宽，将对基建投资资金来源形成支持。不过，在减税降费力度加大、地方土地出让金收入下降的背景下，财政收支矛盾仍将存在，在一定程度上制约基建投资增长空间。

二是房地产投资增长有较强韧性，增速或趋稳。7 月召开的中央政治局会议以及房地产工作座谈会，皆重申坚持“房子是用来住的、不是用来炒的”定位，表明严格的房地产调控政策将延续，继续抑制房地产开发投资意愿。为了防止资金违规流入房地产市场，近期监管部门形成了重点房地产企业的资金监测和融资管理规则，随着监管规则的进一步完善和落实，部分房地产企业融资渠道或有所收窄。不过，随着疫情后房地产销售增长持续回升，销售类资金回款带动房地产开发企业到位资金明显反弹，1—8 月房地产开发到位资金同比增长 3%，较年初大幅回升 20.5 个百分点；近期“金九银十”传统销售旺季到来，房地产企业资金回笼节奏有望进一步加快，或将驱动房地产投资增长继续回升。此外，7 月，国务院办公厅印发《关于全面推进城镇老旧小区改造工作的指导意见》，加速推进老旧小区改造工程，将助推房地产建安投资增长。

三是制造业投资增长或将持续回升。随着前期一系列减税降费等优惠政策的全面落实，制造业利润保持快速回升态势，1—7 月制造业利润总额同比下降 4.5%，较年初回升 38.2 个百分点，企业盈利能力明显好转，将支持制造业投资意愿持续改善。8 月，国家发展改革委等部门印发《推动物流业制造业深度融合创新发展实施方案》，将通过物流降本增效促进制造业转型升级，未来价低质优的物流服务将助力制造业盈利能力，刺激制造业投资增长。同时，随着全球经济以及国际贸易的恢复，外部需求回升拉动出口相关企业投资增长，8 月我国制造业 PMI 新出口订单指数为 49.1%，较今年最低点大幅回升 20.4 个百分点，表明短期内企业对外需的预期明显改善。不过，全球疫情二次暴发风险仍然存在，叠加中美贸易关系的不确定性，对制造业企业投资造成冲击；在经济增长放缓的背景下，除高端制造业外的其他制造行业投资增速恢复相对乏力，限制制造业投资增速回升幅度。

消费增长或逐渐恢复。9 月，国务院常务会议确定支持新业态新模式加快发展带动新型消费的措施，将进一步推动新型消费逆势快速发展，有效提升网上零售在消费中的带动作用。随着疫情后的经济逐步恢复，以及“金九银十”“两节”等传统消费旺季到来，消费需求将进一步释放，消费复苏滞后经济复苏的态势逐步改观。但我国经济处于恢复过程中，失业率处于历史高位，全国居民人均可支配收入减少，上半年实际累计同比下降 1.3%，在一定程度上抑制消费增长。此外，疫情防控措施的影响仍然存在，服务消费明显低于常态的情况将持续，在餐饮、旅游等传统消费方面，居民消费信心短期内难以完全恢复。受此影响，消费恢复性增长持续承压，消费增长回归常态将较为缓慢。

出口增长有望企稳。随着主要发达国家经济陆续重启，全球经济呈逐渐复苏态势，8 月摩根大通全球综合 PMI 为 52.4%，已连续两个月高于荣枯线，美国 ISM 制造业与欧元区制造业 PMI 实现持续回升，皆为 2019 年以来的次高点，外需改善将持续拉动我国出口需求。8 月，国务院办公厅印发《关于进一步做好稳外贸稳外资工作的意见》，随着 15 项优惠政策的落地实施，出口有望保持增长态势。但也要看到，全球疫情形势存在不确定性，在疫情防控常态化的影响下，主要国家新冠疫情封锁措施解除带来的经济强劲反弹正趋于缓和，全球经济以及国际贸易需求的复苏将是长期缓慢的过程。同时，全球产业链供应链受阻，中美贸易摩擦近期没有向好的迹象，出口形势改善的空间十分有限。

（二）CPI 同比涨幅或逐步回落

1. 食品价格同比涨幅将明显回落

首先，猪肉价格或企稳，更可能小幅回落，是拉低食品价格同比涨幅的主要因素。在市场高利润与行业利好政策扶持的背景下，大型养殖企业积极扩张生猪产能规划，叠加洪涝灾害等不利因素的消退，生猪供应有望快速恢复。从先行指标看，根据农业农村部对全国 400 个县的定点监测数据，8 月生猪存栏环比增长 4.7%，连续 7 个月增长；能繁母猪存栏环比增长 3.5%，连续 11 个月回升，表明生猪产能持续改观。同时，随着国外新冠疫情得到控制，部分地区的猪肉进口将继续恢复，猪肉供给约束不断弱化。居民生活秩序逐步恢复，叠加传统消费旺季来临，短期内猪肉市场需求增加。考虑到猪肉供给改善，以及上年同期猪肉价格较高，基数效应将带来第四季度猪肉价格同比涨幅较快收窄。

其次，蔬菜价格高位回落，对食品价格的支撑作用减小。随着秋后气温逐步下降，北方地区蔬菜产量逐步减少，但华北东部、南部以及西北地区蔬菜开始进入采收期，可补充北方地区产量的不足。加之前期极端天气等不利因素对供给冲击消退，预计蔬菜供应将趋于平稳，鲜菜价格同比涨幅或逐渐回落。

此外，国内外粮食价格总体稳定，对食品价格走势影响有限。受全球疫情、蝗灾以及极端天气等不利因素影响，今年多国开始限制粮食出口，国际粮食供给和价格出现异常波动。但我国主要粮食进口依存度低，国际粮价波动对我国影响较小。今年国内夏粮生产再获丰收，产量创历史新高，秋粮也有望丰收，粮食供给和库存充裕将为国内粮食价格稳定提供有力支撑。具体来看，稻米方面，受南方部分地区洪涝灾害影响，早稻单产有所下降；但得益于播种面积的大幅增加，全国早稻实现增产，稻米市场供应保持相对宽松，后期稻米价格将整体稳定。小麦方面，在玉米价格上涨的背景下，饲料企业对小麦需求增加，叠加疫情带来的农户惜售较为明显，预计小麦收购价格稳中略涨。玉米方面，随着政府临储拍卖玉米出库速度加快，玉米及其替代品进口增加，小麦、稻谷消费替代等相互叠加，市场供需矛盾将在一定程度上缓解，但受饲用消费较快增长，以及东北极端天气导致玉米产量下降的影响，国内玉米价格将在短期内高位运行。大豆方面，国储拍卖大豆陆续供应市场，加上新豆即将上市，大豆供应紧张局面将得到有效缓解。考虑到疫情、极端天气等不利因素对美国、巴西等大豆出口国带来的冲击，大豆进口成本可能波动，在此背景下国内大豆价格或呈现震荡态势。

2. 非食品价格同比涨幅或维持低位波动

受国际原油价格在低位震荡、居民可支配收入增长放缓等因素的影响，非食品价格涨幅或将维持低位。一是国际油价将保持相对低位震荡，限制交通工具用燃料和水电燃料价格上涨空间，对非食品价格回升产生抑制作用。二是疫情后失业率上升，居民可支配收入减少，抑制居民对衣着、生活用品及服务、教育文化和娱乐等消费，消费需求恢复较为缓慢，非食品价格上涨动能不足。此外，随着国内疫情基本结束，医疗保健价格水平延续回落态势，拖累非食品价格上涨。不过，随着学校陆续开学，叠加国庆、中秋等节日因素，将刺激教育、餐饮、旅游等方面的消费增长，短期内对部分非食品价格产生扰动。

整体来看，猪肉价格企稳，考虑到基数效应，食品价格涨幅在季度逐步收窄；居民收入增长缓慢，非食品价格或维持低位波动，在第四季度CPI同比涨幅将逐步回落。

（三）PPI同比跌幅或小幅收窄

国际原油价格将保持相对低位震荡。从需求端看，虽然全球经济开始缓慢复苏，主要经济体逐步恢复生产秩序，对原油需求温和回升提供支撑。但近期部分国家和地区新冠疫情发生反弹，全球对疫情二次暴发的担忧增加，加之亚洲需求复苏停滞，以及美国夏季用车高峰结束等不利因素影响，国际原油需求恢复缓慢。9月EIA《短期能源展望报告》下调了2020年和2021年全球原油需求增速预期，短期内国际原油需求增长空间有限。从供给端看，当前以沙特为首的海湾OPEC成员国自愿额外减产已经结束，同时“OPEC+”国家减产协议进入了第二阶段，即减产规模由970万桶/日调整为770万桶/日，各产油国产量增加将限制国际原油价格进一步回升。综合来看，国际原油需求或将略有改善，但短期内仍然较为疲弱；供给增加进一步限制了油价上升空间，预计国际原油价格将保持相对低位震荡。

随着全球疫情冲击减弱，其他大宗商品供需两端皆边际改善，价格大幅上涨的概率较小，预计整体呈高位震荡走势。在黑色金属方面，在国内基建投资增长支撑下，钢厂利润良好、开工积极性较高，铁矿石需求将继续维持高位。而巴西矿山复工较快，国内港口铁矿石库存从7月初开始反弹，8月末全国45个港口库存为1.13亿吨，与7月初相比增加502万吨。铁矿石供需两端改善，价格将保持高位震荡。在有色金属方面，全球经济复苏带动有色金属需求回暖，LME铜、铝库存开始高位回落。随着部分有色金属主产国新冠疫情以及工人罢工缓解，供应紧张的情况有所减弱，在此背景下，有色金属价格大幅上涨的可能性减小。

工业品价格或将逐步回升。从需求端看，为做好“六稳”工作、落实“六保”任务，积极财政政策将支撑基建投资增长；同时，房地产投资增长韧性仍在，盈利能力改善将带动制造业投资增长逐步回升，经济运行持续向好将进一步提振工业品需求。从供给端看，国内工业生产秩序恢复，工业用电量、产能利用率等数据已基本达到上年同期水平，工业品供给基本稳定。综合来看，未来投资需求或持续回升，是部分工业品价格企稳的主要驱动因素。不过，目前全球仍然面临疫情二次暴发的可能，叠加中美贸易关系的不确定性，或再次对工业品价格产生冲击。

综合来看，短期内原油价格可能保持相对低位震荡，对PPI的影响有所减弱；国内投资需求持续回升将带动工业品价格逐步企稳，预计PPI跌幅大概率逐渐收窄。

（四）价格变动趋势预测

预计2020年全年CPI上涨2.8%左右。基于以上分析，受疫情后消费需求低迷的影响，非食品价格涨幅大概率将维持低位波动；猪肉价格维持相对平稳，或小幅回落。考虑到基数效应，CPI 同比涨幅呈波动态势，9 月、10 月略有收窄，11 月、12 月收窄至 2%以下，甚至在 1%左右。预计全年 CPI 涨幅在 2. 8%左右，当月同比涨幅呈前高后低走势（见图 11）。

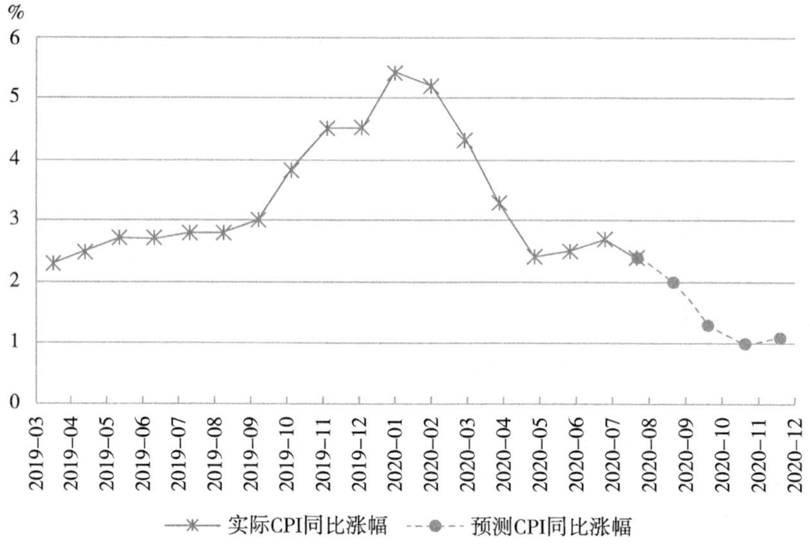

图 11　CPI 同比涨幅预测

（数据来源：2020 年 8 月及之前的数据来源于国家统计局，9 月及之后的数据为作者预测）

2020 年 PPI 跌幅在 1. 9%左右。基于以上分析，国际原油价格从低位回升后将在相对低位震荡，拉低 PPI 同比跌幅；稳增长政策的实施、落地推动固定资产投资增长，特别是基建投资增长近期可能加速，有助于年内工业品价格或逐步企稳回升；2020 年 PPI 跌幅在 1. 9%左右，当月同比跌幅呈 V 形走势（见图 12）。

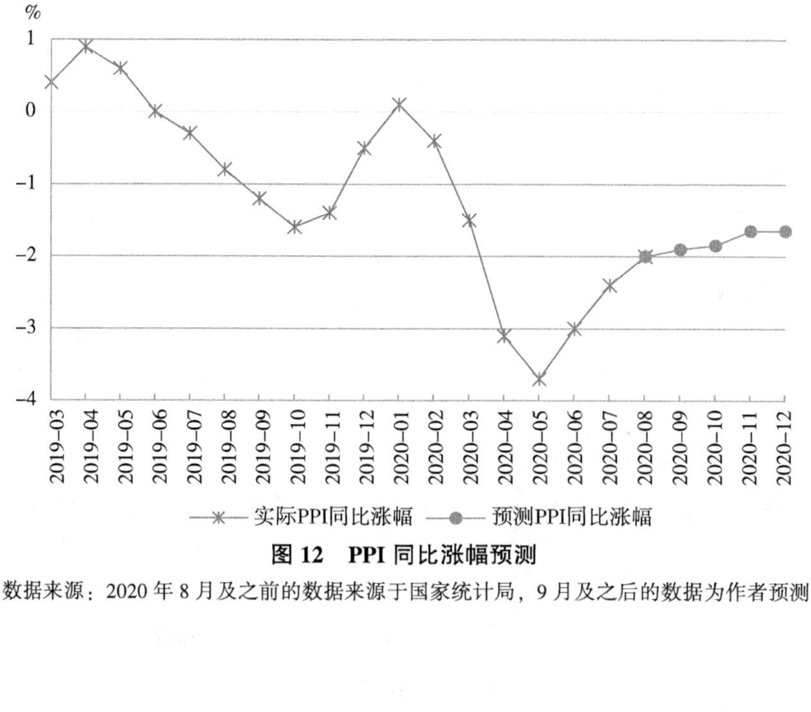

图 12　PPI 同比涨幅预测

（数据来源：2020 年 8 月及之前的数据来源于国家统计局，9 月及之后的数据为作者预测）

2020年第四季度　价格监测分析报告

一、需求持续回暖，对部分行业和产品价格形成支撑

2020年10月、11月，经济运行稳步恢复，规模以上工业增加值同比增速继续回升，实际增长分别为6.9%和7%；1—11月累计增长2.3%。出口增长较快的行业和受政策利好的企业需求增长较快，对相关行业产品尤其是工业品价格形成支撑。

（一）投资增长稳步回升

近期国内疫情防控取得重大成果，稳投资、稳就业等政策显效发力，投资到位资金增速加快，投资增长稳步回升。1—11月，全国固定资产投资（不含农户）同比增长2.6%，累计同比自9月转正以来，增速持续扩大；民间固定资产投资增长0.2%，年内累计增速首次转正（见图1）。

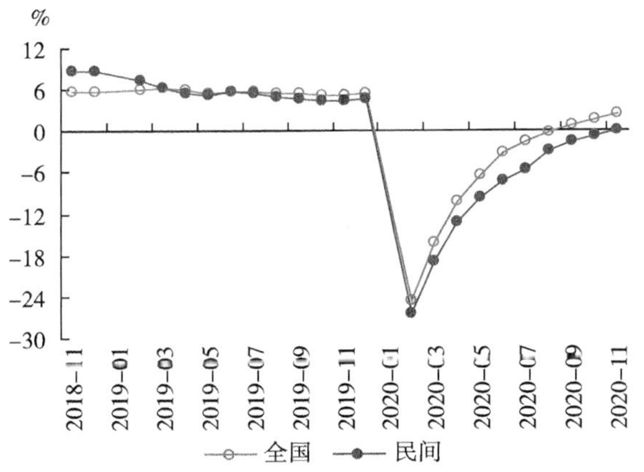

图1　全国及民间固定资产投资累计同比增速变化情况

（数据来源：Wind）

销售回暖支撑房地产开发投资增速维持高位。1—11月，商品房销售面积和销售额累计同比分别增长1.3%和7.2%，对投资形成有力支撑。房地产开发投资累计同比增速自6月以来转正，1—11月增长6.8%，其中10月、11月当月同比分别增长12.7%和10.9%。

基建投资增速平稳回升。在积极财政政策推动下，基建投资逐渐发力。不过，部分地区项目储备不足、项目质量难以匹配地方专项债要求，出现“钱等项目”的现象，财政支出进度偏慢，影响基建投资增速。1—11月，基建投资（不含电力、热力、燃气及水的生产和供应业）同比增长1%。根据测算，10月、11月当月同比分别增长7.2%和5.8%。

制造业投资稳步恢复。随着经济逐步恢复，制造业企业效益持续改善。同时，海外疫情形势严峻，部分行业生产受阻，我国出口需求，尤其是防疫物资、“宅经济”商品需求

较高，对制造业生产和投资的带动作用明显。1—11 月，制造业投资累计同比下降 3.5%。根据测算，10 月、11 月当月同比分别增长 3.7%和 12.5%。其中，医药制造业投资累计同比增长 27.3%，计算机、通信和其他电子设备制造业投资累计同比增长 14.5%（见图 2）。

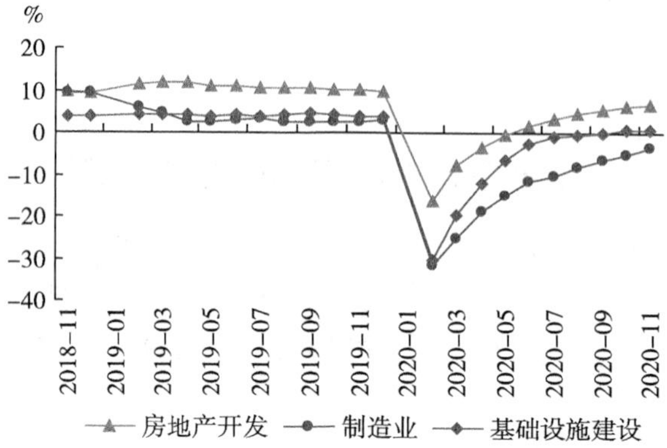

图 2　三个领域固定资产投资累计同比变化情况

（数据来源：Wind）

（二）消费需求逐步回暖

随着疫情防控形势不断向好，促消费政策的效果不断显现，消费市场不断复苏。但我国就业压力很大，严重制约了居民消费能力和意愿。目前新冠疫情仍在全球蔓延，国内零星散发病例和局部暴发疫情的风险仍然存在，聚集性和接触式消费受到抑制，服务行业复苏较为缓慢。1—11 月，社会消费品零售总额同比下降 4.8%，除汽车以外的消费品零售额下降 5.0%。10 月、11 月，社会消费品零售总额同比分别增长 4.3%和 5%。其中，商品零售分别增长 4.8%和 5.8%，餐饮收入分别增长 0.8%和下降 0.6%（见图 3）。

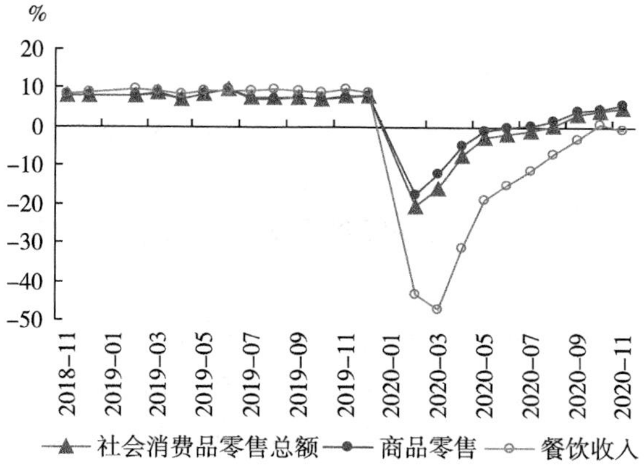

图 3　社会消费品零售总额及分项当月同比增速变化情况

（数据来源：Wind）

（三）出口增长持续扩大

在全球经济处于疫情冲击和经济恢复无力的背景下，我国经济复苏领先全球，短期承担起“全球供应中心”角色，弥补海外供给缺口。10 月以来，欧美疫情再次出现反弹，拖累其复工复产进程，也增加了对防疫物资、“宅经济”商品的需求，我国出口继续扩张。10 月、11 月，以美元计价的出口额同比分别增长 11.4%和 21.1%，其中对美国出口额同比分别增长 22.5%和 46.1%；医疗仪器及器械出口额同比分别增长 30%和 38.2%，纺织纱线、织物及制品出口额同比分别增长 14.8%和 21%（见图 4）。

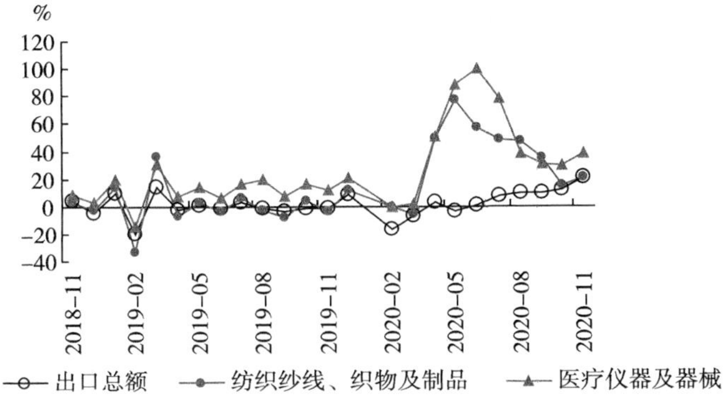

图 4　出口总额及防疫物资相关出口金额累计同比变化情况

（数据来源：Wind）

二、食品价格下降带动 CPI 涨幅回落，工业品需求增长及大宗商品价格宽幅震荡引致近期 PPI 环比上涨

10 月、11 月，国民经济延续稳定恢复态势，供给需求均稳中有升。消费品供应相对充足，尤其是猪肉等食品供给持续改善，价格环比下降。工业品需求不断恢复，带动部分工业品价格上升，国际大宗商品价格先跌后涨、宽幅震荡，对 PPI 走势形成冲击。

（一）食品价格带动 CPI 环比转负，核心 CPI 涨幅维持低位

2020 年 10 月、11 月，CPI 环比由升转降，分别下降 0.3%和 0.6%；受基期因素影响，同比涨幅回落由正转负，分别上涨 0.5%和下降 0.5%。剔除食品和能源的核心 CPI 环比分别上涨 0.1%和下降 0.1%，同比均上涨 0.5%，同比涨幅继续处于历史低位（见图 5）。

食品供给持续改善影响价格回落（见图 6）。10 月、11 月，食品价格环比分别下降 1.8%和 2.4%。受翘尾因素影响，同比分别上涨 2.2%和下降 2%，涨幅分别比上年同期低 13.3 个和 21.1 个百分点。一是生猪产能持续恢复，猪肉供给持续改善。第三季度末，全国生猪和能繁母猪存栏均恢复到正常年份 80%以上的水平，猪肉供给改善、价格回落。10 月、11 月，猪肉价格环比分别下降 7%和 6.5%。二是鲜菜和蛋类供应充足，价格同步回落。10 月、11 月，鲜菜价格环比分别下降 2.1%和 5.7%；蛋类价格环比分别下降 1.9%和 1.4%。三是受近期部分地区疫情散发影响，水产品需求减少，价格短期回落。10 月、11 月，水产品价格环比分别下降 1.2%和 1.9%（见图 7）。

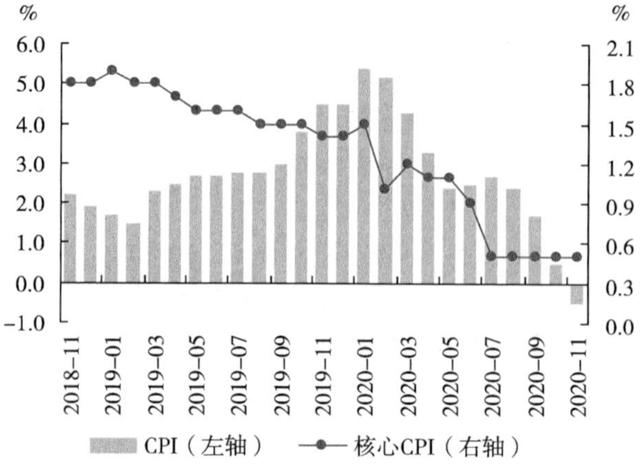

图 5　CPI 同比上涨情况

（数据来源：国家统计局）

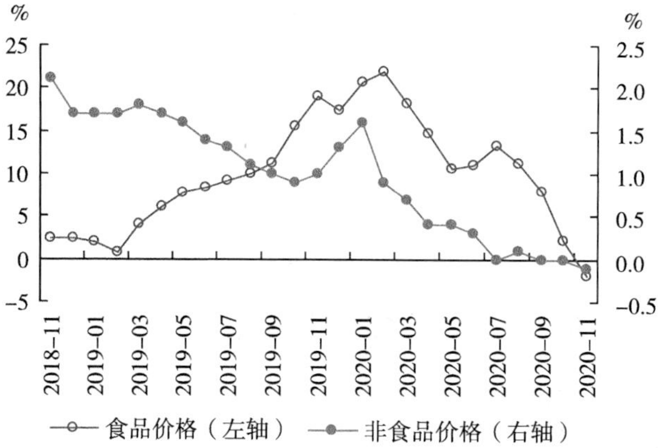

图 6　食品价格和非食品价格同比上涨情况

（数据来源：国家统计局）

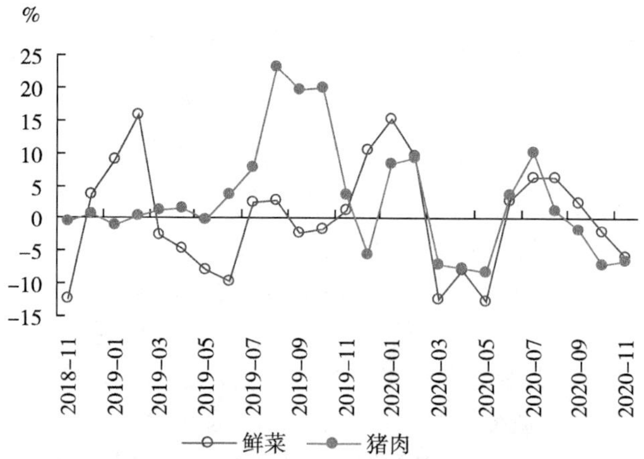

图 7　鲜菜和猪肉价格环比变化情况

（数据来源：国家统计局）

服务业需求复苏较为缓慢，非食品价格总体趋稳。10 月、11 月，非食品价格环比分别上涨 0.1%和下降 0.1%，同比分别持平和下降 0.1%。一是 9 月、10 月和 11 月上旬国际原油价格波动下降，带动汽油、柴油等燃料价格下降。10 月、11 月，交通工具用燃料价格环比分别下降 2.2%和 0.3%。二是旅游旺季、淡季交错，飞机票、旅游和宾馆住宿等价格波动较大。10 月、11 月旅游价格环比分别上涨 2.8%和下降 4.4%。三是国内外主要手机品牌上市新机型，尤其是 5G 手机，推动通信工具价格上升。10 月、11 月，通信工具价格环比分别上涨 0.2%和 1.1%（见图 8）。

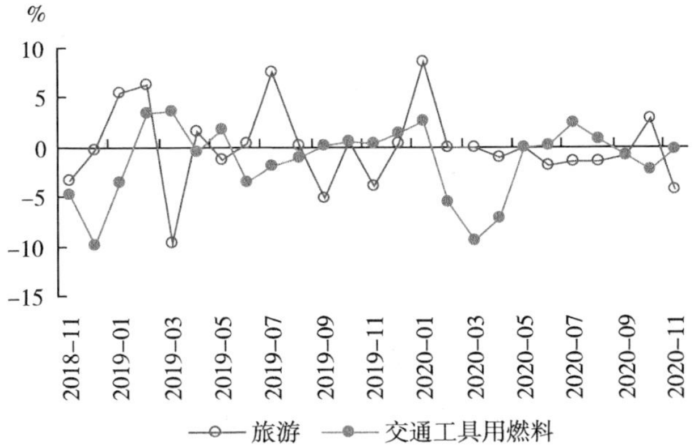

图 8　部分非食品价格变化情况

（数据来源：国家统计局）

（二）房地产和基建投资增长，带动 PPI 环比上涨，国际大宗商品价格宽幅震荡影响 PPI 走势

10 月、11 月，PPI 环比分别持平和上涨 0.5%。叠加基期因素，同比分别下降 2.1%和 1.5%。其中，生产资料价格环比分别上涨 0.1%和 0.7%，同比分别下降 2.7%和 1.8%（见图 9）。

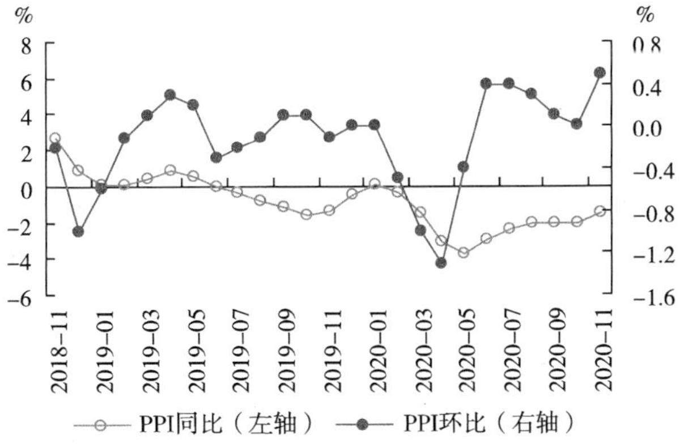

图 9　工业生产者出厂价格走势

（数据来源：国家统计局）

工业品需求持续复苏，带动价格回升。在供给端，工业生产总体恢复至常态。从主要工业品产量看，10 月、11 月，发电量同比分别增长 4.6%和 6.8%，钢材产量同比分别增长 14.2%和 10.8%，粗钢、有色金属、水泥、乙烯等供给也有所增加。在需求端，近期中

下游行业需求逐步恢复，制造业、房地产投资增长稳步回升，加之供暖需求季节性增加，钢材、煤炭等需求保持较快增长。总体上，工业品需求边际走强推动供求相对调整，并带动价格回升。10月、11月，黑色金属矿采选业价格环比分别上涨0.7%和持平，煤炭开采和洗选业价格环比分别上涨2.1%和2.2%，燃气生产和供应业价格环比分别上涨0.4%和2.8%。

国际大宗商品价格波动较大，影响国内部分工业品价格涨幅。9月至11月上旬，受美国大选、欧美疫情反复、地缘政治等多重因素影响，全球经济运行的不确定性增加，国际油价波动下行。自11月中下旬以来，美国政治不确定性下降，新冠疫苗研制进展乐观，加之“OPEC+”可能推迟增产计划，原油市场信心修复，价格反弹。国际油价震荡带动国内石油及相关产品价格波动。10月、11月，石油和天然气开采业价格环比分别下降4.9%和上涨0.9%，石油、煤炭及其他燃料加工业价格环比分别下降1.6%和上涨1.7%。叠加上年高基数影响，10月、11月，石油和天然气开采业价格同比分别下降30.4%和29.8%，石油、煤炭及其他燃料加工业价格同比分别下降18.5%和16.3%。

三、预计2021年CPI上涨1%左右，PPI上涨1.2%左右

随着我国经济运行逐步恢复，明年经济增长有望继续向潜在增长率回归，但受政策刺激力度边际减弱、出口支撑作用降低等因素制约，总需求修复速度或边际趋缓。尽管低基数效应导致明年经济增速显著回升，但总需求对价格的拉动作用较弱，价格波动主要受结构性因素影响。

（一）总需求将逐渐回归常态

预计固定资产投资增长稳中有升①。一是基建投资增长继续保持上升态势。在政策支持方面，近期召开的中央经济工作会议指出“保持对经济恢复的必要支持力度，政策操作上要更加精准有效，不急转弯，把握好政策时度效”，说明政策对基建投资支持会保持一定韧性；在项目建设方面，今年各地密集批复的基建项目将持续推进，支撑明年基建投资增长；此外，以5G网络、工业互联网等为代表的“新基建”将在“十四五”期间作为重点项目加快建设。在资金来源方面，11月，财政部《关于进一步做好地方政府债券发行工作的意见》印发，将从资金端完善发债资金的使用效率，加大专项债对基建投资增长的支持。不过，明年基建投资总额不会大规模增长。随着我国经济内生增长动力增强，依靠大规模提高赤字率、专项债限额等刺激经济的必要性已经下降，财政政策将逐步回归“常态”，对明年下半年基建投资增长的支撑作用减弱。此外，受减税降费力度加大、地方政府土地出让金减少等因素制约，地方财政收支矛盾也将制约基建投资增长。

二是房地产投资增长呈较为明显的韧性。11月发布的《中共中央关于制定国民经济和社会发展第十四个五年规划和二〇三五年远景目标的建议》，以及12月召开的中央经济工作会议，都再次重申“房子是用来住的、不是用来炒的”定位，房地产调控政策将延续，在一定程度上继续抑制房地产开发投资意愿。随着重点房地产企业资金监测和融资管理规则逐步扩大范围，以及进一步完善落实，明年部分高负债的房地产企业融资渠道将有

① 这里没有考虑基期因素带来的固定资产投资同比的高增长，本部分其他经济指标也如此。

所收窄，或在一定程度上影响房地产投资增长。不过，在土地端，前期地方政府供地意愿较强，拉动今年土地成交数量快速上升，将滞后形成土地购置费，短期内对房地产投资增长形成支撑。在施工阶段，为缓解政策趋严带来的融资压力，未来房地产企业将继续加快销售回款，以保障资金需求，将驱动企业通过增加建安投资力度提升竣工速度，支撑房地产投资增长。

三是制造业投资增长延续向好态势。受减税降费、改善融资环境等优惠政策支持，制造业利润持续回升，1—10 月制造业利润总额同比上涨 4.2%，较年初大幅回升 46.9 个百分点，且高于上年同期水平。随着政策作用延续，叠加工业品价格逐步回升，未来制造业利润仍有回升空间，将支持制造业投资意愿持续改善。此外，在国内产业转型升级的背景下，受科技创新驱动和需求快速增长拉动，医药、计算机等高技术产业投资将保持较高增速，为制造业投资增长提供有力支撑。不过，随着政策刺激力度有所减弱，传统基建投资增长趋缓或将抑制钢铁、建材等制造业的生产和投资力度，不利于制造业投资增速回升。明年出口增长或放缓，外需减弱对相关出口制造业企业投资意愿产生不利影响。

消费增长延续恢复态势。促进消费的政策力度不断加大，进一步驱动消费需求加快释放。10 月，国家发展改革委等 14 个部门联合印发《近期扩内需促消费的工作方案》，将通过释放线上经济潜力、开辟服务消费新模式等方式，助推消费提质升级。11 月，国务院常务会议部署扩大汽车消费以及提振餐饮、旅游消费等措施，也将进一步刺激消费需求恢复。此外，随着房地产开发商加大销售推盘力度，房地产销售增速或将持续回升，对家具、家电以及建筑装潢类商品的消费增长形成支撑。不过，疫情对我国经济影响仍然存在，居民人均可支配收入增长较为缓慢，前三季度实际累计同比增长 0.6%，低于上年同期 5.5 个百分点，居民部门杠杆率持续上升，都将在一定程度上抑制消费增长。同时，在疫苗大规模投放前，集聚性、接触性消费增长难以完全恢复，短期内仍会拖累消费复苏。

出口增长可能放缓。在疫情防控常态化的背景下，随着全球主要经济体产能与供应逐渐恢复，今年较强的替代性出口优势将逐渐减弱，部分国内产品订单可能出现一定程度的回流。此外，伴随新冠疫苗研发成功并开始推广投放，国外防疫抗疫、线上办公和居家生活类产品需求可能逐步回落，对出口增长的支持作用将不断下降。不过，11 月摩根人通全球综合 PMI 为 53.7%，已连续 5 个月高于荣枯线，未来叠加疫苗作用开始显现，全球经济有望延续复苏，为传统外需恢复提供良好支撑。近期，中国与东盟等经济体签订《区域全面经济伙伴关系协定》，有利于区域内多边贸易合作不断深化，为出口增长提供新的支撑。国务院办公厅于 11 月发布《关于推进对外贸易创新发展的实施意见》，将通过优化经营环境，激发外贸企业内生动力。在上述有利因素支撑下，出口增长存在较强韧性。

（二）预计消费品价格相对稳定，CPI 同比涨幅维持低位

1. 食品价格同比跌幅可能较大

首先，预计明年上半年猪肉价格持续回落，是拖累食品价格的主要因素。在供给端，在国家利好政策扶持下，生猪养殖恢复进程不断加快，将带动猪肉价格延续下行趋势。根据农业农村部最新数据显示，10 月，能繁母猪存栏数连续第 13 个月回升，同比增长 32%；生猪存栏数连续 9 个月回升，同比增长 27%，按照此趋势，明年 3—6 月全国生猪存栏将基本恢复到正常年份水平。上述两个先行指标表明，在生猪产能持续改善的背景下，猪肉

价格有较大回落空间。不过，短期内，受饲用玉米价格维持高位影响，生猪养殖成本仍然较高；此外，元旦、春节传统节日来临，将拉动肉类产品消费需求。因此，猪肉价格短期仍有一定支撑因素。综合考虑猪肉价格供需两端因素，以及今年同期猪肉价格高基数影响，明年猪肉同比跌幅可能较大。

其次，粮食价格将总体稳定，对食品价格走势影响有限。国家统计局数据显示，2020年全国粮食总产量比上年增加113亿斤，粮食供给和库存充足将为粮价保持稳定提供支撑。具体来看，稻米方面，随着新稻上市量继续增加，以及重启中晚籼稻拍卖等国家调控政策出台，稻米价格将延续基本稳定趋势。小麦方面，拍卖成交小麦陆续出库将有效缓解市场供应压力，加之小麦制粉需求较为平稳，国内小麦价格的上涨空间有限。玉米方面，尽管饲用需求稳中有升，但受新季玉米上市、进口玉米及其替代品到港等因素影响，后期市场供应将逐步增大，玉米价格将高位趋稳。大豆方面，近期南美降水改善，以及大豆种植进度加快，初步缓解了干旱天气造成的美豆供应紧张局面，国际大豆价格高位企稳的概率较高，预计短期国内大豆价格将呈高位震荡态势。尽管在全球疫情、极端天气、限制出口等不利因素影响下，国际粮食价格出现不同程度上涨，但考虑到国内主要粮食进口依存度低，且供给总体充足，国内粮食价格上涨空间不大。

2. 非食品价格同比涨幅或小幅回升

受国际原油价格上涨，以及服务业需求逐步恢复影响，非食品价格或逐渐低位反弹。一是受全球经济复苏和疫苗投放等利好因素影响，近期布伦特原油价格已震荡上升至50美元/桶左右，国际油价中枢上移将带动交通工具用燃料和水电燃料价格温和上涨，对非食品价格的触底回升提供支撑。二是在国内疫情防控形势较好的背景下，扩内需促消费方面政策不断升级，将进一步驱动服务业需求加快修复，生活用品及服务、教育文化和娱乐等消费的持续增长有利于非食品价格上涨。但考虑到居民可支配收入增速仍属低位，叠加居民部门杠杆率已上升至61.4%的历史新高，将持续影响居民服务需求，从而抑制非食品价格的回升空间。

整体来看，明年猪肉价格将继续回落，引致食品价格同比下跌较多；非食品价格可能逐渐低位温和回升。预计明年第一季度CPI同比跌幅较大，第二季度开始小幅回升，全年当月同比呈前低后高的态势。

（三）PPI同比涨幅或延续回升态势

国际原油价格或呈震荡走势。从需求端看，受新冠疫苗开始投放以及欧美经济刺激政策持续等因素影响，明年全球经济复苏有望加速，对原油的需求逐步回升。不过，目前部分经济体和地区新冠疫情仍有反复，短期仍将抑制原油需求回升空间。12月的EIA《短期能源展望报告》再次下调了2021年全球原油需求增速预期，在疫苗全面大规模投放之前，原油需求恢复将相对缓慢。从供给端看，近期“OPEC+”国家达成放松减产力度协议，从明年1月开始增加50万桶/日，整体增产节奏较为缓慢，且部分超额国家的补偿性减产措施将延长至2021年3月，原油供给相对短缺，对油价有一定支持。综合来看，受国际原油供给增加有限、需求恢复疲弱，全球原油库存高企，以及伊朗准备提高产量等因素的影响，预计明年国际油价或将呈现震荡走势。

受全球经济持续复苏，以及供给偏紧、库存较低等因素影响，其他大宗商品价格维持高位震荡。在黑色金属方面，在经济增长延续温和修复的背景下，高炉开工率将保持相对高位，对铁矿石需求形成一定支撑；供给端，淡水河谷于近期下调了明年的目标产量，加之疫情在巴西、印度等铁矿石生产大国蔓延，铁矿石供给偏紧的局面短期难以缓解，供需两端因素将支撑铁矿石价格维持高位。有色金属方面，全球经济复苏带动有色金属需求回暖，叠加 LME 铜、铝等有色金属库存处于历史低位，明年有望开启新一轮的补库存周期，考虑到有色金属供给端恢复相对缓慢，有色金属价格大概率延续高位震荡走势。

工业品价格或将小幅上涨。从需求端看，尽管受积极财政政策刺激力度弱化，以及房地产调控政策延续等因素的影响，但明年基建投资增长仍将持续，房地产投资增长呈现韧性，盈利水平改善将驱动制造业投资持续回升，经济运行延续向好态势将支撑部分工业品需求增长。不过，考虑到当前工业企业仍处于去库存阶段，10 月工业企业产成品存货累计同比上涨 6.9%，高于上年同期 6.5 个百分点，明年上半年较高库存可能继续抑制工业品需求增加。从供给端看，得益于疫情防控措施与复工复产支持政策，国内工业生产秩序已实现快速恢复，随着工业生产平稳较快增长，工业品供给保持基本稳定。综合来看，未来工业品需求和供给将逐步趋于稳定，驱动价格进一步上涨的动能减弱，工业品价格在上半年略有上涨后逐渐企稳。

综合来看，明年国际原油价格可能呈现震荡态势，但考虑到原油价格中枢已有所上移，拉动明年 PPI 同比涨幅回升；国内工业品供需两端将逐步趋于稳定，部分工业品价格略有回升。在基数效应影响下，预计明年年初 PPI 同比涨幅将延续回升态势，并在第二季度达到全年高点后有所回落。

（四）价格变动趋势预测

预计 2020 年全年 CPI 上涨 2.4%左右，2021 年当月 CPI 同比涨幅呈前低后高态势，2021 年上涨 1%左右。基于以上分析，在我国经济逐步回归常态的背景下，考虑到猪肉产能增加，以及基期因素，明年第一季度食品价格同比跌幅较高；受消费逐步复苏、国际原油价格略有回升等因素影响，非食品价格略有回升。

预计 2020 年全年 PPI 下跌 1.8%左右，2021 年 PPI 同比涨幅呈倒 U 形走势，2021 年上涨 1.2%左右。基于以上分析，国际原油价格回升后将呈现震荡态势，考虑到基期因素，明年 PPI 同比涨幅回升。稳增长政策的实施、落地推动基建投资增长，特别是今年一些基建投资项目在明年上半年延续，推动部分工业品价格短期上涨，然后或逐步企稳回落。

2021年第一季度　价格监测分析报告

一、需求持续恢复，对部分行业和产品价格形成支撑

2021年1—2月，经济运行持续向好，规模以上工业增加值保持较快增长，1—2月累计同比增长35.1%，比2019年1—2月增长16.9%，两年平均增长8.1%（用几何平均方法计算平均增长速度，下同）。

（一）投资增长延续恢复态势

随着统筹疫情防控和经济社会发展成效持续显现，稳投资政策持续发力，投资增速恢复性反弹。1—2月，全国固定资产投资（不含农户）同比增长35.0%，比2019年同期增长3.5%，两年平均增速为1.7%。从季调后环比看，1月、2月分别增长2.51%和2.43%。民间固定资产投资增长36.4%，两年平均增长1.4%（见图1）。

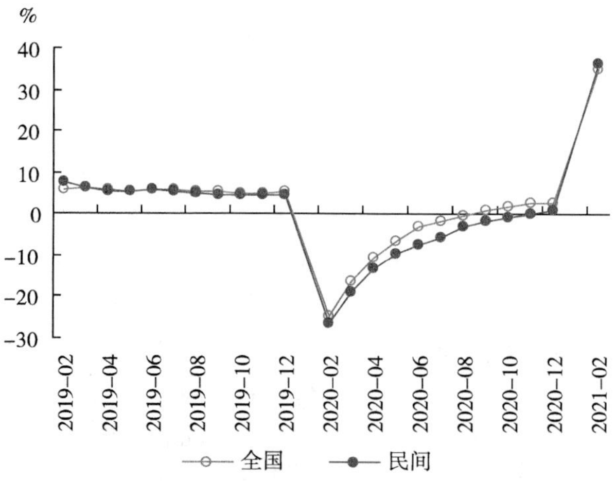

图1　全国及民间固定资产投资累计同比增速变化情况

（数据来源：Wind）

房地产开发投资增长相对稳定。2020年下半年以来商品房销售持续回暖，2021年1—2月，商品房销售面积和销售额累计同比分别增长1.05倍和1.33倍，比2019年同期分别增长23.1%和49.6%，两年平均增长分别为11%和22.3%，带动房地产开发投资较快增长。1—2月，房地产开发投资累计同比增长38.3%，比2019年同期增长15.7%，两年平均增长7.6%。

基建投资增长稳步恢复。在积极财政政策推动下，基建投资逐渐发力。不过，受部分项目推进进程缓慢、提前批专项债额度下达较晚等影响，基建投资增长受到制约。1—2月，基建投资（不含电力、热力、燃气及水的生产和供应业）同比增长36.6%，两年平

均下降 1.6%。

制造业投资逐渐恢复。制造业恢复态势延续，生产继续加快，带动投资复苏。不过，部分企业仍面临库存增加、现金流压力较大等问题，局部地区零星散发疫情增加了企业面临的不确定性，制造业投资仍处于恢复中。1—2 月，制造业投资累计同比增长 37.3%，两年平均下降 3.4%（见图 2）。

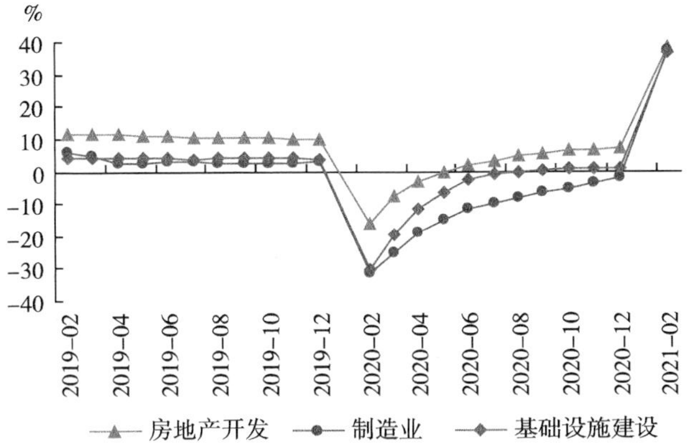

图 2　三个领域固定资产投资累计同比变化情况

（数据来源：Wind）

（二）消费需求有所回暖

在促进消费政策带动下，居民消费潜力持续释放。加之新冠疫情仍在全球蔓延，居民出境购物活动减少，部分升级类商品较快增长。不过，我国就业压力仍较大，居民实际可支配收入增长放缓，居民部门负债率上升，制约居民消费能力和意愿回升。国内零星散发病例和局部暴发疫情的风险仍然存在，抑制聚集性和接触式消费。1—2 月，社会消费品零售总额同比增长 33.8%，比 2019 年同期增长 6.4%，两年平均增长 3.2%。其中，商品零售增长 30.7%，两年平均增长 3.8%；餐饮收入增长 68.9%，两年平均下降 2.0%（见图 3）。

（三）出口保持较快增长

近期欧美等发达经济体疫苗接种进程较快，生产景气度回升，加之财政救助刺激居民消费复苏，境外对我国产品需求增加。同时，"就地过年" 政策缓解了春节假期对生产的影响，部分海外订单得以提前交付。1—2 月，以美元计价的出口累计同比增长 60.6%；排除低基数的影响，与疫情前相比，较 2018 年、2019 年同期分别增长 26.7%和 32.7%。其中对美国出口累计同比增长 87.3%，较 2018 年、2019 年同期分别增长 16%和 35.8%（见图 4）。

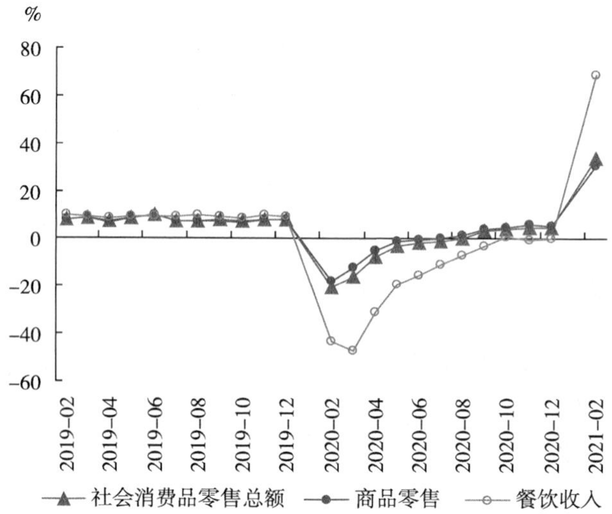

图3　社会消费品零售总额及分项当月同比增速变化情况

（数据来源：Wind）

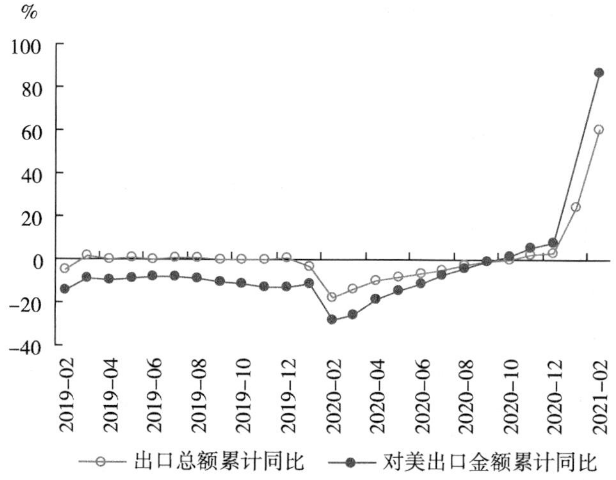

图4　出口总额及对美出口金额累计同比变化情况

（数据来源：Wind）

二、消费品和服务需求复苏缓慢，CPI 涨幅维持低位；工业品需求增长及大宗商品价格上行推高 PPI 涨幅

2021 年 1 月、2 月，国民经济持续稳定恢复，供给需求均稳中有升。消费品需求复苏较快，价格涨幅回升；但服务需求复苏相对缓慢，拉低 CPI 涨幅。工业品需求不断恢复，带动部分工业品价格上升，国际大宗商品价格上行，推高 PPI 涨幅。

（一）消费品价格涨幅高于服务价格，CPI 涨幅维持低位

节日效应推高 CPI 环比涨幅（见图 5），2020 年 1 月、2 月，CPI 环比分别上涨 1%和 0.6%；受上年高基数的影响，同比涨幅由正转负，分别下降 0.3%和 0.2%。其中，消费

品价格环比分别上涨 1.5%和 0.7%；服务价格环比分别上涨 0.2%和 0.4%，低于往年同期。剔除食品和能源的核心 CPI 环比分别上涨 0.1%和 0.2%，同比下降 0.3%和持平，1 月 CPI 同比涨幅为数据公布以来首次转负（见图 6）。

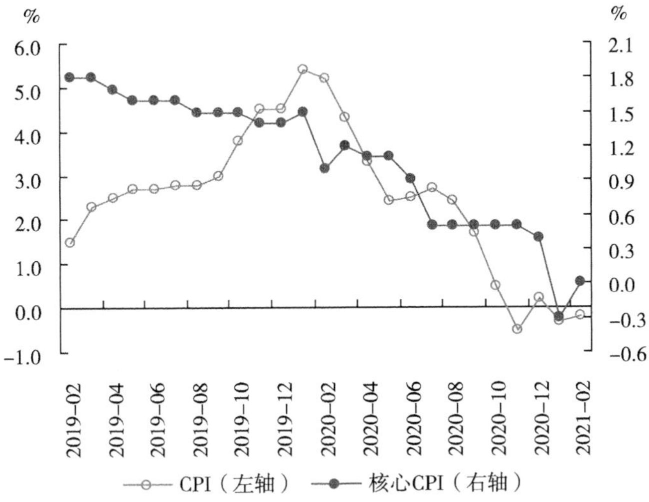

图 5　CPI 同比上涨情况

（数据来源：国家统计局）

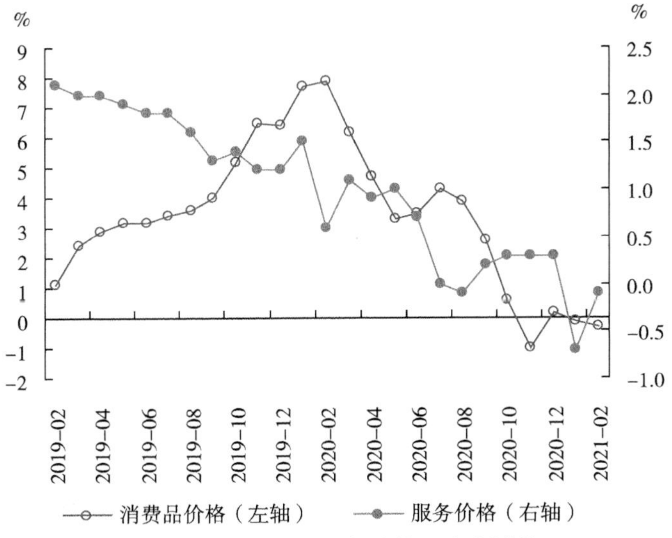

图 6　消费品价格和服务价格同比上涨情况

（数据来源：国家统计局）

主要食品供给松紧状况存在差异，价格总体平稳。受春节因素影响，食品需求有所上升，但供给状况不同，价格走势有差异。1 月、2 月，从环比看，食品价格平均上涨 2.9%，与往年同期基本持平；从同比看，受基期因素影响，1—2 月累计同比上涨 0.7%。一是低温天气导致鲜菜价格涨幅回升。1 月部分地区出现降温及雨雪天气，鲜菜生产和储运成本增加。排除春节错位因素的影响，1—2 月，鲜菜价格累计同比上涨 6.9%。二是部分地区疫情散发，影响鸡蛋外销，加之产蛋鸡存栏量有所下降，蛋类供给偏紧，价格上升。

1—2 月，蛋类价格累计同比上涨 2.1%。三是生猪产能持续恢复，猪肉供给持续改善。2020 年末，全国生猪存栏量恢复到正常年份的 92.1%，能繁母猪存栏量比 2019 年底翻番，猪肉供给改善、价格回落。1—2 月，猪肉价格累计同比下降 9.6%（见图 7）。

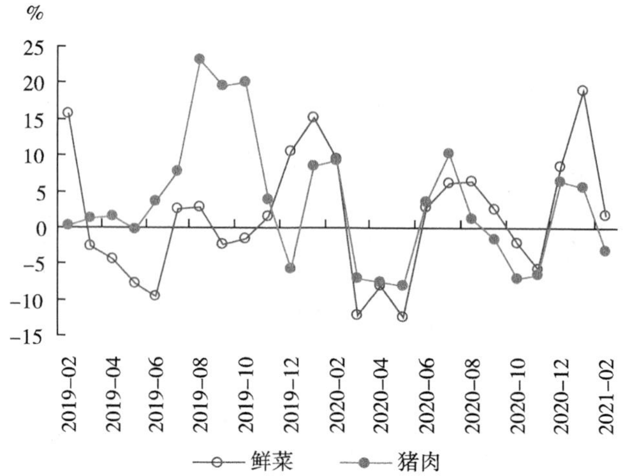

图 7　鲜菜和猪肉价格环比变化情况

（数据来源：国家统计局）

受疫情影响，服务需求未充分释放，非食品价格温和运行。1 月、2 月，从环比看，非食品价格平均上涨 0.4%，与往年同期基本持平；从同比看，1—2 月非食品价格累计同比下降 0.5%。一是国际原油价格回升向下游传导，带动汽油、柴油等燃料价格上涨。1 月、2 月，交通工具用燃料价格环比分别上涨 4.1%和 3.3%。二是虽然春节期间人工成本上升，但居民就地过年，劳动力供给相对充足，洗车、家政服务、美发等价格环比涨幅低于往年同期。1 月、2 月，家政服务价格环比分别上涨 1.9%和 1.7%，其他用品和服务价格环比分别上涨 0.5%和下降 0.3%。三是受部分地区疫情散发影响，许多准备春节出游的消费者被迫取消计划。1 月、2 月，旅游价格环比分别上涨 1.1%和 5%，涨幅低于往年同期（见图 8）。

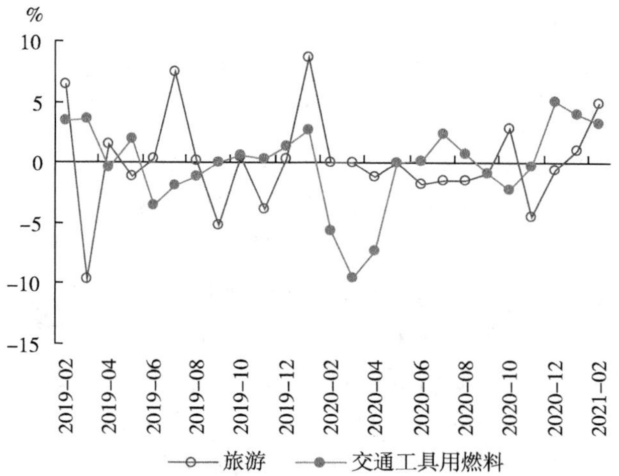

图 8　部分非食品价格环比变化情况

（数据来源：国家统计局）

（二）中下游行业需求恢复带动 PPI 环比上涨，国际大宗商品价格上行推高 PPI 涨幅

1 月、2 月，PPI 环比分别上涨 1%和 0.8%。叠加基期因素，同比分别上涨 0.3%和 1.7%。其中，生产资料价格环比分别上涨 1.2%和 1.1%，同比分别上涨 0.5%和 2.3%（见图 9）。

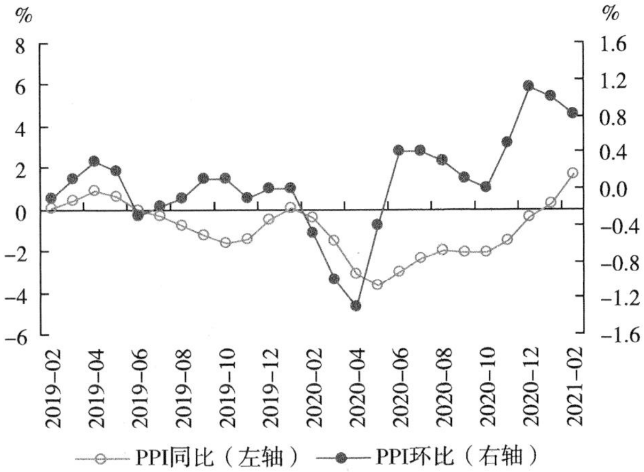

图 9　工业生产者出厂价格走势

（数据来源：国家统计局）

工业品需求持续复苏，带动价格回升。在供给端，工业生产延续稳定恢复态势。从主要工业品产量看，1—2 月，发电量累计同比增长 19.5%，比 2019 年同期增长 13.2%，原煤、钢材、有色金属、水泥等供给也有所增加。在需求端，近期中下游行业需求逐步恢复，房地产投资增长稳步回升，汽车消费需求持续释放，加之供暖需求季节性增加，钢材、煤炭等需求保持较快增长。总体上，工业品需求边际走强推动供求相对调整，并带动价格回升。1 月、2 月，黑色金属矿采选业价格环比分别上涨 4.9%和 5.9%，黑色金属冶炼和压延加工业价格环比分别上涨 3.8%和 2.3%，煤炭开采和洗选业价格环比分别上涨 6.4%和 1.6%。

国际大宗商品价格上行，带动国内相关行业价格上涨。自 2020 年 11 月以来，欧美等发达经济体疫苗接种进度加快，疫情形势好转，加之拜登政府 1.9 万亿美元财政刺激法案落地，原油需求和市场信心持续修复。在供给端，“OPEC+”减产协议执行力度较高，页岩油企业的勘探开采活动相对谨慎。供求调整推动国际原油价格上行，并带动国内石油及相关产品价格上涨。1 月、2 月，石油和天然气开采业价格环比分别上涨 8.2%和 7.5%，石油、煤炭及其他燃料加工业价格环比分别上涨 5.3%和 4.9%。同时，国际金属类大宗商品价格也呈上行趋势，带动国内黑色金属、有色金属相关行业价格上涨。

三、预计 2021 年 CPI 上涨 1.2%左右，PPI 上涨 3%左右

我国经济运行状况持续向好，总需求有望延续恢复态势，对价格拉动作用较弱。尽管 1—2 月主要宏观指标同比增速较高，但扣除低基数影响后，消费、投资和出口呈现不同

恢复态势，预计价格波动主要受结构性因素影响。

（一）总需求将逐步恢复企稳

预计固定资产投资增长延续稳中有升态势①。一是基建投资增长或保持一定韧性。在新型基础设施方面，以5G网络、工业互联网等为代表的“新基建”项目成为地方政府投资规划的重点领域，一定程度上支撑基建投资增长。在新型城镇化方面，今年计划新开工改造城镇老旧小区5.3万个，公共设施投资力度将明显提升。在重大基础设施方面，能源、交通、水利等传统基建项目投资将持续增长。在资金方面，2021年赤字率拟按3.2%左右安排，地方政府专项债券拟按3.65万亿元安排，加之上年前期资金发放与项目支出进度不匹配，地方部分专项债资金仍有留存，较为充裕的财政资金将支撑基建投资增长。不过，新的减税降费政策力度进一步加大，以及地方政府债务率较高，财政收入仍限制基建投资增长空间。此外，与以往侧重财政资金偏向政府投资不同，今年财政资金重点将集中在保就业保民生等领域，基建投资大规模增加的可能性较低。

二是房地产投资增长或面临压力。2021年《政府工作报告》中再次重申“房住不炒”的政策定位，近期部分热点城市房地产调控政策再次升级，将抑制房地产开发企业投资意愿。在资金端，房地产贷款集中度管理制度从2021年1月开始实施，叠加重点房地产企业资金监测和融资管理规则逐步完善落实，部分房地产企业融资或受到约束，对房地产投资增长产生影响。在土地供应端，近期多地开始推行住宅用地“集中公告、集中供应”，部分中小房企“高杠杆+高周转”的经营模式将面临较大影响，将抑制房企投资增长。不过，考虑到今年老旧小区改造工程数量明显增加，保障性租赁住房和共有产权住房加快推进，以及房地产价格上涨的刺激作用，房地产投资有望保持较强韧性。此外，前期土地成交数量快速上升形成土地购置费增加的滞后效应，在短期内也将对房地产投资增长形成支撑。

三是制造业投资增长将继续复苏。随着前期一系列助企纾困政策的持续发力，营商环境不断优化，特别是出口形势明显向好，制造业利润继续保持回升态势，2020年比上年增长7.6%，较2019年同比增速大幅回升12.8个百分点，制造业运行向好有助于投资意愿增强。随着减税政策力度进一步加大、部分阶段性政策执行期限再次延长，以及降低工商业电价、减少宽带资费等降低生产成本措施的继续升级，制造业投资增速仍呈现回升态势。在研发费用加计扣除等税收激励政策不断升级的背景下，高技术产业投资将保持较高增速，也将为制造业投资增长提供有力支撑。不过，随着全球生产和供给能力的恢复，发达经济体供需缺口将收窄，或对相关出口制造业企业投资增长产生不利影响。除高端制造业外的其他传统制造行业盈利和投资增速恢复相对乏力，或在一定程度上限制制造业投资增速恢复程度。

消费增长将继续恢复。1月，商务部等12个部门印发《关于提振大宗消费重点消费促进释放农村消费潜力若干措施的通知》，通过促进大宗消费和重点消费来释放农村消费潜力。2021年《政府工作报告》中部署了健全城乡流通体系，加快电商、快递进农村，扩大县乡消费的重要任务。随着各项政策措施落地实施，农村消费需求加快释放成为消费

① 这里没有考虑基期因素带来的固定资产投资同比变动，本部分其他经济指标也如此。

增长的重要支撑。此外，随着气温逐渐回升，以及国内疫苗接种工作有序推进，餐饮、旅游等传统消费需求将加快恢复，对消费增长的拖累作用明显减弱。不过，2020 年全国居民人均可支配收入实际同比增长 2.1%，较 2019 年回落 3.7 个百分点，2020 年末居民部门杠杆率攀升至 62.2%的新高，较 2019 年末上涨 6.1 个百分点。居民收入增速放缓，叠加居民部门负债升高，或将持续抑制消费增长。

出口增速或略有放缓。在需求端，新冠疫苗在全球范围内开始推广投放，防疫物资、居家生活类产品以及电子类耐用消费品的需求将逐步回落，与疫情相关的出口增长动能减弱。在供给端，随着欧美发达经济体产能恢复，以及新兴市场出口开始回暖，其他经济体生产的替代效应或逐渐增强，对我国商品需求相对减少。2 月，我国制造业 PMI 新出口订单指数为 48.8%，是上年 9 月以来首次回落至荣枯线以下，预示我国企业出口增速或边际放缓。不过，2 月摩根大通全球综合 PMI 为 53.2%，IMF 在 1 月《世界经济展望》中将 2021 年全球经济增速预期从 5.2%上调至 5.5%，全球经济和贸易有望持续恢复，为我国传统行业出口增长提供一定支撑。此外，中美贸易关系缓和的可能性较大，美国政府推出新一轮大规模刺激经济计划，以及宽松的货币政策，预计美国需求将加快复苏，有利于我国对美国出口增长。

（二）CPI 同比涨幅将在低位略有回升

1. 食品价格同比涨幅将持续回落

首先，预计猪肉价格震荡走低，将是拖累食品价格同比涨幅的主要因素。从先行指标看，根据农业农村部最新数据显示，1 月，能繁母猪存栏量连续 16 个月增长，同比增长 35%；生猪存栏量同比增长 35.3%，预计到今年 6 月生猪存栏将完全恢复到 2017 年水平。生猪产能恢复持续加快，将带动猪肉价格延续下行趋势。加之对后市猪肉价格的担忧，养殖户和规模养殖场生猪出栏节奏进一步加快，以及近期中央储备肉持续投放将从供给端抑制猪肉价格上涨。不过，年初以来农业农村部通报了多起非洲猪瘟疫情，如果疫情影响扩大，猪肉供需结构存在调整的可能，给猪肉价格变化带来不确定性。

其次，国内粮食供给和库存充足，粮食供需基本维持平衡格局，总体上粮食价格继续上涨动力不足，对食品价格走势影响有限。具体来看，稻米方面，因居民节前备货透支部分后市需求，加之国家政策性稻谷库存拍卖持续进行，市场供应稳定充足，预计后期国内稻米价格以稳为主。小麦方面，随着春节后面粉销售进入淡季，面粉企业采购节奏放缓，小麦价格上涨动能不足。不过，短期内玉米产需存在缺口，小麦替代玉米饲用消费可能增加，支撑国内小麦价格维持相对稳定。玉米方面，随着全国生猪存栏逐步恢复到正常年份水平，后期玉米饲用消费将继续保持增长态势。但在进口玉米及其他谷物陆续到货的背景下，玉米价格继续上涨缺乏动力，预计国内玉米价格将呈震荡态势。大豆方面，随着全球经济复苏，大豆需求逐步增长，但疫情和极端天气对大豆主产国的影响仍然存在，且库存继续下降，供应趋紧的局面短期难以改变，预计短期内大豆价格将高位运行。

2. 非食品价格同比涨幅或继续回升

在国际油价高位震荡以及国内服务需求逐步回暖的背景下，非食品价格将延续低位反弹的趋势。一是受全球经济复苏及“OPEC+”国家石油减产协议延长等因素影响，近期布伦特原油期货结算价格已震荡上升至 69 美元/桶左右，国际油价中枢明显上移，将继续带动交通工具用燃料和水电燃料价格上涨，支撑非食品价格涨幅反弹。二是随着今年各项促消费政策措施逐步落地实施，受疫情影响较大的传统服务需求仍将持续复苏，加之在疫情基本得以控制情况下，休闲旅游、文化消费恢复进一步加快，生活用品及服务、教育文化和娱乐等消费或持续增长，推动非食品价格上涨。不过，居民收入增速放缓，叠加居民部门负债率较高，将持续抑制居民服务需求增长，非食品价格上涨空间有限。

整体来看，受猪肉价格逐步回落的影响，食品价格涨幅可能持续回落；非食品价格可能延续温和上升态势。预计今年第二季度 CPI 同比涨幅或将低位回升，全年当月同比涨幅呈前低后高态势。

（三）PPI 同比涨幅或继续回升

国际原油价格或维持相对高位震荡。从需求端看，新冠疫苗在全球范围内推广投放，欧美经济刺激政策持续加码，全球经济复苏进程加快，原油需求稳步回升。但部分新兴经济体和发展中国家疫情恢复明显滞后，全球经济复苏存在不确定性，原油需求尚不存在明显改善空间。2021 年 3 月 EIA《短期能源展望报告》中对 2021 年全球原油需求增速的预期为 538 万桶/日，与上期预期增速保持一致。从供给端看，“OPEC+”国家近期达成延长减产协议，除哈萨克斯坦和俄罗斯外，其他成员国将延长减产计划；同时，沙特自愿将额外 100 万桶/日的减产延长至 4 月。受“OPEC+”国家减产意愿和执行率较高影响，供给偏紧局面将支撑原油价格维持高位。综合来看，在原油需求逐步小幅恢复的背景下，供给端产量增加缓慢成为支撑原油价格的主要因素。不过，在国际原油价格再次回升至高位的背景下，“OPEC+”国家未来放松减产执行力度的概率明显增加，美国页岩油厂商恢复生产积极性也将上升，原油价格供给偏紧局面或将有所改善。综合来看，未来国际油价或维持相对高位震荡，继续大幅上涨的空间有限。

随着其他大宗商品供需关系的调整，价格进一步上涨的概率较小，预计整体呈高位震荡走势。黑色金属方面，供给端，受极端天气、疫情等不利因素影响，短期内铁矿石供应偏紧局面或难以改善，随着下半年铁矿集中复产，供给将逐渐恢复；需求端，虽然国内经济持续恢复对铁矿石需求提供一定支持，但在碳达峰、碳中和目标约束下，今年粗钢产量面临压减，铁矿石需求或面临下滑的压力。未来随着铁矿石供需关系调整，铁矿石价格或逐渐从高位震荡走弱。有色金属方面，受全球经济复苏加快、欧美经济刺激政策持续加码影响，有色金属需求将保持上升态势；同时，在疫情逐渐缓解的背景下，有色金属价格持续上涨进一步刺激供给加快恢复。随着供需两端皆边际改善，有色金属价格或维持高位震荡。

工业品价格或保持相对稳定。从需求端看，积极财政政策仍将支持基建投资保持较高韧性，盈利水平改善与减税降费力度加大将驱动制造业投资继续回升，经济运行持续向好将支撑工业品需求增长。从供给端看，在国内经济稳步复苏、工业企业盈利持续改善的背景下，工业用电量、产能利用率皆攀升至高位，工业生产平稳较快增长有利于工业品供给保持稳定。综合来看，在工业品需求和供给趋于稳定的背景下，工业品价格进一步上涨的动能减弱。考虑到碳达峰、碳中和目标下，各地在推动节能减排方面的力度或明显加大，传统高能耗行业产能或面临压减，未来受供给端调整影响，部分工业品价格可能出现向上波动。

综合来看，以国际原油为代表的大宗商品价格或维持相对高位震荡，将进一步拉动 PPI 同比涨幅回升；国内工业品供需两端将逐步趋于匹配，工业品价格保持相对稳定。在基数效应影响下，预计 PPI 同比涨幅将延续回升态势，并在第二季度达到全年高点后有所回落。

（四）价格变动趋势预测

预计 2021 年全年 CPI 上涨 1.2%左右。基于以上分析，在我国经济逐步回归常态的背景下，考虑到猪肉产能增加，以及基期因素，食品价格同比跌幅较高；受消费逐步复苏、国际原油价格维持高位震荡等因素影响，非食品价格略有回升。预计 2021 年当月 CPI 同比涨幅呈前低后高态势，全年涨幅在 1.2%左右。

预计 2021 年上涨 3%左右。基于以上分析，国际原油价格将呈高位震荡态势，考虑到基期因素，PPI 同比涨幅明显回升。稳增长政策的实施、落地推动基建投资增长，特别是今年一些基建投资项目在明年上半年延续，推动部分工业品价格短期上涨，然后或逐步企稳回落。预计 2021 年 PPI 同比涨幅呈倒 U 形走势，全年上涨 3%左右。

2021年第二季度　价格监测分析报告

一、供求向均衡水平恢复，有助于整体价格水平稳定

2021年4月、5月，经济保持稳定增长，规模以上工业增加值实际同比分别增长9.8%和8.8%，比2019年同期分别增长14.1%和13.6%，两年平均分别增长6.8%和6.6%（用几何平均方法计算平均增长速度，下同）。季节调整后的环比增速均为0.52%。

（一）投资增长势头边际放缓

随着统筹疫情防控和经济社会发展成效持续显现，投资增长持续恢复。不过，在稳杠杆、防风险政策的考量下，投资增长边际放缓。1—5月，全国固定资产投资（不含农户）同比增长15.4%，比2019年同期增长8.5%，两年平均增速为4.2%。从季调后的环比看，4月、5月分别增长0.93%和0.17%。民间固定资产投资增长18.1%，两年平均增长3.7%（见图1）。

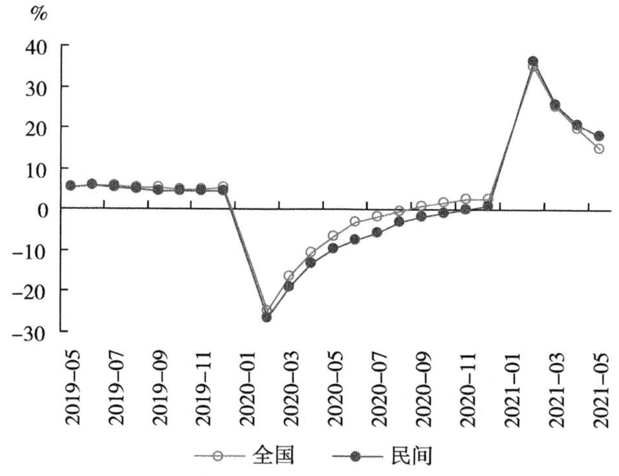

图1　全国及民间固定资产投资累计同比增速变化情况

（数据来源：Wind）

房地产开发投资增长相对稳定。2020年下半年以来商品房销售持续回暖，带动房地产开发投资较快增长。但受集中供地政策的影响，房屋新开工面积增速下滑。1—5月，房地产开发投资累计同比增长18.3%，比2019年同期增长17.9%，两年平均增长8.6%。其中，4月、5月当月同比分别增长13.7%和9.8%，两年平均分别增长10.3%和9%。

基建投资增长相对缓慢。受部分项目进展缓慢、地方政府严控隐性债务风险等的影响，基建投资增速维持低位。1—5月，基建投资（不含电力、热力、燃气及水的生产和供应业）同比增长11.8%，两年平均增速为2.6%，仍处于较低水平。

制造业投资恢复态势延续。受局部地区疫情散发影响，制造业企业面临较大的不确定性，投资处于恢复过程中。随着外需增长持续良好，企业利润增长势头稳固、产能利用率保持相对高位，投资恢复态势延续并有所加快。1—5 月，制造业投资累计同比增长 20.4%，两年平均增速转正，为 0.6%（见图 2）。

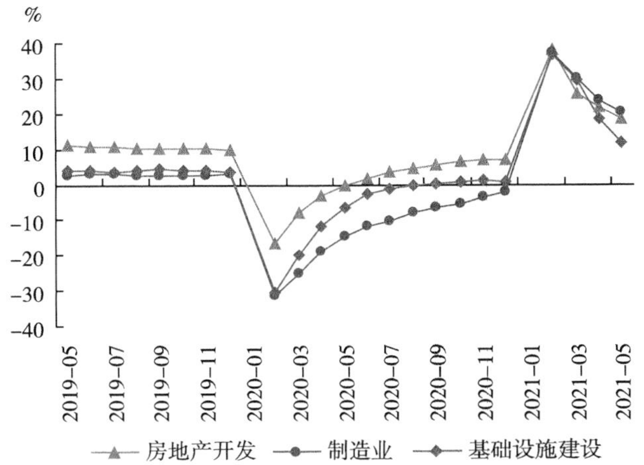

图 2　三个领域固定资产投资累计同比变化情况

（数据来源：Wind）

（二）消费需求处于修复过程

随着国内疫情好转，以及促消费政策的持续发力，居民消费需求逐步释放，尤其是被抑制的旅游等消费恢复较快。但居民就业和收入状况仍待改善，疫情对经济的不对称冲击恶化了收入分配格局，严重制约消费能力和意愿回升。国内零星散发病例也抑制餐饮等消费复苏。4 月、5 月，社会消费品零售总额实际同比增长分别为 15.8%和 10.1%，两年平均分别增长 2.6%和 3.0%。其中，商品零售分别增长 15.1%和 10.9%，两年平均分别增长 4.8%和 4.9%；餐饮收入分别增长 46.4%和 26.6%，两年平均分别增长 0.4%和 1.4%。

（三）出口增长维持高位

随着新冠疫苗接种面逐步扩大，全球尤其是发达经济体经济复苏加快，加之欧美经济体竞相采取刺激性政策，提振了居民消费意愿，境外对我国产品需求增加。同时，部分新兴经济体疫情反复，拖累了复工复产进程，我国仍是全球供给中坚力量。1—5 月，以美元计价的出口累计同比增长 40.2%，4 月、5 月同比分别增长 32.3%和 27.9%，较 2019 年同期分别增长 36.3%和 23.4%；其中玩具、家具等商品出口累计同比增速均超过 70%（见图 3、图 4）。

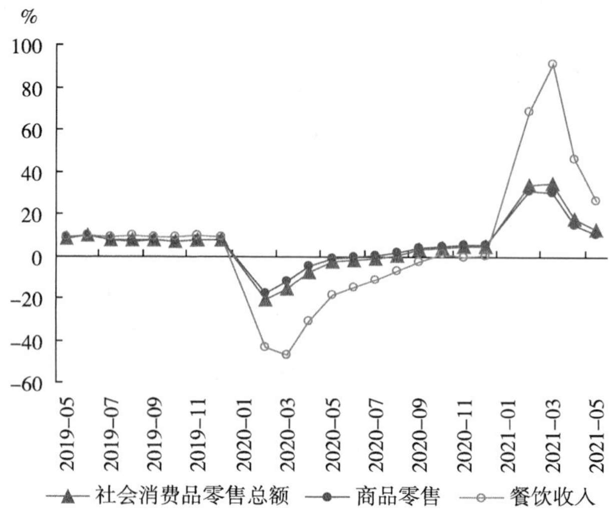

图3　社会消费品零售总额及分项当月同比增速变化情况

（数据来源：Wind）

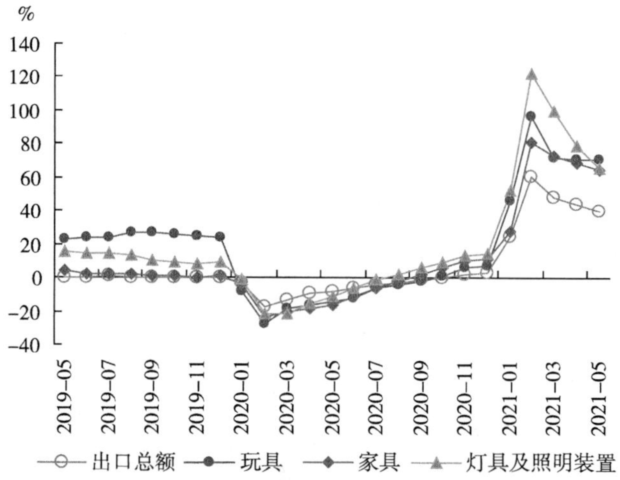

图4　出口总额及部分商品出口额累计同比变化情况

（数据来源：Wind）

二、价格走势明显分化，国际大宗商品价格上涨是拉高 PPI 涨幅的主要因素

2021 年 4 月、5 月，国民经济保持稳定恢复，供求趋于平衡，居民消费价格温和运行。大宗商品价格普遍快速上涨，大幅推高国内 PPI 涨幅。

（一）食品价格回落明显，CPI 同比涨幅温和回升

2020 年 4 月、5 月，CPI 环比分别下降 0. 3%和 0. 2%；叠加基期因素，同比分别上涨 0. 9%和 1. 3%。剔除食品和能源的核心 CPI 环比分别上涨 0. 3%和 0. 1%，4 月环比涨幅为 2020 年 2 月疫情以来新高（见图 5）。

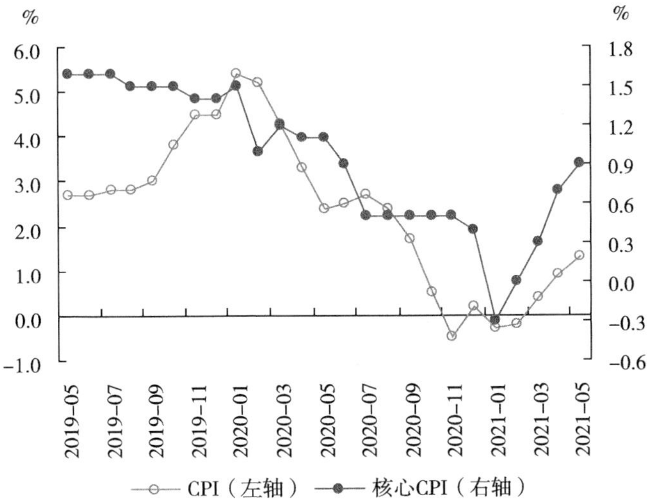

图5　CPI同比上涨情况

（数据来源：国家统计局）

食品供给改善带动价格回落（见图6）。4月、5月，食品价格环比分别下降2.4%和1.7%，受基期因素影响，同比分别下降0.7%和上涨0.3%。一是生猪生产不断恢复，猪肉供给持续增加，4月、5月猪肉价格环比均下降11%，同比分别下降21.4%和23.8%。二是鲜菜鲜果大量上市、供应充足，价格呈回落态势。4月、5月，鲜菜价格环比分别下降8.8%和5.6%，鲜果价格环比分别下降3.8%和2.7%（见图7）。

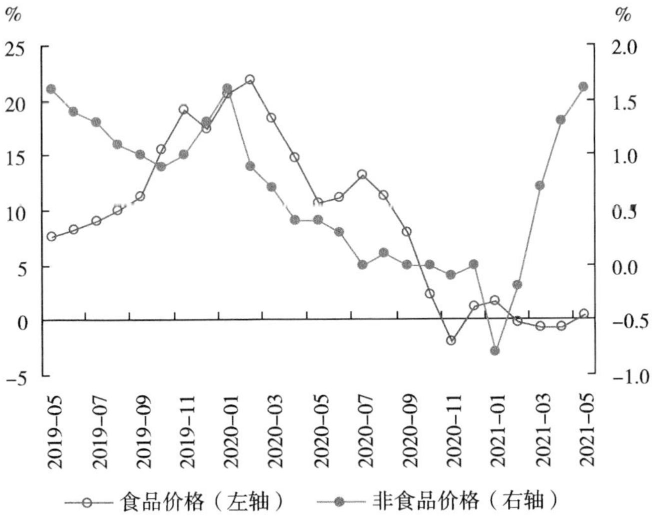

图6　食品价格和非食品价格同比上涨情况

（数据来源：国家统计局）

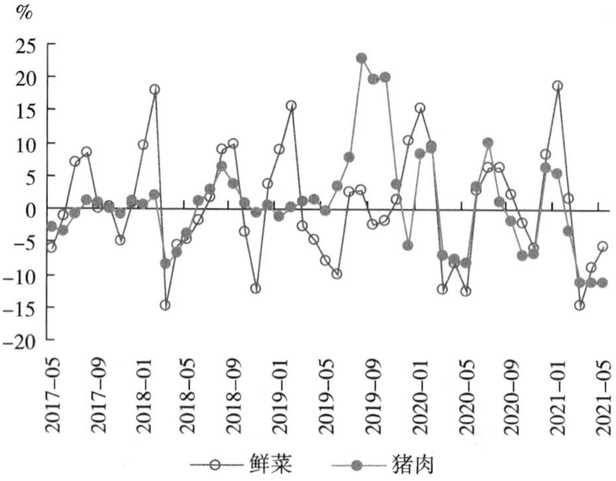

图 7　鲜菜和猪肉价格环比变化情况

（数据来源：国家统计局）

服务需求恢复加快，非食品价格涨幅回升。4 月、5 月，非食品价格环比均上涨 0.2%，同比分别上涨 1.3%和 1.6%。其中，服务价格环比分别上涨 0.4%和 0.2%，高于往年同期。一是受疫情防控形势好转影响，居民出行增加，飞机票、旅行社收费、交通工具租赁费和宾馆住宿等价格上涨，4 月、5 月，旅游价格环比分别上涨 4.7%和 1.9%，其他用品和服务价格环比分别上涨 0.4%和 0.6%。二是受原材料价格上涨影响，电冰箱、电视机、电脑和住房装潢材料等工业消费品价格均有上涨，4 月、5 月，家用器具价格环比分别上涨 0.5%和 0.2%，其中 4 月涨幅为近年来高位。三是国际原油价格虽然在 4 月略有回落，但 5 月继续冲高，带动国内汽油、柴油等燃料价格总体上涨，拉升 CPI 同比涨幅。4 月、5 月，交通工具用燃料价格环比分别下降 0.7%和上涨 1.6%，同比分别上涨 19.4%和 21.3%（见图 8）。

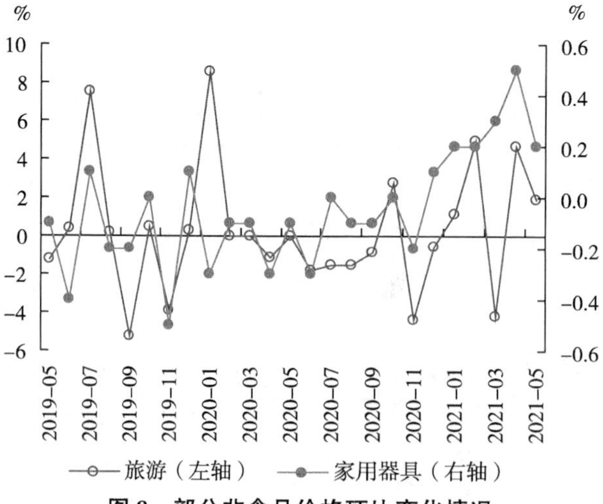

图 8　部分非食品价格环比变化情况

（数据来源：国家统计局）

（二）大宗商品价格大幅上涨拉升 PPI 涨幅

4 月、5 月，PPI 环比分别上涨 0.9%和 1.6%，5 月涨幅为 2002 年以来新高。叠加基期因素，同比分别上涨 6.8%和 9%，5 月涨幅为 2008 年 10 月以来新高。其中，生产资料价格环比分别上涨 1.2%和 2.1%，同比分别上涨 9.1%和 12%（见图 9）。

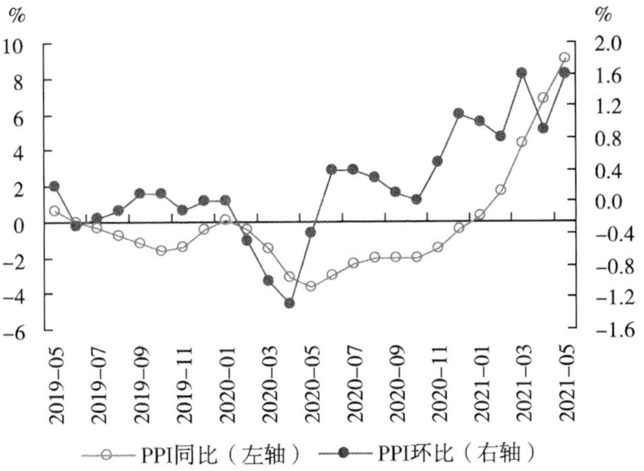

图 9　工业生产者出厂价格走势

（数据来源：国家统计局）

大宗商品价格全面上涨，推高国内相关行业价格。在供给端，“OPEC+”减产协议执行力度维持高位，巴西、秘鲁等原材料生产国疫情反弹，原油、铁矿石等供给能力均受到抑制。在需求端，欧美等发达经济体疫苗接种进度加快，疫情形势好转，市场信心提振，加之主要发达经济体普遍实施经济刺激政策，原油等大宗商品需求修复。此外，流动性宽松下，金融资本也推高大宗商品价格涨幅。受输入性因素影响，国内相关产品价格涨幅较高。4 月、5 月，石油和天然气开采业价格环比分别上涨 0.4%和 1.7%，同比分别上涨 85.8%和 99.1%。石油、煤炭及其他燃料加工业，黑色金属冶炼和压延加工业，有色金属冶炼和压延加工业等价格涨幅均较高。上游涨价向中游传导，化学原料和化学制品制造业、电气机械和器材制造业价格也明显上涨。

国内供给受到抑制，需求稳定恢复。在供给端，工业生产增速边际放缓，云南等地区电煤运输采购困难，电力供应受限。在需求端，制造业投资继续复苏，加之火电厂“迎峰度夏、增加储备”，钢材、煤炭等需求保持较快增长。供求相对调整下，部分上游、中游产品价格上涨。4 月、5 月，煤炭开采和洗选业价格环比分别上涨 2.8%和 10.6%，同比分别上涨 13.3%和 29.7%；黑色金属矿采选业价格环比分别上涨 2.2%和 7.4%，同比分别上涨 38.3%和 48%。

三、预计全年 CPI 上涨 1.2%左右，PPI 上涨 6.5%左右

当前，扣除基数影响后，我国主要宏观指标皆处于合理区间，经济运行持续恢复，下半年总需求将逐步企稳，对整体价格水平拉动作用较弱，价格波动主要受结构性因素影响。

（一）总需求或将逐步企稳

固定资产投资增长可能稳中趋缓。一是基建投资增长或略有回落。在资金来源方面，考虑到前5个月地方政府专项债券发行进度较慢，下半年发债速度将明显加快，较为充裕的财政资金将支撑基建投资增长。近期首批基础设施领域不动产投资信托基金（REITs）公开发售，成为新的基建融资渠道之一。在项目建设方面，3月《“双千兆”网络协同发展行动计划（2021—2023年）》发布，计划实现城乡“双千兆”网络基础设施全覆盖，有助于5G网络等“新基建”投资增长。在碳达峰、碳中和目标下，各地陆续出台新能源产业发展规划，新能源充电桩、特高压等项目加快推进，这些成为基建投资新的增长点。不过，4月召开的中央政治局会议强调“兜牢基层‘三保’底线，发挥对优化经济结构的撬动作用”，财政支出将向民生领域倾斜，对基建投资支持力度或有所减弱。同时，4月国务院发布《关于进一步深化预算管理制度改革的意见》，强调“把防范化解地方政府隐性债务风险作为重要的政治纪律和政治规矩”，对隐性债务严格管控，叠加减税降费政策力度加大，以及地方政府债务率较高等，将抑制基建投资增长。

二是房地产投资增长或相对稳定。随着中央政治局会议再次重申“房住不炒”的政策定位，并强调“防止以学区房等名义炒作房价”，部分热点城市的调控政策再次升级，调控政策趋严将持续抑制房地产企业投资意愿。在资金端，房地产贷款集中度管理制度、重点房地产企业资金监测和融资管理规则落地实施，叠加住宅用地“集中公告、集中供应”规则开始推行，部分房地产企业融资渠道收窄、资金支出压力加大的矛盾显现，不利于房地产投资增长。不过，房地产价格仍在上涨，刺激投资增长。为缓解政策趋严带来的融资压力，房地产企业将加大销售力度来保证回款节奏，驱动企业通过增加建安投资，提升竣工速度。5月，国家发展改革委印发《保障性租赁住房中央预算内投资专项管理暂行办法》，支持人口净流入的大城市新建、改建保障性租赁住房及其配套设施建设，6月18日国务院常务会议确定加快发展保障性租赁住房的政策，保障性租赁住房建设有望进一步加快。

三是制造业投资增长延续向好态势。5月，国家发展改革委等部门联合印发《关于做好2021年降成本重点工作的通知》，将继续通过合理降低税费负担，以及减少制度性交易成本、人工成本、用地成本等措施改善企业生产经营情况。6月18日国务院常务会议部署进一步推动金融机构减费让利惠企利民。随着一系列助企纾困政策的延续，加之市场需求逐步改善，有利于制造业投资延续增长态势。此外，受科技创新驱动和需求快速增长拉动，高技术制造业利润保持良好增势，将刺激高技术产业投资意愿，支撑制造业投资增长。然而，随着碳达峰、碳中和目标约束加强，以及环保督察力度不减，部分能耗和污染较大的企业生产将受到限制，或对相关制造行业的投资产生较大影响。原材料价格大幅上涨增加了中下游企业生产成本，其中议价能力较弱的中下游制造业利润明显回落，或将持续抑制中下游制造业的投资意愿。

消费增长或延续恢复态势。4月，国务院常委会议部署加强县域商业体系建设、促进流通畅通和农民收入、农村消费双提升等相关工作。5月，财政部等部门联合印发《关于开展2021年电子商务进农村综合示范工作的通知》，继续通过中央财政资金撬动社会资本，推动农村电商高质量发展，促进农村商贸流通体系转型升级。此外，房地产销售保持较快增长，仍将对家具、家电以及建筑装潢类商品的消费需求形成支撑。不过，全国居民人均可支配收入增长持续维持低位，今年第一季度两年平均名义增长 7.0%，实际增长 4.5%，明显低于 2019 年第一季度水平（6.8%），在一定程度上制约消费修复空间。同时，低收入群体收入恢复相对缓慢，16~24 岁人口调查失业率高达 13.8%，叠加居民部门杠杆率持续在 62%以上的高位，将继续抑制居民消费增长。受前期汽车促消费政策透支以及全球芯片短缺影响，汽车生产以及消费面临较大下行压力，在一定程度上拖累消费增长回升幅度。

出口增长呈现一定韧性。随着全球新冠疫苗接种范围逐渐扩大，境外对防疫物资、“宅经济”商品的需求将继续回落，对出口增长的支撑作用弱化。随着欧美等发达经济体产能强劲复苏，以及新兴市场供给能力修复，我国部分产品面临出口转移和供给替代的压力，或将制约相关行业产品出口增长。5 月制造业 PMI 新出口订单指数为 48.3%，再次回落至荣枯线以下，预示我国企业出口增长面临下行压力。不过，IMF 在 4 月的《世界经济展望》中，将 2021 年全球增速预测从 5.5%上调至 6.0%，全球经济和贸易持续复苏将带动我国传统行业外部需求回升，对出口增长形成支撑。近期东南亚、拉美部分国家疫情再次反弹，部分劳动密集型产品订单或再度回流我国。同时，美国大规模刺激政策支撑私人消费强势反弹，中美贸易摩擦影响弱化，有利于我国出口增长。

（二）CPI 同比涨幅或有小幅回升

1. 食品价格同比涨幅可能维持低位

首先，预计猪肉价格保持相对低位，将是拉低食品价格同比涨幅的主要因素。在供给端，根据农业农村部最新数据显示，4 月，能繁母猪存栏量连续 19 个月回升，同比增长 23.0%；生猪存栏量一直保持在 4.16 亿头以上，已经基本接近正常年份水平。在需求端，随着气温逐渐升高，猪肉消费将进入季节性淡季，猪肉需求增长有限。猪肉供过于求的矛盾短期难有明显改善，猪肉价格将面临一定下行压力。下半年猪肉价格可能维持相对低位震荡，叠加上年同期高基数，猪肉价格同比跌幅仍将维持。

其次，国内粮食供应总体稳定，供需基本维持平衡格局，价格上涨动力较弱，对食品价格走势影响有限。具体来看，稻米方面，在国家加大稻谷去库存力度的背景下，稻谷市场供应充足；受加工企业库存充裕、开机率较低影响，稻谷采购需求低迷，预计稻米价格将相对稳定。小麦方面，受小麦供给充足以及面粉消费季节性下降因素影响，陈麦价格将保持平稳。随着新麦将陆续进入收获期，小麦竞价采购对价格支撑作用明显，预计后期小麦总体价格稳中略升。玉米方面，在玉米种植面积扩大、玉米及替代品进口量继续增长的背景下，贸易商和生产企业囤粮积极性较弱，但在新玉米上市前，生猪产能恢复对饲用玉米支撑作用仍在，供求关系偏紧格局难有明显改善，预计玉米价格或呈震荡偏强态势。大豆方面，考虑到阿根廷大豆减产基本确定，叠加美国大豆旧作库存紧张，且新作大豆面临不利天气影响，国际大豆供给偏紧格局将支撑大豆价格维持高位，但巴西大豆产量及其对我国出口量将达到高位，有利于国内大豆价格走稳。

2. 非食品价格同比涨幅或小幅回升

受上游大宗商品成本上涨，以及国内服务需求改善的影响，非食品价格或将延续反弹趋势。一是在全球经济持续复苏以及“OPEC+”国家增产较慢的背景下，国际油价或继续维持高位，将继续驱动交通工具用燃料和水电燃料价格维持较高水平，拉升非食品价格涨幅。二是受铁矿石、有色金属等原材料价格较高影响，家用电器和住房装潢材料等工业消费品生产面临较大成本压力，或将继续推动产品价格上调。三是随着国内新冠疫苗接种数量持续上升，前期恢复较慢的接触性、聚集性服务行业将加快修复，生活用品及服务、教育文化和娱乐等消费持续增长，仍将支持非食品价格上涨。不过，考虑到居民收入增长尚未完全恢复，特别是低收入群体收入增长幅度较低，加之变异病毒对我国个别地区的冲击仍然存在，国内消费复苏仍有较多不利因素，非食品价格上涨空间十分有限。

整体来看，受猪肉价格同比回落影响，食品价格涨幅可能保持低位；原材料成本较高与需求恢复等因素推动非食品价格继续回升。预计下半年CPI同比涨幅继续小幅回升，当月同比涨幅呈前低后高态势。

（三）PPI同比涨幅或震荡回落

国际原油价格将维持高位震荡。从需求端看，随着新冠疫苗接种的持续推进，全球经济恢复势头良好，对石油需求增长提供支撑。在印度疫情再次暴发，以及东南亚、拉美国家疫情反弹的背景下，部分新兴经济体和发展中国家经济恢复面临不确定性。整体上原油需求增长将保持相对稳定。从供给端看，近期，“OPEC+”国家会议维持了温和增产计划，到7月末产量将逐步增加至200万桶/日以上，增产节奏仍然较为缓慢。此外，受拜登政府的“绿色能源”新政等因素制约，美国页岩气公司投资意愿不强，页岩油产能恢复不及预期。不过，随着伊核协议谈判取得进展，美国对伊朗制裁有望部分解除，伊朗石油产量增加或改善原油供给。整体来看，下半年国际原油价格或将维持震荡走势。

其他大宗商品供给有所改善，价格进一步上涨的动能不足，预计整体价格呈震荡偏弱走势。黑色金属方面，在供给端，伴随恶劣天气、新冠疫情等不利因素冲击逐步消退，澳大利亚铁矿石产能有望持续回升，铁矿石供给将逐渐恢复。国内正加快推进铁矿新项目和在产资源接续项目建设，鼓励企业积极稳妥开发境外铁矿资源、完善多元进口供应体系，将进一步增加铁矿石供给。在需求端，在碳达峰、碳中和目标约束下，国内粗钢产量或面临压减；环保督察力度加大也将对钢铁产量带来一定影响，铁矿石需求或有所回落。下半年铁矿石价格或呈高位震荡走弱态势。有色金属方面，在供给端，考虑到南美洲及非洲主要矿产国疫情仍在持续，全球范围内海运紧张，预计供应偏紧的格局仍将持续。在需求端，全球经济持续复苏带动有色金属需求回暖，叠加LME铜、铝等有色金属库存处于历史低位，价格仍将维持高位。不过，针对大宗商品价格持续上涨，国务院常务会议要求排查异常交易和恶意炒作行为，国家发展改革委等相关部门正在加强大宗商品期货和现货市场联动监管，持续加大执法检查力度，将有利于有色金属价格稳定。

工业品价格或相对稳定。从需求端看，房地产投资增长相对稳定，以及制造业投资继续回升，将对工业品需求提供一定支撑。但考虑到基建投资增长可能略有回落，中下游制造业企业经营压力加大，以及部分外贸型企业出口面临替代等因素影响，工业品需求增长或边际放缓。从供给端看，国内疫苗接种顺利推进，终端需求加快释放，工业企业生产意愿较强，产能利用率保持高位，工业品供给保持稳定。综合来看，工业品需求和供给将逐步趋于平衡，驱动价格进一步上涨的动能减弱。不过，国际大宗商品价格上涨将向中下游工业品传导，以及芯片紧缺等制约部分工业品供给能力，对工业品价格走势可能产生一定冲击。

整体来看，国际大宗商品价格将保持相对高位，进一步上涨空间有限，对 PPI 涨幅的拉动作用或减弱；国内工业品供需两端将逐步趋于平衡，工业品价格将保持相对稳定。在基数效应影响下，预计 PPI 同比涨幅在第二季度达到全年高点后有所回落。

（四）价格变动趋势预测

预计 2021 年全年 CPI 上涨 1.2%左右。在我国经济逐步回归常态的背景下，考虑到生猪供给增加，以及基期因素，食品价格同比涨幅维持低位；受消费需求逐步复苏、原油价格高位震荡、服务需求逐步恢复等因素影响，非食品价格略有回升。2021 年当月 CPI 同比涨幅呈前低后高态势，全年上涨 1.2%左右。

预计 2021 年全年 PPI 上涨 6.5%左右。国际原油价格等大宗商品价格将呈高位震荡态势，但对中上游工业品价格的拉升作用弱化。国内工业品供需将逐步恢复平衡，工业品价格将维持相对稳定，并略有回落。考虑到基期因素，2021 年 PPI 同比涨幅呈倒 U 形走势，全年上涨 6.5%左右。

2021 年第三季度　价格监测分析报告

一、总需求逐步恢复，价格结构性上涨明显

2021 年 7 月、8 月，经济继续恢复，规模以上工业增加值实际同比分别增长 6.4%和 5.3%，比 2019 年同期分别增长 11.5%和 11.2%，两年平均分别增长 5.6%和 5.4%（用几何平均方法计算平均增长速度，下同）。季节调整后的环比增速分别为 0.30%和 0.31%。

（一）投资增长相对稳定

随着统筹疫情防控和经济社会发展成效持续显现，投资稳定增长，结构继续优化。不过，受汛情疫情影响，投资增速有所放缓。1—8 月，全国固定资产投资（不含农户）累计同比增长 8.9%，两年平均增长 4.0%。其中，民间固定资产投资同比增长 11.5%，两年平均增长 3.9%。从季调后环比看，7 月、8 月固定资产投资（不含农户）分别增长 0.18%和 0.16%（见图 1）。

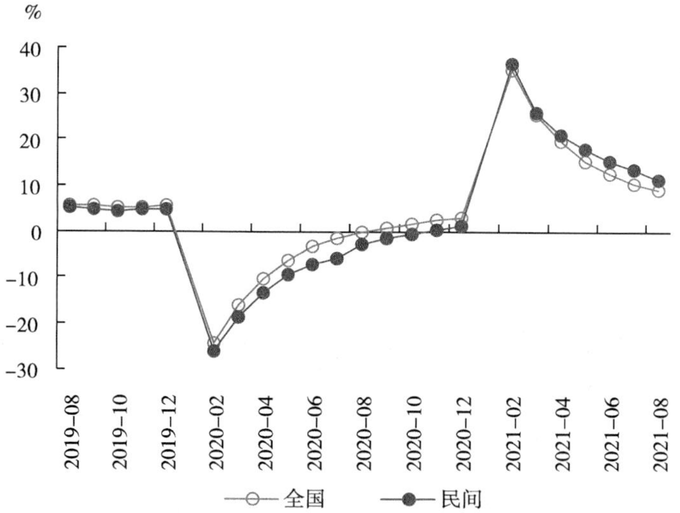

图 1　全国及民间固定资产投资累计同比增速变化情况

（数据来源：Wind）

房地产开发投资增速略有回落。受房地产调控政策收紧、房地产开发企业削减负债等影响，土地购置面积、土地购置费下降，房屋新开工面积增速由正转负，商品房销售面积和销售额增速有所回落，引致房地产开发投资增速略有回落。1—8 月，房地产开发投资累计同比增长 10.9%，比 2019 年同期增长 15.9%，两年平均增长 7.7%。其中，7 月、8 月当月同比分别增长 1.4%和 0.3%。

基建投资增长相对缓慢。受部分项目进展缓慢、优质项目储备不足、专项债券发行节

奏放缓、地方政府严控隐性债务风险等因素影响，基建投资增速维持低位。1—8 月，基建投资（不含电力、热力、燃气及水的生产和供应业）同比增长 2.9%，两年平均增长 0.2%，处于较低水平。

制造业投资稳步上升。外部需求持续维持，我国产能利用率保持高位，制造业利润平稳增长，企业预期总体稳定，增强了企业投资意愿。但制造业各行业效益改善不平衡，上游原材料成本上升导致中下游承压，私营企业相对国有企业利润恢复偏慢，对制造业投资有负面影响。1—8 月，制造业投资累计同比增长 15.7%，两年平均增长 3.3%。其中高技术制造业投资增长较快，计算机及办公设备制造业，航空、航天器及设备制造业投资同比分别增长 48.8%和 45.2%（见图 2）。

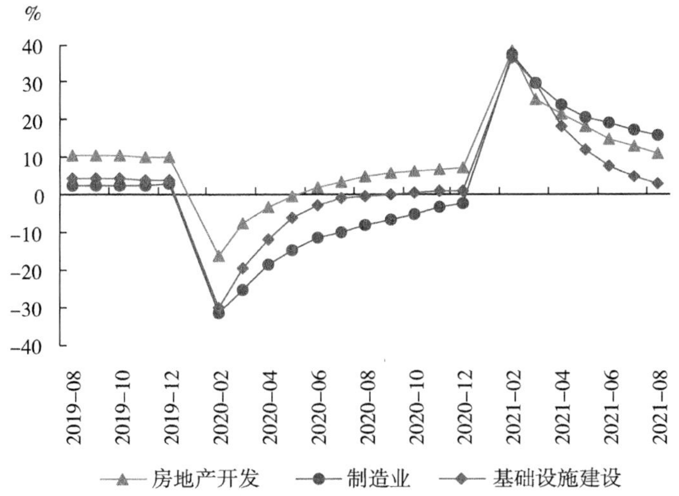

图 2　三个领域固定资产投资累计同比变化情况

（数据来源：Wind）

（二）消费增长偏弱

消费市场延续恢复态势，但受极端天气及部分地区零星疫情的影响，部分消费领域和接触式、聚集性服务业增长有所放缓。同时，疫情对就业以及居民收入带来冲击，居民消费能力和消费意愿有所下降，叠加居民部门负债率较高，消费需求总体偏弱。1—8 月，社会消费品零售总额同比增长 18.1%，较 2019 年同期增长 8.0%。7 月、8 月，社会消费品零售总额实际同比分别增长 6.4%和 0.9%。其中，商品零售同比分别增长 7.8%和 3.3%，餐饮收入同比分别增长 14.3%和下降 4.5%（见图 3）。

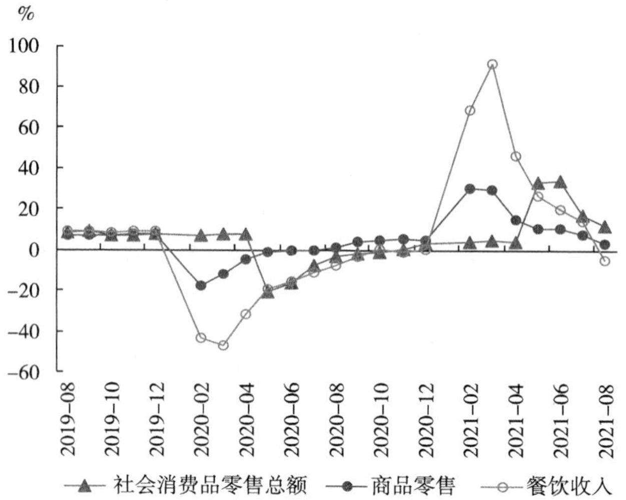

图3　社会消费品零售总额及分项当月同比增速变化情况

（数据来源：Wind）

（三）出口增长持续维持高位

自6月下旬以来，德尔塔病毒在全球大范围内快速扩散，东南亚一些经济体和新兴经济体供给恢复延缓，境外增加了我国工业品需求。同时，主要发达经济体疫苗接种率不断提高，经济持续复苏，对我国商品需求旺盛。1—8月，以美元计价的出口累计同比增长33.7%，较2019年同期增长30.3%；其中对美国出口累计同比增长33.3%，较2019年同期增长28.5%。7月、8月，以美元计价的出口同比分别增长19.3%和25.6%，其中集成电路、家电等商品出口同比增速连续保持在25%以上（见图4）。

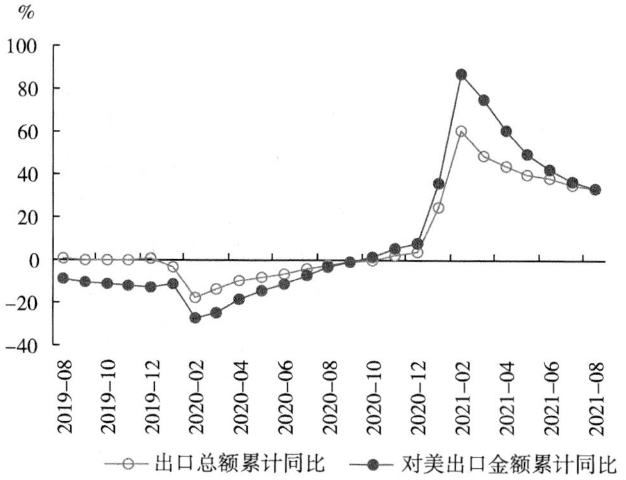

图4　出口总额及对美出口金额累计同比变化情况

（数据来源：Wind）

二、食品价格回落拉低 CPI 涨幅，部分中上游工业品供给偏紧、大宗商品价格上涨推高 PPI 涨幅

2021 年 7 月、8 月，国民经济处于恢复态势，供给需求总体平衡，影响价格走势的主要是结构性因素。消费需求恢复相对缓慢，居民消费价格温和运行。部分中上游工业品供给整体偏紧，叠加国际大宗商品价格普遍高位震荡，拉升 PPI 同比涨幅。

（一）食品价格回落带动 CPI 同比收窄，核心 CPI 涨幅回升

2021 年 7 月、8 月，CPI 环比分别上涨 0.3%和 0.1%；受基期因素影响，同比涨幅有所回落，分别上涨 1.0%和 0.8%。剔除食品和能源的核心 CPI 环比分别上涨 0.3%和持平，同比分别上涨 1.3%和 1.2%，7 月同比涨幅创出 2020 年 2 月疫情以来的新高（见图 5）。

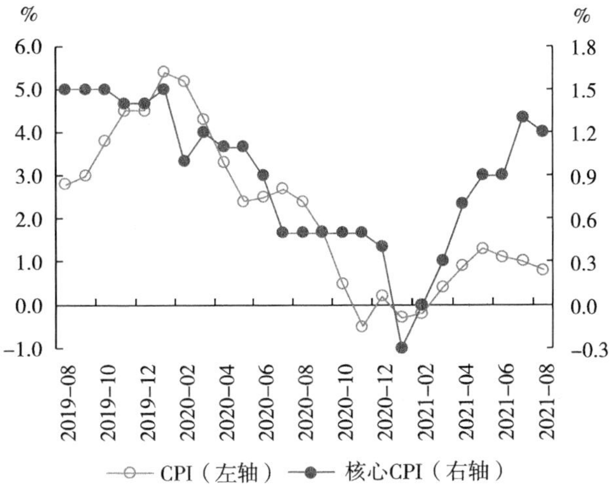

图 5　CPI 同比上涨情况

（数据来源：国家统计局）

食品价格有所分化，涨幅回落（见图 6）。7 月、8 月，食品价格环比分别下跌 0.4%和上涨 0.8%；受基期因素影响，同比分别下降 3.7%和 4.1%，涨幅分别比上年同期低 16.9 个和 15.3 个百分点。其中，猪肉、鲜菜、蛋类等食品价格涨幅分化。一是猪肉供给持续增加，价格连续下跌。7 月、8 月猪肉价格环比分别下跌 1.9%和 1.4%，叠加基期因素，同比分别下降 43.5%和 44.9%。二是受多地散发疫情、强降雨及高温天气影响，鲜菜和蛋类价格环比涨幅扩大。7 月、8 月，鲜菜价格环比分别上涨

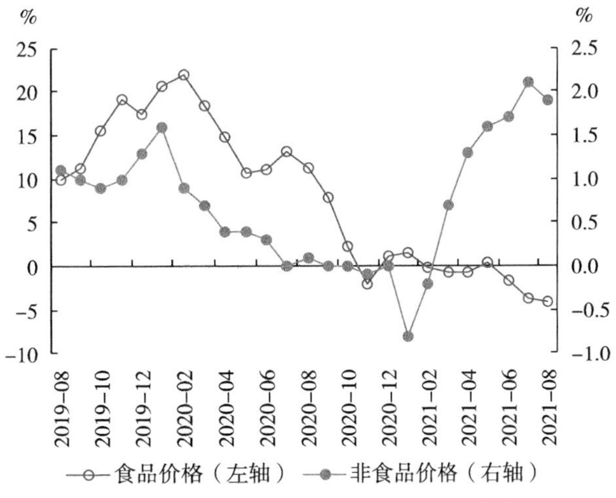

图 6　食品价格和非食品价格同比上涨情况

（数据来源：国家统计局）

1.3%和8.6%，蛋类价格环比分别上涨0.9%和7.3%。三是水产品大量上市，价格连续回落，7月、8月环比分别持平和下跌2.3%（见图7）。

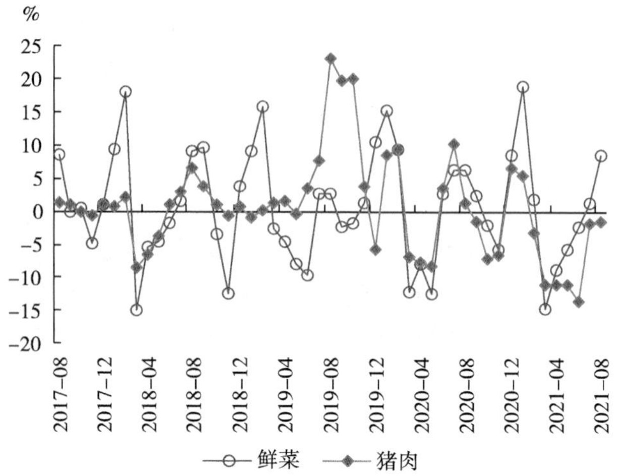

图7　鲜菜和猪肉价格环比变化情况

（数据来源：国家统计局）

疫情对服务价格带来扰动，非食品价格涨幅总体回升（见图8）。7月、8月，非食品价格环比分别上涨0.5%和下跌0.1%，同比分别上涨2.1%和1.9%，7月同比涨幅创2018年12月以来的新高。暑期出游、疫情及成品油价格调整给7月、8月非食品价格带来了不同影响。一是7月为暑期出行旺季，旅游价格环比上涨7.3%，其他用品和服务价格环比上涨0.2%；受疫情影响，8月旅游价格环比涨幅降为0，其他用品和服务价格环比下跌0.9%。二是6月末和7月上旬成品油价格两次上调，引致交通工具用燃料价格7月环比上涨3.4%；7月末和8月下旬成品油价格连续两次下调，带动交通工具用燃料价格8月环比下跌1.3%。三是受原材料价格上涨的影响，家电、家具等工业消费品价格有所上涨，7月、8月，家用器具价格同比均上涨1.3%，为近十年来的历史高位。

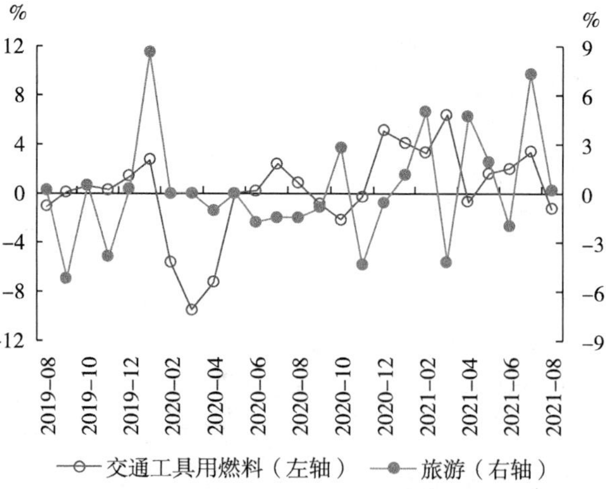

图8　部分非食品价格环比变化情况

（数据来源：国家统计局）

（二）中上游部分工业品供给偏紧，国际大宗商品价格高位震荡，推高 PPI 涨幅

7 月、8 月，PPI 环比分别上涨 0.5%和 0.7%，叠加基期因素，同比分别上涨 9.0%和 9.5%，8 月涨幅为 2008 年 9 月以来新高。其中，生产资料价格环比分别上涨 0.6%和 0.9%，同比分别上涨 12.0%和 12.7%（见图 9）。

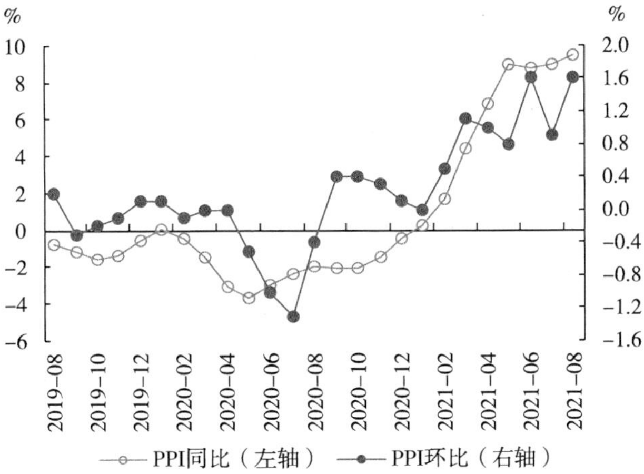

图 9　工业生产者出厂价格走势

（数据来源：国家统计局）

供给偏紧推动中上游部分工业品价格上涨。从主要品种看，全社会用电量两年平均增速连续处于高位，煤炭需求旺盛；受减碳限产等因素的影响，煤炭产量连续下降，库存处于历史低位；供需缺口扩大，推动煤价快速上升、屡创新高。7 月、8 月，煤炭开采和洗选业价格环比分别上涨 6.6%和 6.5%，同比分别上涨 45.7%和 57.1%。钢铁行业压减粗钢产量，严守不新增产能的底线，叠加去产能全国“回头看”检查，钢铁企业高炉开工率下降较快，钢材产量同比增长快速回落，供给减少推动钢铁产品价格上涨。7 月、8 月黑色金属冶炼和压延加工业价格环比分别下跌 0.2%和上涨 2.2%，同比分别上涨 33.0%和 34.1%。

国际大宗商品价格高位震荡，带动部分工业品价格上涨。在供给端，受全球疫情反复的影响，工业金属供给恢复仍然受限，“OPEC+”增产节奏缓慢，叠加国际航运紧张，大宗商品供应继续偏紧。在需求端，全球 PMI 处于扩张区间，世界经济继续复苏，大宗商品需求总体向好。此外，全球宽松流动性对大宗商品价格形成支撑。7 月以来，国际原油价格、伦敦金属交易所（LME）铜价高位震荡，铝、铅、锡等品种价格波动上行，铝价已创出自 2008 年以来的历史新高。受输入性因素影响，国内部分中下游行业价格涨幅较高。7 月、8 月，石油煤炭及其他燃料加工业价格同比分别上涨 35.4%和 35.3%，化学原料及化学制品制造业价格同比分别上涨 21.3%和 24.0%，有色金属冶炼和压延加工业价格分别上涨 23.5%和 21.8%。

三、预计全年CPI涨幅略低于1%，PPI涨幅7.2%左右

当前，我国主要宏观指标处于合理区间，经济运行“稳”的基础不断夯实，未来总需求或稳中偏弱，对整体价格水平拉动作用较小，价格波动主要受结构性因素的影响。

（一）总需求或稳中偏弱

预计固定资产投资增长或缓中趋稳。一是基建投资增长或略有回升。在资金来源方面，7月召开的中央政治局会议提出“合理把握预算内投资和地方政府债券发行进度，推动今年底、明年初形成实物工作量”，考虑到今年财政支出后置，年内充裕的财政资金将支撑基建投资增长。在项目建设方面，“新基建”项目的扩容、发力将为基建投资提供支撑。7月，工业和信息化部等部门印发《5G应用“扬帆”行动计划（2021—2023年）》，有助于5G网络等“新基建”投资增长；教育部等部门出台《关于推进教育新型基础设施建设构建高质量教育支撑体系的指导意见》，将优化支出结构以及相关经费渠道，加大对教育“新基建”的支持力度。此外，财政部印发《地方政府专项债券项目资金绩效管理办法》，将对专项债券资金的预算执行进度和绩效目标实现情况进行“双监控”，有利于加快资金用于基建项目建设。不过，目前“要防范化解重点领域风险，落实地方党政主要领导负责的财政金融风险处置机制”，对地方隐性债务的严格管控，叠加优质基建项目储备不足、财政支出向民生领域倾斜等因素的影响，基建投资增长空间十分有限。

二是房地产投资增长面临下行压力。7月，中央政治局会议再次强调“要坚持房子是用来住的、不是用来炒的定位”；同时，住建部等部门联合印发的《关于持续整治规范房地产市场秩序的通知》明确，因城施策重点整治房地产开发、房屋买卖、住房租赁、物业服务等领域的突出问题，叠加部分热点城市的调控政策趋严，在保持房价稳定的同时，将继续抑制房地产企业的投资意愿。在资金端，房地产贷款集中度管理制度增加了房地产企业融资约束，住宅用地“集中公告、集中供应”加大了资金的支出压力，加之房地产企业销售增速放缓与回款能力下降，资金收支矛盾加大将进一步限制房地产投资增长。不过，7月国家发展改革委印发《关于进一步做好基础设施领域不动产投资信托基金（REITs）试点工作的通知》，将基础设施REITs试点范围拓展到保障性租赁住房等领域。同时，国务院办公厅印发《关于加快发展保障性租赁住房的意见》，进一步完善保障性租赁住房的基础制度和支持政策，保障性租赁住房建设的加快推进，有望对房地产投资形成一定的支撑。

三是制造业投资增长将延续回升态势。8月国务院常务会议强调“落实好既定的减税降费举措，遏制乱收费”，9月国务院常务会议提出“今年再新增3000亿元支小再贷款额度，支持地方法人银行向小微企业和个体工商户发放贷款”。随着助企纾困政策的持续发力，以及营商环境不断优化，制造业投资增长有望保持较强韧性。此外，高技术制造业利润延续高增长态势，7月高技术制造业利润两年平均增长高达37.2%，将继续刺激高技术产业投资意愿，支撑制造业投资增长。不过，在大宗商品价格高位震荡的背景下，中下游企业利润短期内难以明显改善，加之未来出口维持高增长的压力增加、消费需求恢复较慢等影响，部分制造业企业投资意愿降低。此外，国家发展改革委近期印发《完善能源消费强度和总量双控制度方案》，部分高耗能、高排放企业的生产受到限制。这些在一定程度

上制约了投资增长的空间。

消费增长有望继续恢复。7 月，中央政治局会议提出“加快贯通县乡村电子商务体系和快递物流配送体系”；8 月，国务院办公厅印发《关于加快农村寄递物流体系建设的意见》。这些政策措施将补齐农村寄递物流基础设施短板，与农村电子商务协同发展，支持农村消费需求潜力的进一步释放。同时，随着“两节”“双 11”网络促销日等消费旺季的到来，短期内也有利于推动消费需求加快恢复。不过，居民人均可支配收入增长仍处于低位，今年上半年两年平均实际增长 5.2%，低于 2019 年上半年水平（6.5%），叠加居民部门杠杆率处于 62%的高位，居民消费增长动能不足。随着房地产销售增速下降，家具、家电以及建筑装潢类商品的消费需求将受到一定影响。芯片短缺问题短期内难以改善，也将对汽车消费造成持续制约，在一定程度上拖累消费增长幅度。此外，在当前全球新冠疫情流行的背景下，秋冬季节外来输入病毒防控仍有趋严的可能，或影响接触式消费恢复。

出口增长或小幅回落。随着发达经济体产能的持续修复，我国部分出口产品的替代效应趋弱，或将制约相关行业产品出口增长。考虑到美国大量财政补贴带来消费需求提前释放，随着消费从商品转向服务、失业救济政策到期，以及政策刺激力度趋弱，后续商品消费持续性下降，对我国出口拉动作用将有所减弱。此外，原材料成本处于高位，以及海运运费大幅上涨，对我国出口企业接单意愿也会造成一定影响。8 月，我国制造业 PMI 新出口订单指数为 46.7%，连续 4 个月位于荣枯线以下，预示我国出口增速将继续放缓。不过，考虑到德尔塔病毒对东南亚地区影响较为严峻，部分国家生产端恢复受到阻碍，供给替代形成的订单转移在一定程度上有望延续。7 月，国务院办公厅印发《关于加快发展外贸新业态新模式的意见》，外贸新业态新模式发展的体制机制和政策体系的完善，以及营商环境的优化，将为出口增长提供一定的支撑。此外，随着共建“一带一路”稳步推进，中欧班列开行量保持较快增长，对“一带一路”沿线国家和地区的出口仍将保持较快增长，有利于我国出口的稳定增长。

（二）CPI 同比涨幅或小幅回升

食品价格同比跌幅继续维持。首先，预计猪肉价格降幅收窄，但仍是拖累食品价格的主要因素。在供给端，随着生猪产能已恢复正常年份水平，供给增长的节奏开始调整。农业农村部最新数据显示，7 月，能繁母猪存栏量环比下降 0.5%，这是连续 21 个月增长之后首次出现下降；生猪存栏量还在惯性增长，但是增幅连续 5 个月收窄。在需求端，随着学校陆续开学，集团化需求增加，叠加传统消费旺季来临，猪肉市场需求短期内将提高；年内中央猪肉储备收储工作再次启动，也将对猪肉需求提供一定支撑。此外，农业农村部等部门印发《关于促进生猪产业持续健康发展的意见》，明确提出建立生猪生产逆周期调控机制，将为猪肉价格长期稳定提供政策支持。综合来看，猪肉供需关系的边际改善，有利于遏制猪肉价格继续下跌，但考虑到上年同期高基数，猪肉价格同比跌幅难有明显改善。

其次，粮食价格将总体稳定，对食品价格走势影响有限。今年夏粮丰收、早稻增产，加之秋粮播种面积增加，为全年粮食供给和价格稳定奠定了基础。具体来看，稻米方面，随着南方新季早籼稻和中籼稻陆续上市，以及陈稻去库存节奏加快，市场整体供应宽松，预计国内稻米价格稳中趋弱。小麦方面，夏季小麦丰收保证了市场供应充足，随着小麦收储接近尾声，贸易商腾仓需求加大，加上新季玉米上市的冲击，小麦价格或呈震荡偏弱态势。玉米方面，随着新季玉米开始上市，以及进口玉米陆续到港，供给端将维持宽松状态；饲用玉米消费依然低迷，低价谷物替代现象明显，将继续挤压玉米消费空间，预计玉米价格仍有下行压力。大豆方面，虽然北美地区即将进入大豆收获期，全球大豆供应量有望增加，但当季美豆库存紧张，新季美豆种植面积增幅也低于预期，且巴西大豆产量受异常天气影响概率增加，预计大豆价格易涨难跌，或维持高位震荡。

非食品价格同比涨幅或略有回升。在国际油价高位震荡以及国内服务需求逐步改善的背景下，非食品价格涨幅或略有回升。一是受“OPEC+”国家缓慢增产计划不变，以及美国原油产能恢复偏慢影响，国际油价或维持高位震荡，国际油价中枢明显上移，将继续带动交通工具用燃料和水电燃料价格上涨，拉升非食品价格涨幅。二是随着促消费政策措施的不断升级，以及国内新冠疫苗接种数量的持续增加，传统服务需求仍将持续复苏，生活用品及服务、教育文化和娱乐等消费或持续增长，推动非食品价格上涨。此外，学校陆续开学，叠加中秋、国庆等节日因素，将刺激教育、餐饮、旅游等方面的消费增长，短期内对部分非食品价格产生影响。不过，居民收入增长尚未完全恢复，居民部门杠杆率较高，以及德尔塔病毒影响我国个别地区的可能性仍然存在，居民服务需求仍将受到抑制，非食品价格上涨空间有限。

整体来看，受猪肉价格维持低位的影响，食品价格同比跌幅难有明显收窄；非食品价格可能延续温和上升态势，预计 CPI 同比涨幅将在温和区间内小幅回升。

（三）PPI 同比涨幅或震荡收窄

国际原油价格或维持高位震荡。从需求端看，随着新冠疫苗接种的持续推进，全球经济活动持续复苏，对石油需求增长提供支撑。但部分国家和地区受德尔塔病毒影响较大，经济复苏存在较大的不稳定性，叠加欧美出行旺季已近尾声，原油需求不存在大幅改善空间。2021 年 9 月 EIA 在《短期能源展望报告》中对 2021 年全球原油需求增速的预期为 496 万桶/日，较上期预期下调 37 万桶/日。从供给端看，9 月“OPEC+”决定维持每月 40 万桶/日的增产幅度，并声明各方暂时拒绝进一步扩大增产的要求，增产节奏仍较为缓慢。受拜登政府的“绿色能源”新政等因素制约，美国产能恢复不及预期，加之飓风等极端天气对美国墨西哥湾采油造成冲击，美国原油产能恢复严重滞后。综合来看，在原油需求有所恢复的背景下，供给端产量增加缓慢仍是支撑原油价格的主要因素，年内国际原油价格或将维持高位震荡走势。

其他大宗商品供需关系正在调整，价格进一步上涨的概率较小，预计整体呈高位震荡走势。黑色金属方面，供给端，澳大利亚和巴西的铁矿石发运量保持高位，同时前期因为安全政策限产的国产矿山开始复产，铁矿石供应仍将有所增加。需求端，在碳达峰、碳中和目标约束下，部分地区年内粗钢减产压力仍然较大，加之京津冀“2+26”城市秋、冬季限产也即将启动，铁矿石需求将持续受限。随着铁矿石供需关系调整，未来铁矿石价格或延续震荡偏弱走势。有色金属方面，全球经济复苏仍将支撑有色金属需求回暖。不过，南美洲新冠疫情仍然严峻，几内亚政变也对矿产资源出口带来不确定性，总体供给偏紧局面短期难以明显改善，有色金属价格或维持高位震荡。近期针对大宗商品价格持续上涨，国家粮食和物资储备局仍可能继续向市场投放铜、铝、锌国家储备物资，有利于有色金属价格稳定。

工业品价格将维持相对稳定。从需求端看，虽然财政政策发力将支持基建投资增长，盈利水平改善也将驱动制造业投资延续回升，但考虑到房地产投资增速略有回落的可能性加大，以及外贸型企业出口面临替代等因素的影响，工业品需求增长或有所放缓。从供给端看，工业企业盈利持续改善的背景下，工业企业生产意愿较强，工业用电量、产能利用率持续增长，工业品供给保持基本稳定。综合来看，随着工业品需求和供给逐步趋于稳定，价格进一步上涨的空间有限。不过，碳达峰、碳中和目标约束下，传统高耗能、高排放行业产能面临压减，加之芯片紧缺等制约部分工业品供给能力，部分工业品价格可能出现向上波动。

整体来看，国际大宗商品价格进一步上涨空间有限，对 PPI 涨幅的拉动作用或减弱；国内工业品供需两端将逐步趋于平衡，工业品价格将保持相对稳定。在基数效应影响下，预计 PPI 同比涨幅或略有收窄。

（四）价格变动趋势预测

预计 2021 年全年 CPI 上涨略低于 1%。我国经济逐步回归常态，考虑到生猪供给增加，以及基期因素，食品价格同比涨幅将持续维持低位；受消费需求略有恢复、原油价格高位震荡、服务需求逐步恢复等影响，非食品价格略有回升。年内 CPI 当月同比涨幅仍维持低位，全年上涨略低于 1%。

预计 2021 年全年 PPI 上涨 7.2%左右。国际原油等大宗商品价格仍将呈高位震荡态势，但对中上游工业品价格的拉升作用弱化。国内工业品供需将逐步恢复平衡，年内工业品价格上涨空间不大，全年上涨 7.2%左右。

2021 年第四季度　价格监测分析报告

一、总需求持续恢复，拉升物价上涨动能不足

2021 年 10 月、11 月，我国经济继续恢复，规模以上工业增加值实际同比分别增长 3.5%和 3.8%，比 2019 年同期分别增长 10.6%和 11.1%，两年平均分别增长 5.2%和 5.4%（用几何平均方法计算平均增长速度，下同）。季节调整后的环比增速分别为 0.39%和 0.37%。

（一）投资增长缓中趋稳

随着统筹疫情防控和经济社会发展成效持续显现，投资增长逐步趋稳，结构继续优化。受基数抬升、疫情散发等因素影响，增速略有放缓。1—11 月，全国固定资产投资（不含农户）同比增长 5.2%，两年平均增长 3.9%，较 1—9 月放缓 0.1 个百分点。其中，民间固定资产投资同比增长 7.7%，两年平均增长 3.8%。从季调后环比看，10 月、11 月固定资产投资（不含农户）分别增长 0.15%和 0.19%（见图 1）。

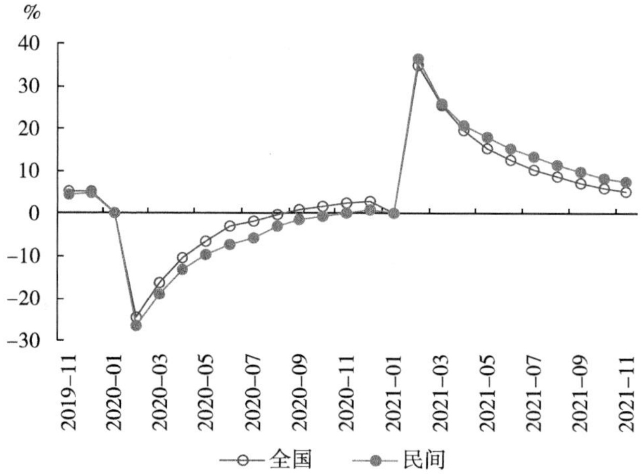

图 1　全国及民间固定资产投资累计同比增速变化情况

（数据来源：Wind）

房地产开发投资增速逐步回落。受房地产调控政策收紧、房地产开发企业资金周转压力加大等因素影响，土地购置费增速下降，土地购置面积和房屋新开工面积降幅扩大，商品房销售面积和销售额增速连续下滑，带动房地产开发投资增长逐步放缓。1—11 月，房地产开发投资累计同比增长 6.0%，比 2019 年同期增长 13.2%，两年平均增长 6.4%，较 1—9 月回落 0.8 个百分点。

基建投资增长偏低。受部分项目进展缓慢、专项债券支出节奏偏慢、地方土地出让收

入增速回落明显、地方政府严控隐性债务风险等因素的影响，基建投资增速维持低位。1—11 月，基建投资（不含电力、热力、燃气及水的生产和供应业）同比增长 0.5%，处于较低水平。

制造业投资增速稳步上升。出口延续高景气，我国产能利用率保持高位，制造业利润增速较快，企业预期总体稳定，增强企业投资意愿。但制造业各行业间盈利状况分化，上游原材料成本上升导致中下游承压，部分下游行业利润存在下行压力，对制造业投资有负面影响。1—11 月，制造业投资累计同比增长 13.7%，两年平均增长 4.3%，较 1—9 月加快 1.0 个百分点。其中，技改投资和高技术制造业投资增速持续快于全部制造业，同比分别增长 15.3%和 22.2%；在高技术制造业内部，计算机及办公设备制造业，航空、航天器及设备制造业投资同比分别增长 26.1%、30.1%（见图 2）。

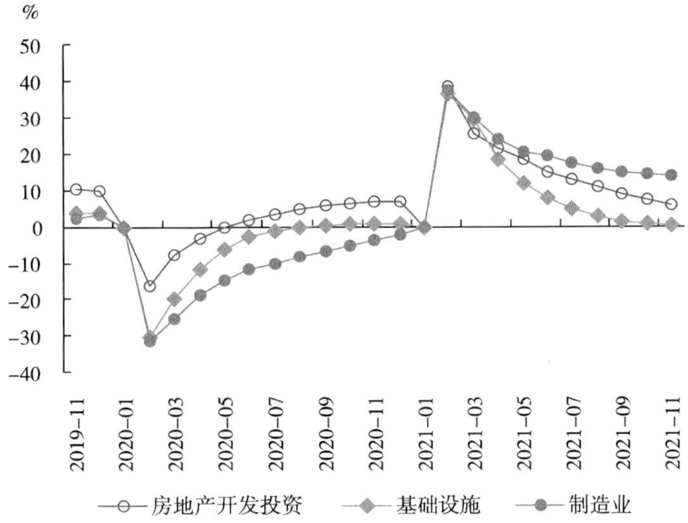

图 2　三个领域固定资产投资累计同比变化情况

（数据来源：Wind）

（二）消费增速有所回落

消费市场延续恢复态势，但疫情对就业和居民收入的影响持续存在，加之居民部门负债率较高，居民消费能力和消费意愿有所下降。受 10 月以来疫情多地散发对餐饮等聚集性消费的影响，消费增长总体偏弱。1—11 月，社会消费品零售总额同比增长 13.7%，较 2019 年同期增长 8.2%，两年平均增长 4.0%，较 1—9 月回落 0.1 个百分点。10 月、11 月，社会消费品零售总额实际同比分别增长 1.9%和 0.5%。其中，商品零售同比分别增长 5.2%和 4.8%，餐饮收入同比分别增长 2.0%和下降 2.7%（见图 3）。

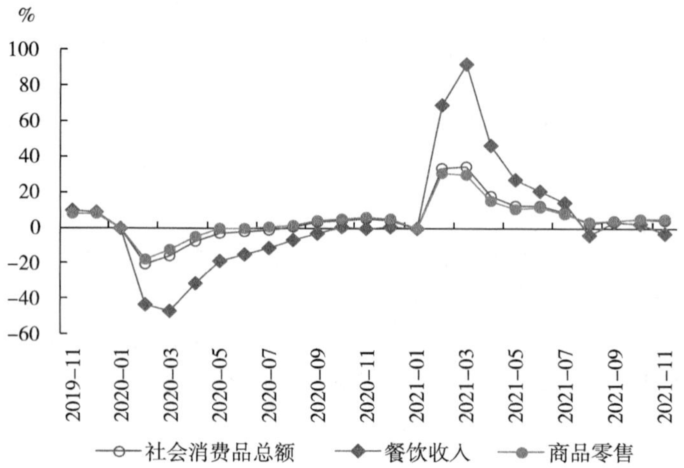

图3　社会消费品零售总额及分项当月同比增速变化情况

（数据来源：Wind）

（三）出口维持较高景气

全球经济延续复苏态势，海外迎来传统节假日消费旺季，稳外贸政策持续发力，加之海外疫情反复带来的出口替代效应，有力支撑了我国出口韧性和高景气。1—11月，美元计价的出口累计同比增长31.1%；其中出口份额占比较高的美国、欧盟、东盟分别增长28.7%、33.4%和27.9%。10月、11月，美元计价的出口同比分别增长27.1%和22.0%；其中，家电出口同比分别增长39.4%和21.8%，集成电路出口同比分别增长29.5%和37.3%（见图4）。

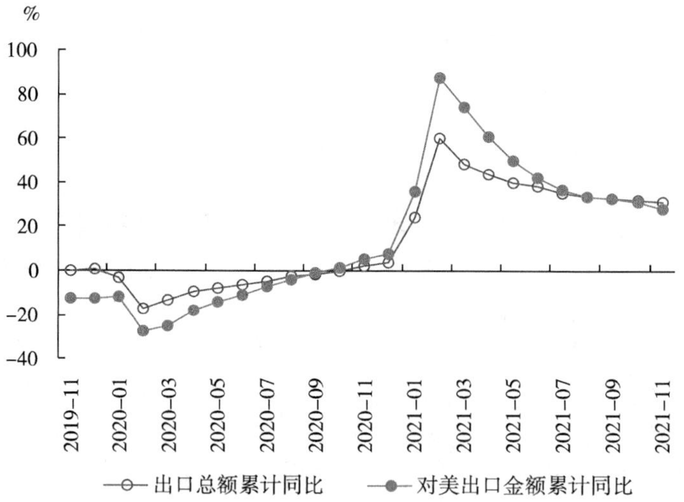

图4　出口总额及对美出口金额累计同比变化情况

（数据来源：Wind）

二、食品价格推动 CPI 涨幅回升，能源和原材料供给偏紧，大宗商品价格上涨引致 PPI 维持高位

2021 年 10 月、11 月，国民经济处于恢复态势，供给需求总体平衡。食品价格涨幅扩大，带动 CPI 温和上行。能源和原材料等工业品价格上涨较多，叠加国际大宗商品价格高位震荡，PPI 涨幅创出历史新高后略有回落。

（一）食品价格上涨拉升 CPI 涨幅

10 月、11 月，CPI 环比分别上涨 0.7%和 0.4%；同比分别上涨 1.5%和 2.3%。剔除食品和能源的核心 CPI 环比分别上涨 0.1%和下跌 0.2%，同比分别上涨 1.3%和 1.2%。据测算，在 10 月、11 月的同比涨幅中，新涨价因素影响分别约为 1.3 个和 1.7 个百分点（见图 5）。

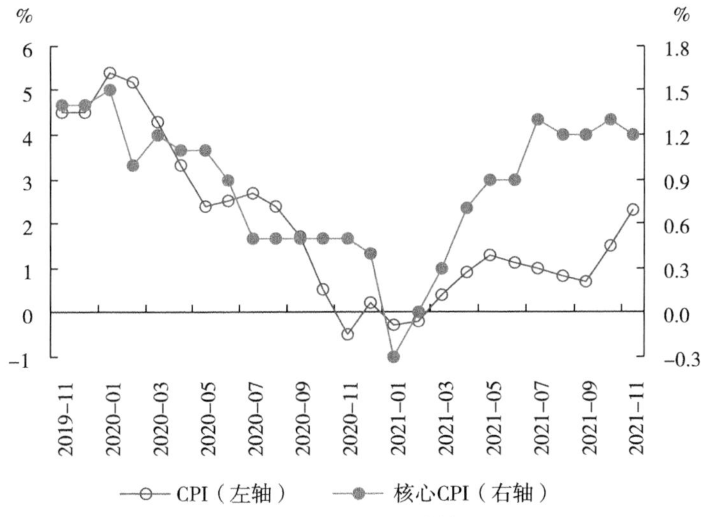

图 5　CPI 同比上涨情况

（数据来源：国家统计局）

食品价格有所分化，涨幅总体回升（见图 6）。10 月、11 月，食品价格环比分别上涨 1.7%和 2.4%，受基期因素影响，同比分别下降 2.4%和上涨 1.6%，涨幅分别比上年同期低 4.6 个和提高 3.6 个百分点。其中，猪肉、蔬菜、水产品等食品价格涨幅有所分化。一是受局部地区疫情散发和生产运输成本增加等因素影响，10 月、11 月蔬菜价格环比分别上涨 16.6%和 6.8%，叠加基期因素，同比分别上涨 15.9%和 30.6%。二是受季节性消费需求增长及短期生猪供给偏紧等因素影响，猪肉价格由跌转升，10 月、11 月环比分别下跌 2.0%和上涨 12.2%，同比分别下降 44.0%和 32.7%。三是水产品供应充足，价格连续回落，10 月、11 月环比分别下降 2.3%和 1.7%（见图 7）。

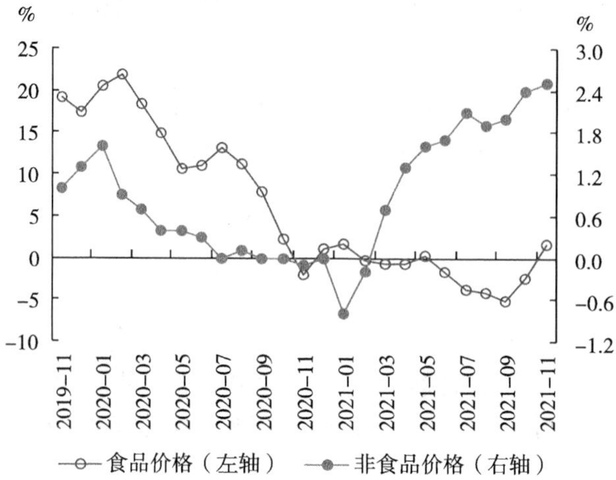

图 6　食品价格和非食品价格同比上涨情况

（数据来源：国家统计局）

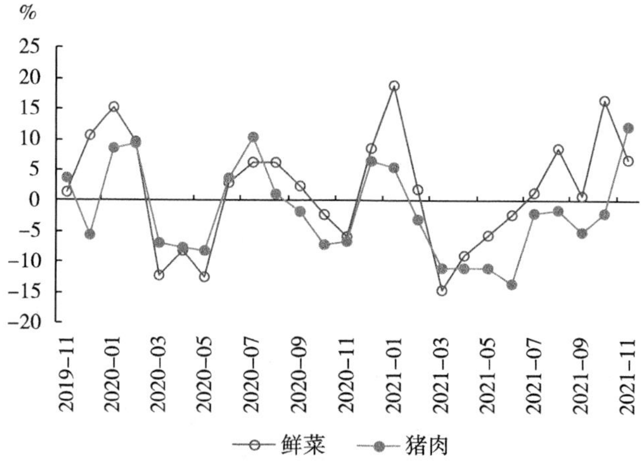

图 7　鲜菜和猪肉价格环比变化情况

（数据来源：国家统计局）

国际油价带动国内燃料价格上涨，拉高非食品价格涨幅（见图 8）。10 月、11 月，非食品价格环比分别上涨 0.4%和持平，同比分别上涨 2.4%和 2.5%，11 月同比涨幅创自 2018 年 9 月以来的新高。一是国际油价 10 月快速上涨，11 月略有回落，带动国内汽油、柴油等能源类产品价格总体上涨。10 月、11 月，交通工具用燃料价格环比分别上涨 4.7%和 3.0%，同比分别上涨 31.4%和 35.7%，涨幅分别比上年同期高 48.6 个和 53.3 个百分点；水电燃料价格环比分别上涨 2.0%和 0.2%，同比分别上涨 4.5%和 4.4%，涨幅分别比上年同期高 5.4 个和 5.3 个百分点。二是受 10 月节假期出行增加、11 月节后出行减少及部分地区疫情散发的影响，飞机票、旅游和宾馆住宿等价格波动较大，10 月、11 月旅游价格环比分别上涨 0.3%和下降 3.5%，其他用品和服务价格环比分别上涨 0.1%和下降 0.5%。三是受原材料价格上涨的影响，家电、家具等工业消费品价格有所上涨，10 月、11 月，家用器具价格同比分别上涨 1.5%和 1.7%。

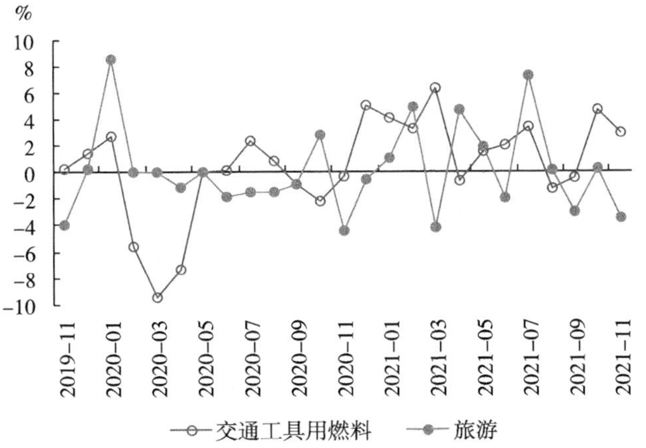

图 8　部分非食品价格环比变化情况

（数据来源：国家统计局）

（二）能源和原材料供给偏紧，国际大宗商品价格高位震荡，PPI 涨幅冲高略有回落

10 月、11 月，PPI 环比分别上涨 2.5%和持平，同比分别上涨 13.5%和 12.9%，10 月涨幅为指标公布以来的历史新高。其中，生产资料价格环比分别上涨 3.3%和下跌 0.1%，同比分别上涨 17.9%和 17.0%。据测算，在 10 月、11 月的 PPI 同比涨幅中，新涨价因素影响均为 11.7 个百分点（见图 9）。

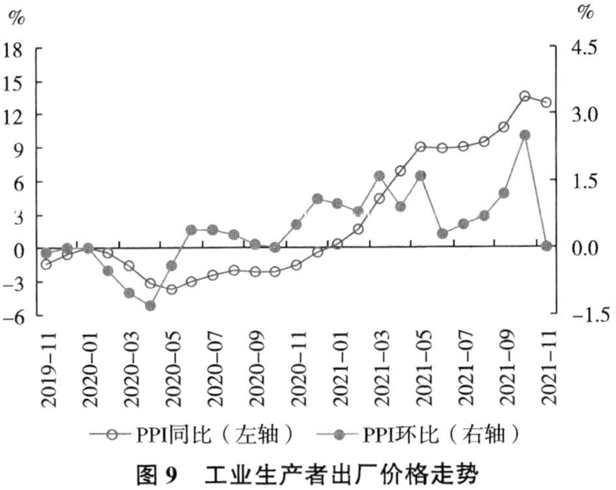

图 9　工业生产者出厂价格走势

（数据来源：国家统计局）

供给偏紧推动能源和部分原材料价格大幅上涨。一是供给变化导致煤价创出历史新高。10 月前期，煤炭供需缺口不断扩大，叠加库存处于历史低位，推动煤价屡创新高。10 月中旬后，多部门联动遏制煤炭价格非理性上涨，煤炭产量和市场供应量持续增加，煤价由涨转跌。10 月、11 月，煤炭开采和洗选业价格环比分别上涨 20.1%和下降 4.9%，同比分别上涨 103.7%和 88.8%。二是能耗双控等环保政策导致部分高耗能行业产品供给偏紧，价格普遍上涨。黑色金属冶炼和压延加工业、非金属矿物制品业价格环比分别上涨 3.5%

和6.9%。11月后，保供稳价政策落实力度不断加大，效果逐步显现，黑色金属冶炼和压延加工业价格环比下降4.8%，非金属矿物制品业价格环比回落至1.8%。

国际大宗商品价格高位震荡，带动国内相关行业价格大幅上涨。在供给端，受全球疫情反复的影响，大宗商品供给恢复仍然受限，叠加国际航运紧张，供应继续偏紧。在需求端，全球PMI处于扩张区间，世界经济继续复苏，大宗商品需求总体向好。此外，全球宽松流动性对大宗商品价格形成支撑。10月以来，国际原油价格、伦敦金属交易所（LME）铜价高位震荡，铝、铅、锌、锡等品种价格高位波动上行，不断创出2008年以来的历史新高。受国际大宗商品价格高位震荡的影响，国内相关行业价格大幅上涨。10月、11月，石油和天然气开采业价格同比分别上涨59.7%和68.5%，化学原料及化学制品制造业价格同比分别上涨31.5%和29.6%，有色金属冶炼和压延加工业价格分别上涨29.5%和26.5%。

三、预计2022年CPI上涨2%左右，PPI上涨4%左右

当前，我国经济保持稳定恢复，实体经济继续好转，经济运行“稳”的基础不断夯实，2022年总需求或缓中企稳，对整体价格水平影响作用较小，价格波动主要受结构性因素的影响。

（一）总需求或缓中企稳

固定资产投资增长或低位企稳。一是基建投资增长可能加快。近期召开的中央经济工作会议指出“要保证财政支出强度，加快支出进度”“适度超前开展基础设施投资”。在政策驱动下，积极财政政策有望提前发力，助推基建投资增长低位回升。在资金来源方面，考虑到今年财政结余资金规模较大，加之明年地方政府新增债务限额已经提前下达，明年上半年充裕的财政资金将支持基建投资增长加快。2021年11月财政部印发《地方政府专项债券用途调整操作指引》，将进一步规范和加强地方政府专项债券管理，提高专项债券资金使用绩效，尽早形成实物工作量。在项目建设方面，近期各地重大项目集中批复、密集开工，项目储备充足且跨年衔接紧凑，将支持基建投资持续增长。此外，以5G网络等为代表的新一代通信网络项目和以光伏、风电为代表的绿色项目，成为地方政府投资规划的重点领域，这些“新基建”项目的扩容、发力将为基建投资提供支撑。不过，11月召开的国务院常务会议强调“把宝贵的财政资金用在支持市场主体和保障基本民生上”，财政支出将继续向民生领域倾斜，叠加项目效益考核趋严、地方土地出让金收入下降等因素的影响，基建投资大幅增长的可能性较低。

二是房地产投资增长将延续下行态势。近期召开的中央经济工作会议再次重申“房住不炒”的政策定位，加之部分地区将开展房地产税改革试点，在引导居民住房合理消费和保持房价稳定的同时，也将抑制房地产企业的投资意愿。此外，受住宅用地“集中公告、集中供应”规则调整升级的影响，土地成交量持续下降，土地购置费减少，这些将对房地产投资带来不利影响。不过，为了支持商品房市场更好满足购房者的合理住房需求，因城施策将促进房地产业良性循环和健康发展，部分城市房地产调控政策或将根据当地房地产价格和需求情况适时调整，支持房地产投资增长。同时，中央经济工作会议指出，坚持租购并举，加快发展长租房市场，推进保障性住房建设。2021年11月，住建部等部门印发

《关于做好 2021 年度发展保障性租赁住房情况监测评价工作的通知》，监测评价结果将纳入对城市政府的绩效考核，将从量化指标上倒逼城市政府加快推进保障性租赁住房的发展，有望对房地产投资形成一定的支撑。

三是制造业投资增长延续回升态势。2021 年 11 月，国务院办公厅印发《关于进一步加大对中小企业纾困帮扶力度的通知》；12 月，国务院常务会议部署对中小微企业的金融支持，确定加大对制造业支持的政策举措。随着助企纾困政策更具针对性，加之对煤炭等能源保供稳价政策的效果逐步显现，中下游制造业利润或将有所改善，制造业投资增长将保持较强韧性。此外，随着全国各地对“专精特新”中小企业扶持力度的加大，以及北京证券交易所融资支持能力的增强，将刺激高技术产业投资意愿，为制造业投资增长提供有力支撑。不过，随着《2030 年前碳达峰行动方案》的印发，碳达峰、碳中和目标约束加强，能源消费强度和总量双控制度将进一步制约高耗能、高排放行业生产，或在一定程度上拖累制造业投资增长幅度；同时，明年出口增长可能有所放缓，外需减弱也将对相关出口制造业企业投资意愿产生不利影响。

消费或延续恢复态势。随着社会保障不断完善，民生投入持续增加，叠加近期多地开启新一轮促消费政策，将有效刺激居民消费需求。稳就业政策持续发力，加之服务业、建筑业等聚集较多中低收入者的行业不断修复，就业形势明显改善，11 月全国城镇调查失业率为 5.0%，已低于 2019 年同期水平（5.1%），有利于中低收入群体消费能力提升。不过，全国居民人均可支配收入增长缓慢，前三季度两年平均实际增长 5.1%，仍然低于 2019 年同期水平（6.1%），加之居民部门杠杆率处于高位（62.1%），消费恢复的基础尚不牢固。受明年房地产销售低迷的影响，预计家具、家电以及建筑装潢类商品的消费增长缓慢。此外，高传染性变异毒株奥密克戎（Omicron）的出现，以及国内疫情散发影响仍在持续，部分地区疫情防控可能升级，或影响接触式消费需求的恢复。

出口增速或有较大回落。受主要发达国家和地区经济复苏势头减弱影响，明年全球经济增速将有所放缓。IMF 在 10 月的《世界经济展望》中预期 2022 年全球经济增速为 4.9%，明显低于 2021 年 5.9%的预测值，全球经济恢复对出口的拉动作用将逐渐减弱。随着美联储缩债政策落地，货币政策趋于收紧，叠加前期大规模财政补贴逐步退出，美国消费需求或持续回落，对我国出口支撑作用将有所下降。自今年 12 月 1 日起，我国输往欧盟成员国、英国、加拿大等 32 个国家的出口商品，不再享受这些国家的普惠制关税优惠待遇，或在一定程度上影响出口增长。11 月我国制造业 PMI 新出口订单指数为 48.5%，连续 7 个月位于荣枯线以下，预示出口增速将继续放缓。不过，《区域全面经济伙伴关系协定》（RCEP）于 2022 年 1 月 1 日生效，将显著提升东亚区域经济一体化水平，区域内贸易有望实现增长。随着我国与“一带一路”沿线国家合作的不断加强，中欧班列开行量与商品订单数量保持较快增长，将为我国出口增长提供新的支撑。

（二）CPI 同比涨幅或小幅回升

食品价格同比涨幅或震荡上行。首先，预计猪肉价格同比涨幅可能由负转正，逐步小幅推升食品价格。在供给端，农业农村部最新数据显示，9 月，生猪存栏量环比下降 0.3%，开始出现回落；10 月，能繁母猪存栏量环比下降 2.5%，已经连续 4 个月回落。按照大型养殖集团 180 天的养殖周期来算，上述两个先行指标相继见顶回落，表明猪肉供应顶部可能出现在 2022 年第二季度。在需求端，猪肉消费已经进入旺季，加之元旦和春节假日因素的影响，猪肉市场需求短期内将有所上升。综合来看，虽然短期内需求回暖支撑价格上行，但供给相对过剩局面仍将在明年上半年限制猪肉价格回升空间；下半年随着猪肉供给见顶，猪肉价格将缓步开启上行周期，同比涨幅可能由负转正。其次，国内粮食供给和库存充足，粮食价格波动对食品价格走势影响有限。国家统计局数据显示，2021 年粮食产量再创新高，连续 7 年保持在 1.3 万亿斤以上，将为粮价稳定提供支撑。

非食品价格同比涨幅或小幅回升。在服务需求逐步回暖的背景下，非食品价格同比或将温和上涨。一是伴随 PPI 向 CPI 缓慢传导，生活资料价格涨幅可能略有回升，将继续拉动日常消费品价格上涨，对非食品价格回升形成支撑。二是国内精准疫情防控的成效逐步显现，接触性、聚集性服务行业将持续修复，加之明年年初北京冬奥会的举办，或在一定程度上提振餐饮、旅游等方面的消费增长，对部分非食品价格产生影响。不过，伴随国际原油供需偏紧格局的改善，有望推动国际原油价格震荡下行。考虑到变异毒株奥密克戎以及国内疫情散发带来的不确定性影响，叠加居民收入增长缓慢、债务压力较大、储蓄意愿提升等因素，将持续抑制居民服务需求增长，非食品价格上涨空间有限。

整体来看，受猪肉价格逐渐触底反弹影响，食品价格同比涨幅或震荡回升；非食品价格同比上涨，但涨幅有限。预计明年 CPI 同比温和上行，当月同比涨幅全年呈前低后高的态势。

（三）PPI 同比涨幅或高位收窄

国际原油价格或震荡走弱。从需求端看，随着全球经济复苏边际趋缓，原油需求逐步趋于稳定，12 月的 EIA《短期能源展望报告》预测 2022 年全球原油需求平均为 1.0046 亿桶/日，基本恢复到疫情前水平。不过，伴随高传染性变异毒株奥密克戎影响扩大，以及部分国家和地区新冠疫情反弹，将对工业生产、居民生活造成一定冲击，抑制原油消费需求增长。从供给端看，“OPEC+”国家决定继续维持 40 万桶/日的增产计划不变，石油供给恢复节奏得以保持；同时，美国页岩油产能逐渐修复，且计划释放 5000 万桶战略石油储备，也将在一定程度上增加全球石油供给。受供需两端调整的影响，EIA 预测国际原油将由供少于需转变为供大于需，且供需平衡转折点已前移至 2022 年第一季度。综合来看，随着原油供需偏紧格局的逐步改善，将推动国际原油价格震荡下行。

随着供需关系的调整，其他大宗商品价格上涨动能明显减弱，预计整体呈震荡偏弱走势。黑色金属方面，在供给端，受全球铁矿石产量持续增长影响，近期国内 45 个港口库存总量接近 1.57 亿吨，处于近年来的高位，铁矿石供应整体较为宽松。在需求端，虽然钢厂利润恢复，复产预期增强，但考虑到今年北方采暖季限产力度和范围都明显增加，叠加冬奥会期间限产要求提高，短期内铁矿石需求难以改善，铁矿石价格或呈震荡偏弱态势。有色金属方面，受全球主要经济体增速边际放缓，以及部分发达国家货币政策开始收紧的影响，有色金属需求面临一定下行压力。伴随新冠疫苗接种率的提升，有色金属出口国生产逐步恢复，供给端有望继续改善。在供需关系调整的背景下，有色金属价格上涨空间有限，大概率维持高位震荡回落走势。不过，考虑到 LME 铜、铝等有色金属库存处于历史低位，加之奥密克戎变异毒株对部分出口国生产带来不确定性，有色金属价格下行空间有限。

工业品价格或有所回落。从需求端看，积极财政政策将驱动基建投资提前发力，盈利水平改善也将刺激制造业投资继续回升。但房地产投资增速可能持续回落，外贸型企业出口面临下行压力，工业品需求增长或有所放缓。从供给端看，企业效益不断改善，利润保持良好增势，将继续提升工业企业生产意愿，支持产能利用率保持高位，有助于工业品供给基本稳定。此外，国家发展改革委、工业和信息化部发布《关于振作工业经济运行　推动工业高质量发展的实施方案的通知》，保供稳价政策持续发力；2022 年的煤炭长协签订范围进一步扩大，也将保障煤炭价格处于合理区间，有利于工业生产持续改善。综合来看，工业品价格或将有所回落。不过，短期内，受北方采暖季和冬奥会期间限产影响，部分工业品供给能力面临一定制约，或影响工业品价格回落空间。

综合来看，国际大宗商品价格或震荡下行，对国内部分中上游工业品价格的拉动作用逐步减弱；国内工业品供需两端有望趋于平衡，工业品价格将略有回落。考虑到基数效应，预计 PPI 同比涨幅将高位收窄。

（四）价格变动趋势预测

预计 2021 年 CPI 涨幅略低于 1%，2022 年在 2%左右。考虑到生猪供给增加，以及基期因素，食品价格同比涨幅将略有回升。伴随疫情防控形势不断好转，服务需求将逐步恢复；而原油价格震荡下行，整体上非食品价格或略有回升。

预计 2021 年全年 PPI 上涨 8.2%左右，2022 年上涨 4%左右。国际原油等大宗商品价格或将呈高位震荡态势，对中上游工业品价格的拉升作用弱化。国内工业品供需两端有望趋于平衡，中上游工业品价格将有所回落。预计 2021 年全年 PPI 上涨 8.2%左右，2022 年 PPI 当月同比涨幅呈前高后低态势，全年涨幅在 4%左右。

2022 年第一季度　价格监测分析报告

一、总需求恢复向好，拉升物价上涨动能不足

2022 年 1—2 月，我国经济继续恢复，工业生产加快，规模以上工业增加值累计同比增长 7.5%，比 2021 年 12 月加快 3.2 个百分点，比 2021 年两年平均增速加快 1.4 个百分点。

（一）投资增长加快

稳增长、稳投资政策精准发力，政策效果持续显现，固定资产投资实现良好开局。1—2 月，全国固定资产投资（不含农户）同比增长 12.2%，比 2021 年全年加快 7.3 个百分点。其中，民间固定资产投资同比增长 11.4%，比 2021 年全年加快 7.4 个百分点（见图 1）。

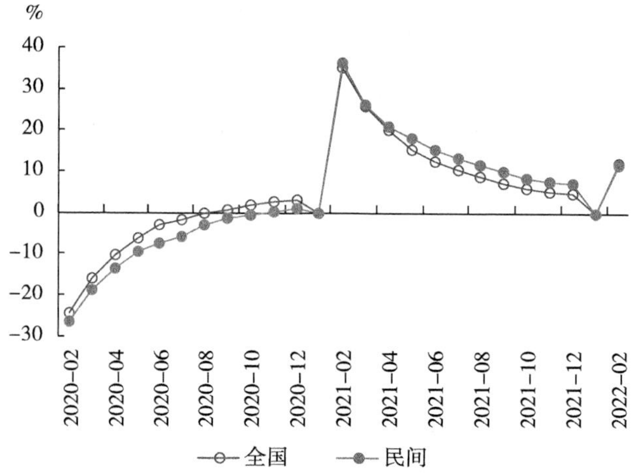

图 1　全国及民间固定资产投资累计同比增速变化情况

（数据来源：Wind）

房地产开发投资增速持续放缓。房地产市场预期有所变化，房地产开发企业到位资金快速下降，商品房销售面积和销售额连续下滑。受这些因素的影响，房地产开发景气指数下行，土地购置费增速下降，土地购置面积和房屋新开工面积降幅扩大，带动房地产开发投资增长持续放缓。1—2 月，房地产开发投资累计同比增长 3.7%，比 2021 年全年放缓 0.7 个百分点。

基建投资增速回升。除上年结余资金外，地方政府专项债加速发行和尽快使用；各地适度超前开展基础设施投资，加快推进交通、水利、“新基建”等重点领域建设，重大项目提前和集中开工；社会民生领域补短板的力度持续加大。这些因素推动实物工作量大幅增长。1—2 月，基础设施投资同比增长 8.1%，增速比 2021 年全年加快 7.7 个百分点。其

中，水利管理业投资增长22.5%，加快21.2个百分点；信息传输业投资增长15.2%，加快4.6个百分点；道路运输业投资增长8.2%，2021年全年下降1.2%。

制造业投资增速继续加快。制造业产品出口增长强劲，贸易结构持续改善；工业生产继续向好，产能利用率保持高位；企业盈利稳步提升，市场预期总体稳定；各地积极推动制造业投资重大项目建设，多地新能源汽车、集成电路等大项目陆续开工。这些因素推动制造业投资增速继续加快。1—2月，制造业投资同比增长20.9%，比2021年加快7.4个百分点。其中，高技术制造业投资增长42.7%，加快20.5个百分点；装备制造业增长34%，加快18.1个百分点。与此同时，随着绿色低碳转型和智能化发展，制造业企业技改投资增加。1—2月，制造业技改投资增长27.2%，比2021年全年加快13.6个百分点（见图2）。

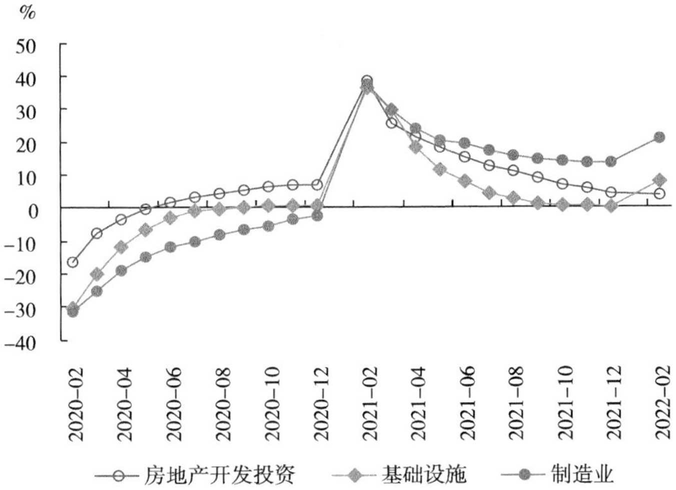

图2　三个领域固定资产投资累计同比变化情况

（数据来源：Wind）

（二）消费增速有所回升

1—2月，我国疫情防控措施精准优化，受春节和冬奥会消费带动明显、大宗商品和消费升级类商品销售加快、网上零售助力较大，以及促消费政策陆续落地显效等因素影响，消费增速有所回升。1—2月，社会消费品零售总额同比增长6.7%，增速比2021年两年平均增速加快2.8个百分点。其中，商品零售额同比增长6.5%，基本生活类和消费升级类商品零售均保持较快增长；餐饮收入同比增长8.9%，接触式消费增长有所改善（见图3）。

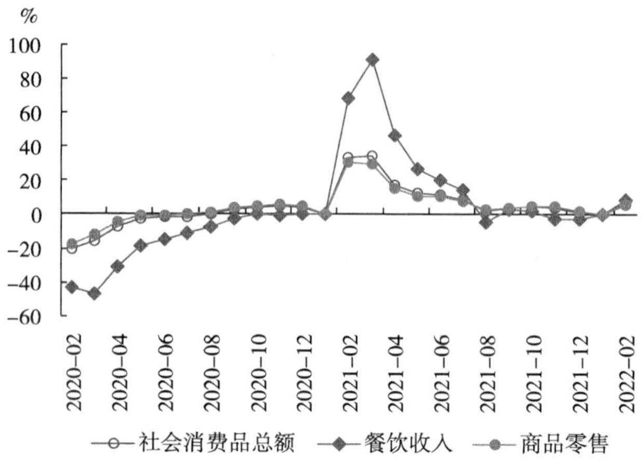

图3　社会消费品零售总额及分项当月同比增速变化情况

（数据来源：Wind）

（三）出口维持较高景气

全球经济延续复苏态势，我国生产供给稳定优势明显，出口增长韧性继续显现。1—2月，以美元计价的出口总额累计同比增长16.3%；其中出口份额占比较高的美国、欧盟、东盟分别增长13.8%、24.2%和13.3%。贸易结构不断优化。1—2月，一般贸易进出口总额占比达到63.5%，同比提高1.6个百分点；民营企业进出口占比达到48.2%，同比提高1.1个百分点（见图4）。

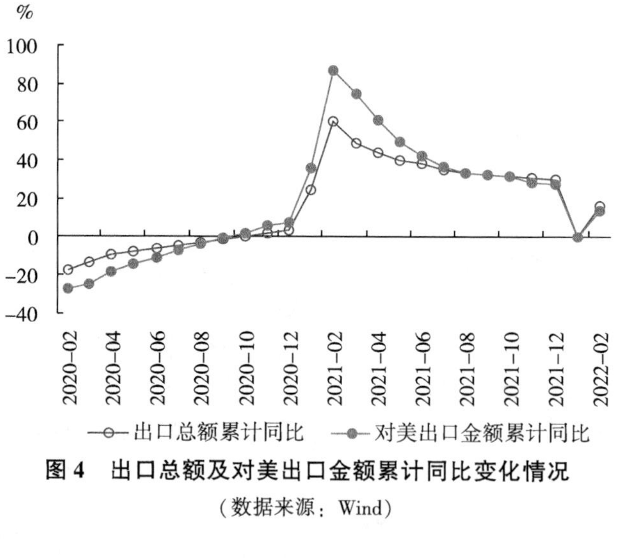

图4　出口总额及对美出口金额累计同比变化情况

（数据来源：Wind）

二、CPI涨幅维持低位，PPI涨幅高位回落

2022年1月、2月，国民经济延续恢复态势，供给需求总体平衡。食品价格略有回升，非食品价格温和上涨，受基期因素影响，CPI同比涨幅略有回落。煤炭价格持续下跌，其他大宗商品价格高位震荡，PPI同比涨幅总体放缓。

（一）食品价格变化影响 CPI 同比涨幅

1 月、2 月，CPI 环比分别上涨 0.4%和 0.6%；同比均上涨 0.9%。剔除食品和能源的核心 CPI 环比分别上涨 0.1%和 0.2%，同比分别上涨 1.2%和 1.1%。据测算，在 1 月、2 月 CPI 同比涨幅中，新涨价因素影响分别约为 0.4 个和 1.0 个百分点，翘尾因素影响分别约为 0.5 个和-0.1 个百分点（见图 5）。

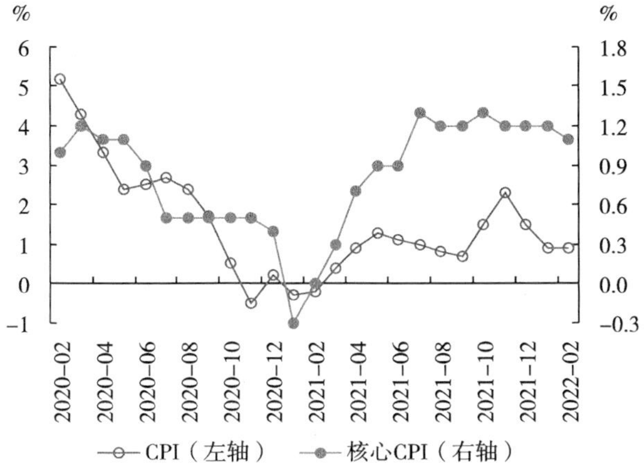

图 5　CPI 同比上涨情况

（数据来源：国家统计局）

食品价格涨幅分化，同比有所下降（见图 6）。1 月、2 月，食品价格环比均上涨 1.4%，受基期因素影响，同比分别下降 3.8%和 3.9%，涨幅分别比上年同期低 5.4 个和 3.7 个百分点。其中，猪肉、鲜菜、蛋类等食品价格涨幅分化。一是猪肉供应充足，价格连续下跌。1 月、2 月猪肉价格环比分别下跌 2.5%和 4.6%，同比分别下跌 41.6%和 42.5%。二是受节日因素影响，鲜菜、水产品和鲜果价格连续上涨。1 月、2 月，鲜菜价格环比分别上涨 3.1%和 6.0%，水产品价格环比分别上涨 4.1%和 4.8%，鲜果价格环比分别上涨 7.2%和 3.0%。三是蛋类供应充足，价格持续回落。1 月、2 月环比分别下跌 1.1%和 3.1%（见图 7）。

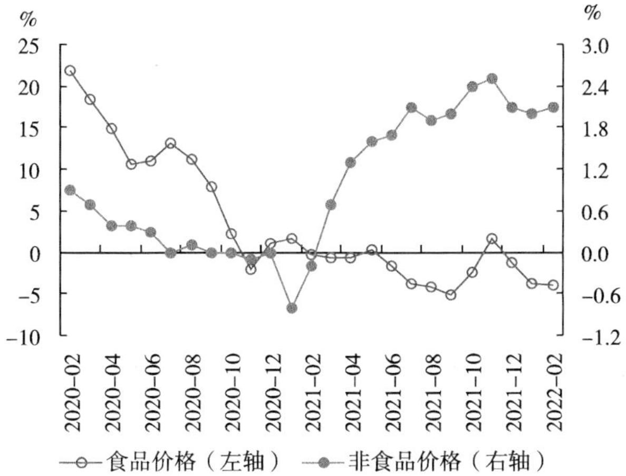

图 6　食品价格和非食品价格同比上涨情况

（数据来源：国家统计局）

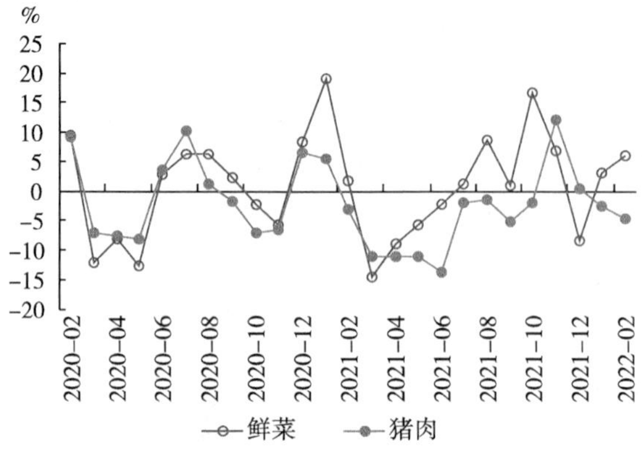

图 7　鲜菜和猪肉价格环比变化情况

（数据来源：国家统计局）

燃料价格连续上调，带动非食品价格温和上涨。1 月、2 月，非食品价格环比分别上涨 0. 2%和 0. 4%，同比分别上涨 2. 0%和 2. 1%。一是国际油价快速上涨，带动国内汽油、柴油等燃料价格连续四次上调。1 月、2 月，交通工具用燃料价格环比分别上涨 2. 2%和 6. 1%，同比分别上涨 20. 2%和 23. 4%；水电燃料价格环比分别上涨 0. 1%和 0. 1%，同比分别上涨 3. 5%和 3. 6%。二是春节因素导致部分服务价格波动较大。节前务工人员返乡及服务需求增加，家政、母婴护理等服务价格有所上涨；节后务工人员陆续返城及服务供给增加，家政、母婴护理等服务价格有所下跌。1 月、2 月，家政服务价格环比分别上涨 4. 7%和下降 3. 6%。三是节假日前后文娱消费和短途旅游热度有所升温。1 月、2 月，旅游价格环比分别上涨 2. 1%和 1. 0%。四是受原材料价格持续上涨的影响，家电、家具等工业消费品价格上涨有所加快。1 月、2 月，家用器具价格同比分别上涨 1. 6%和 2. 5%，2 月涨幅创该指标自 2002 年发布以来的历史新高（见图 8）。

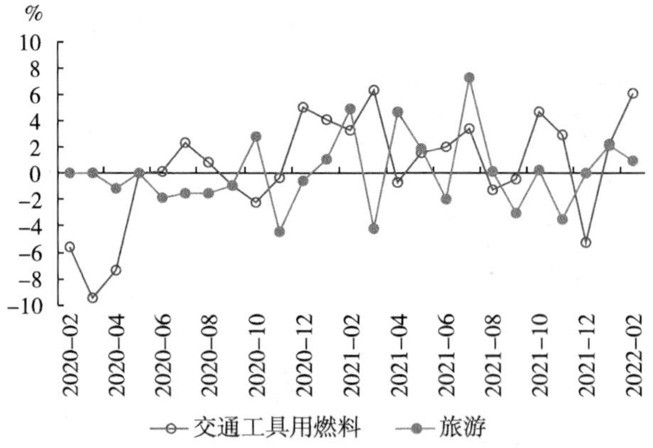

图 8　部分非食品价格环比变化情况

（数据来源：国家统计局）

（二）国际大宗商品价格高位震荡上行，PPI 同比涨幅回落

1 月、2 月，PPI 环比分别下跌 0. 2%和上涨 0. 5%，受基期因素影响，同比分别上涨

9.1%和8.8%。其中，生产资料价格环比分别下跌0.2%和上涨0.7%，同比分别上涨11.8%和11.4%。据测算，在1月、2月PPI同比涨幅中，新涨价因素影响分别约为-0.2个和0.4个百分点，翘尾因素影响分别约为9.3个和8.4个百分点（见图9）。

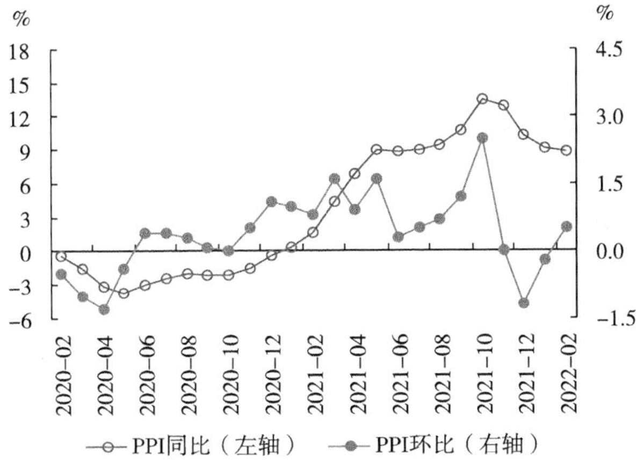

图9 工业生产者出厂价格走势

（数据来源：国家统计局）

保供稳价政策推动煤炭等原材料价格下跌。随着政策有力推进，煤炭优质产能释放和产量快速增加，价格连续回落；电力供应平稳有序，价格涨势放缓。1月、2月，煤炭开采和洗选业价格环比分别下跌3.5%和2.4%；非金属矿物制品业价格环比分别下跌1.8%和1.0%。电力、热力生产和供应业价格环比涨幅在2021年12月创出3.0%的历史新高后，1月、2月分别回落至2.5%和0.9%。

国际大宗商品价格高位震荡上行，推高国内部分工业品价格涨幅。在供给端，疫情导致全球供应链恢复缓慢，叠加俄乌冲突的影响，大宗商品产能弹性不足，供给继续偏紧。在需求端，主要经济体PMI指数处于扩张区间，全球经济持续复苏，大宗商品需求总体较旺。此外，全球流动性宽松对大宗商品价格形成支撑。1月以来，国际原油价格加速上涨，伦敦金属交易所（LME）铜价历史高位震荡，铝、锡、锌等品种价格不断创出历史新高。受国际大宗商品价格高位震荡上行的影响，国内相关行业价格持续上涨。1月、2月，石油和天然气开采业价格环比分别上涨2.6%和10.4%，黑色金属矿采选业价格环比分别上涨1.0%和5.0%，有色金属冶炼和压延加工业价格环比分别上涨0.7%和1.4%。

三、预计全年CPI上涨2.2%左右，PPI上涨6%左右

当前，全球疫情扩散蔓延，地缘政治冲突升级，加剧了外部环境的不稳定和不确定性。在稳增长政策支持下，我国经济延续了恢复态势，宏观经济在合理区间运行，年内总需求或企稳回升，对价格水平影响较小，价格波动主要源于结构性因素的冲击。

（一）总需求或缓中企稳

固定资产投资有望保持良好增势。一是基建投资增长或持续回升。在资金来源方面，财政资金跨年度调节，以及特定国有金融机构和专营机构上缴结存利润、调入预算稳定调节基金，将保证财政支出规模比上年扩大2万亿元以上，为基建投资增长提供较为充裕的

资金保障。此外，1月，财政部和国家税务总局发布《关于基础设施领域不动产投资信托基金（REITs）试点税收政策的公告》，有效解决了高额增值税及提前交税的问题，有利于更多企业投资基础设施REITs试点。在项目建设方面，2月召开的国务院常务会议强调“加快新型基础设施等建设，扩大有效投资”，叠加全国一体化算力网络国家枢纽节点建设（“东数西算”工程）正式启动，“新基建”项目的持续发力将为基建投资提供支撑。2月，国家发展改革委等部门联合发布《关于加快推进城镇环境基础设施建设的指导意见》，将对符合条件的城镇环境基础设施项目，通过中央预算内投资等渠道予以支持，有助于城镇环境基建项目投资加快。不过，考虑到自2022年起对专项债项目执行情况实施穿透式监管，提高了对接项目要求，加之新增财力主要用于落实助企纾困、稳就业保民生政策，基建投资增长空间受到一定抑制。

二是房地产投资增长或低位企稳。近期国务院金融委会议强调“关于房地产企业，要及时研究和提出有力有效的防范化解风险应对方案，提出向新发展模式转型的配套措施”，未来相关配套政策的制定和实施，有利于房地产企业健康发展，对稳定房地产投资提供支持。此外，原银保监会等部门印发《关于加强新市民金融服务工作的通知》，鼓励商业银行满足新市民合理购房信贷需求，有利于购房者合理住房需求释放。在“因城施策”的背景下，自2022年初以来，多地推出下调首付比例、放松限购限贷、增加购房补贴，以及提升公积金贷款额度等政策，随着房地产调控政策的逐步调整，商品房销售可能有所回升，或在一定程度上提振房地产企业投资意愿。不过，2022年《政府工作报告》中再次重申“房住不炒”的政策定位，房地产贷款集中度管理制度、重点房地产企业资金监测和融资管理规则等政策形成的融资约束，仍将持续抑制房地产投资增长。此外，受住宅用地“集中公告、集中供应”规则的影响，前期土地成交量低迷，土地购置费减少，这对2022年房屋施工及建安投资增长形成一定制约。

三是制造业投资增长将延续回升态势。今年将延续实施扶持制造业的减税降费政策，并提高减免幅度、扩大适用范围；同时，明显加大增值税留抵退税力度，为企业提供现金流支持。减税与退税并举的支持政策不断加码，有利于制造业企业投资意愿持续改善。此外，高技术制造业利润保持较高增速，2021年高技术制造业利润两年平均增长31.4%，占规模以上工业利润的比重较2020年、2019年分别提高2.1个和4.2个百分点，将刺激高技术产业投资意愿，为制造业投资增长提供有力支撑。近期，国家发展改革委等部门发布了《高耗能行业重点领域节能降碳改造升级实施指南（2022年版）》，传统制造业产业升级带来投资需求，也支撑制造业投资增长。不过，随着全球生产和供给能力的恢复，发达经济体供需缺口将收窄，对相关出口制造业企业投资产生不利影响。此外，在俄乌冲突的背景下，原材料价格高位运行对中小企业的成本冲击短期内难以化解，将抑制制造业投资的增长。

消费增长延续恢复态势。1月，国家发展改革委等部门印发《促进绿色消费实施方案》，将全面促进消费绿色低碳转型，叠加新能源汽车下乡、绿色智能家电下乡和以旧换新等促消费政策的稳步实施，有利于推动我国绿色消费增长。此外，2022年《政府工作报告》部署了“加强县域商业体系建设，发展农村电商和快递物流配送”的重点任务，将补齐农村物流基础设施与电子商务的短板，促进农村消费需求加速释放。不过，居民杠杆率依然维持在62.2%的高位，叠加人均可支配收入增长乏力，继续抑制消费增长。此外，就业形势依然严峻，2 月城镇调查失业率为 5.5%，连续 4 个月回升，其中 16~24 岁人口调查失业率达 15.3%，较 2021 年同期提高 2.2 个百分点，表明消费增长的基础尚不牢固。随着奥密克戎变异毒株传染性加强，国内疫情再度扩散，多地防控措施全面升级，旅游、餐饮等接触式消费需求短期内或受到一定影响。

出口增速或延续下行趋势。近期主要发达国家和地区经济复苏势头减弱，俄乌冲突加剧，全球经济复苏态势或放缓。3 月 IMF 报告提出，全球经济受到乌克兰局势和对俄制裁的负面影响，这将促使国际增长放缓，全球通胀加速。近期部分欧美国家和俄罗斯互相关闭领空，集装箱运价再度上涨，相关出口企业接单意愿或受到一定冲击。不过，1 月商务部等部门印发《关于高质量实施〈区域全面经济伙伴关系协定〉（RCEP）的指导意见》，支持地方与企业提升贸易和投资发展水平，以及扩大国际合作，区域内贸易有望实现增长。随着扩大出口信用保险覆盖面，优化外汇服务，以及加快出口退税进度等系列优惠政策的落实，外贸企业经营环境将持续改善，减缓出口增长回落的程度。

（二）CPI 同比涨幅或温和回升

食品价格同比涨幅将逐渐低位回升。首先，预计猪肉价格近期仍将拖累食品价格，但下半年同比涨幅可能由负转正，逐步推升食品价格涨幅。在供给端，农业农村部最新数据显示，1 月，能繁母猪存栏量 4290 万头，是自上年 7 月开始下降以来的最低水平。根据生猪生产周期，这一先行指标预示着猪肉供应峰值将出现在 2022 年 6 月左右。不过，短期内，考虑到 2021 年底生猪存栏量高达 4.49 亿头，是自 2014 年以来的最高水平；同时，受饲料价格上涨、猪肉价格低迷影响，养殖户和规模养殖场生猪出栏节奏加快，生猪供应在上半年仍将保持宽松。在需求端，季节性因素、疫情扩散影响餐饮业等，或对猪肉需求略有影响，猪肉需求总体呈相对平稳水平。综合来看，主要受供给变化的影响，近期猪肉价格上升空间很小，下半年猪肉供给见顶，猪肉价格将缓步上行，空间有限，但基期效应或导致同比涨幅由负转正。

其次，在全球谷物库存偏低的背景下，俄乌冲突短期内将会推升我国粮食价格，但总体对食品价格走势影响相对较小。具体看，稻米方面，2021 年我国稻谷生产再获丰收，稻谷供需维持宽松格局，节后大米消费偏弱，预计稻米价格将低位平稳运行。小麦方面，虽然近期国际小麦价格上涨推高国内小麦价格预期，但国内小麦自给率高，同时高关税、低配额的进口政策，叠加较高的国家储备量，令国内小麦价格的稳定性较强，随着市场预期不断“修正”，预计后期小麦价格涨幅较小。玉米方面，伴随春耕逐步展开，国内种植户售粮积极性有望逐步提高，但 2021 年玉米进口量约 29%来自俄乌两国，俄乌局势仍将对玉米进口产生一定影响，或部分推升国内玉米价格。大豆方面，受巴西、阿根廷大豆主产区干旱天气影响，南美大豆产量不及预期，全球大豆供应趋紧可能性增大，加之俄乌冲突带来的“粮食恐慌”，提高了各国购买意愿，预计国际大豆价格仍将高位震荡。此外，俄乌两国是中国主要葵花籽油进口国，占中国总进口量的 97%，俄乌局势或导致中国葵花籽油及食用油价格上涨。

非食品价格同比涨幅或小幅回升。在国际油价维持高位，以及国内消费需求逐步改善的背景下，非食品价格涨幅或有小幅回升。一是受国际原油需求恢复以及俄乌冲突加剧等因素影响，近期布伦特原油期货结算价格已震荡上升至 100 美元/桶以上，国际油价中枢明显上移，将继续带动交通工具用燃料和水电燃料价格上涨，拉升非食品价格涨幅。二是随着新能源汽车消费政策，以及绿色智能家电下乡和以旧换新等促消费政策的落地实施，汽车、家电等消费品需求有望进一步释放，对非食品价格形成支撑。三是源于终端需求增长乏力，工业品价格上涨向消费品价格传导相对较弱，但消费品价格仍会受到微弱的影响。不过，居民收入增长尚未完全恢复，且居民部门杠杆率仍维持高位，加之新的奥密克戎毒株导致多地疫情防控升级，接触性、聚集性服务需求可能受到较大影响，非食品价格上涨空间有限。

整体来看，猪肉价格逐渐触底回升，由于基期效应，预计年中前后食品价格同比涨幅开始由负转正；非食品价格可能延续上升态势，但涨幅有限。预计 CPI 将在温和区间内小幅回升，全年当月同比涨幅呈前低后高态势。

（三）PPI 同比涨幅或高位回落

全年国际原油价格或高位震荡后略有回落。从需求端看，随着全球经济持续复苏，原油需求逐步趋于稳定，3 月的 EIA《短期能源展望报告》预测 2022 年全球原油需求平均为 1.006 亿桶/日，较上次预期下调 1 万桶/日，基本恢复到疫情前水平。不过，受俄乌冲突加剧以及新奥密克戎毒株传染性增强等因素影响，部分国家和地区的工业生产与交通出行面临一定冲击，或抑制原油消费需求增长。从供应端看，“OPEC+”国家将继续维持 40 万桶/日的增产计划，加之原定于今年 5 月 1 日上调 160 万桶/日的减产基准线，石油供给有望持续增加。此外，伊核协议谈判已进入最后阶段，且部分石油已储于油轮上，达成协议后伊朗原油产量可迅速释放，缓解原油供给紧张的局面。同时，国际能源署成员国同意释放 6000 万桶战略储备库存，也将在一定程度上增加国际原油供给。不过，短期内，考虑到“OPEC+”国家减产执行率较高，以及美国页岩油企业债务风险上升等因素，国际原油供给改善受到制约，加之贸易制裁升级带来俄罗斯原油出口受限、能源供应链受限，国际原油价格或维持高位震荡。整体上，年内国际原油供给不断增加，国际原油价格逐渐高位收窄，但短期内供需缺口难有明显改善，加之俄乌冲突走向的不确定性，上半年原油价格或高位震荡，然后或略有回落。

受俄乌局势持续紧张、需求有所改善等因素影响，其他大宗商品价格或将保持高位震荡。黑色金属方面，在供给端，澳巴发运维持正常状态，但乌克兰境内铁矿运输基本停止，加之运输的能源成本大幅上涨影响出口意愿，全球铁矿石供应或有所下降。需求端，北方采暖季和冬奥会结束，环保限产政策将有所放松，钢厂复产预期增强，铁矿石需求有所改善。受供需关系调整影响，铁矿石价格或呈震荡偏强态势。有色金属方面，随着全球经济复苏边际放缓，部分发达国家货币政策开始收紧，有色金属需求将基本稳定。不过，在美英等国制裁下，俄罗斯有色金属生产和出口皆受影响，全球有色金属供给趋紧。此外，能源价格走高增加了铝、锌等的冶炼成本，叠加 LME 铜、铝、锌等有色金属库存处于历史低位，预计有色金属价格将维持高位运行。

工业品价格或有所回落。从需求端看，房地产投资增速可能维持低位，且出口面临一定下行压力，但随着稳增长政策落地，积极的财政政策将支撑基建投资增长，减税降费力度加大与盈利水平改善也将驱动制造业投资继续回升，工业品需求或逐渐企稳。从供给端看，北方采暖季和冬奥会结束，限产政策有所放松，叠加企业盈利保持良好增势，工业企业生产意愿较强，有助于工业品供给基本稳定。此外，国内“保供稳价”政策持续推进，煤炭长协新定价机制落地，将保障煤炭价格处于合理区间，有利于工业生产持续改善。综合来看，随着工业品供需关系改善，价格或将有所回落。不过，考虑到俄乌冲突下国际能源价格大幅上涨，对我国工业品生产带来输入性影响；同时，国内多地疫情扩散与防控措施升级，也将在一定程度上制约工业生产，可能对工业品价格走势产生冲击。

整体来看，国际大宗商品价格进一步上涨空间有限，对 PPI 涨幅的拉动作用或逐渐减弱；国内工业品供需两端有望趋于平衡，工业品价格将有所回落。考虑到基数效应，预计 PPI 同比涨幅将会逐步回落，但受俄乌冲突影响，下行速度或有所放缓，且不排除在近期高位震荡的可能。

（四）价格变动趋势预测

预计 2022 年 CPI 涨幅在 2.2%左右。考虑到生猪供给增加逐步达到峰值，以及基期因素，下半年食品价格对 CPI 拖累明显减弱。预计服务需求将逐步恢复，而全年原油价格中枢升高，整体上非食品价格回升；年内 CPI 当月同比涨幅呈前低后高态势。

预计 2022 年 PPI 上涨 6%左右。全年国际原油等大宗商品价格或将高位震荡下行，对中上游工业品价格的拉升作用弱化。国内工业品供需两端有望趋于平衡，中上游工业品价格将有所回落。预计 2022 年全年 PPI 上涨 6%左右，当月同比涨幅呈前高后低态势。

2022年第二季度　价格监测分析报告

一、总需求偏弱，物价上涨动能不足

2022年4月，疫情冲击超预期，经济下行压力加大；5月，疫情防控形势总体向好，经济呈现恢复势头。4月、5月，规模以上工业增加值当月同比分别下降2.9%和增长0.7%；1—5月同比增长3.3%，比2021年全年放缓6.3个百分点。供给需求总体呈弱平衡态势，物价上涨动能不足。

（一）投资稳定增长

稳增长、保就业政策精准发力，投资关键作用得到发挥，规模持续扩大，结构继续优化。1—5月，全国固定资产投资（不含农户）同比增长6.2%，比2021年全年加快1.3个百分点。其中，民间固定资产投资同比增长4.1%，比2021年全年放缓2.9个百分点（见图1）。

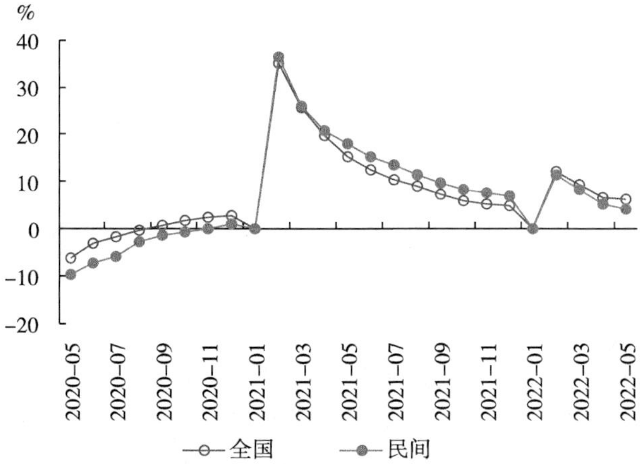

图1　全国及民间固定资产投资累计同比增速变化情况

（数据来源：Wind）

房地产开发投资增速放缓。全国大中城市房价总体呈现下跌态势，商品房销售面积和销售额继续下滑，房地产开发企业到位资金降幅不断扩大。房地产开发景气指数连续下行，土地购置费增速和房屋施工面积增速由正转负，土地购置面积和房屋新开工面积降幅扩大，带动房地产开发投资增长持续放缓。1—5月房地产开发投资同比下降4.0%，比2021年全年放缓8.4个百分点。

基建投资增速加快。基建投资成为逆周期调控的重要抓手。各地加快发行和使用地方政府专项债，适度超前开展基础设施投资，加快推进交通、水利、“新基建”等重点领域建设，提前和集中开工重大项目，加大社会民生领域补短板的力度。1—5 月，基础设施投资同比增长 6.7%，增速比 2021 年全年高 6.3 个百分点。其中，信息传输业、水利管理业、公共设施管理业投资分别增长 10.6%、11.8%、7.9%，增速均有所加快。

制造业投资增长较快。各地积极推动制造业投资重大项目建设，技改投资对整体投资的支撑作用增强，制造业投资整体维持较高增速。1—5 月，制造业投资同比增长 10.6%，比全部投资高 4.4 个百分点。其中，高技术制造业、装备制造业投资分别增长 24.9%、22.0%，今年以来增速均保持在 20.0%以上。同时，绿色低碳转型和智能化发展，推动制造业企业技改投资增加。1—5 月，制造业技改投资增长 15.7%，高于全部制造业投资增速 5.1 个百分点（见图 2）。

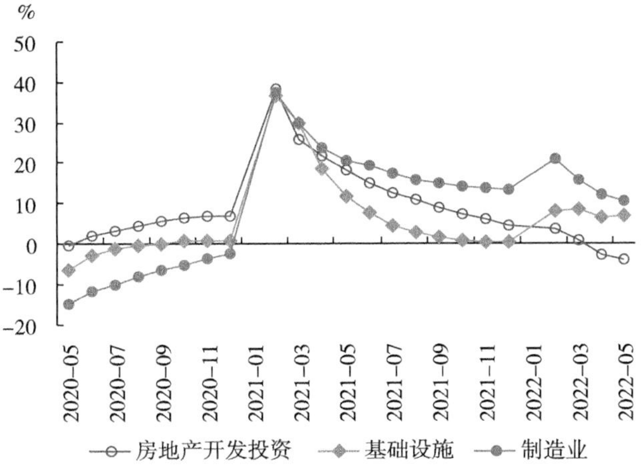

图 2　三个领域固定资产投资累计同比变化情况

（数据来源：Wind）

（二）消费明显回落

疫情对聚集性和接触式消费抑制较为明显，并影响了就业和居民收入，居民消费能力和消费意愿有所下降，叠加房地产市场景气回落引致居住类消费减弱，消费增速陡降。4 月、5 月，社会消费品零售总额同比分别下降 11.1%、6.7%。1—5 月，社会消费品零售总额同比下降 1.5%。其中，商品零售和餐饮收入同比分别下降 0.7%和 8.5%（见图 3）。

（三）出口增长有所回落

疫情对全球生产冲击逐步弱化，我国对其他国家的生产和出口替代效应有所弱化，主要发达经济体前期宽松货币和财政政策加快退出，叠加上年我国出口的较高基数，我国出口增速有所收窄。1—5 月，美元计价的出口同比增长 13.5%，较 2021 年全年放缓 16.4 个百分点；其中出口份额占比较高的美国、欧盟、东盟分别增长 15.1%、19.5%和 14.1%，增速均出现不同程度回落（见图 4）。

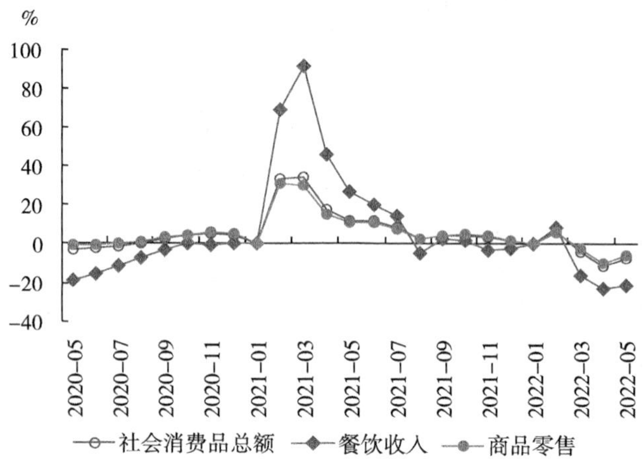

图3　社会消费品零售总额及分项当月同比增速变化情况

（数据来源：Wind）

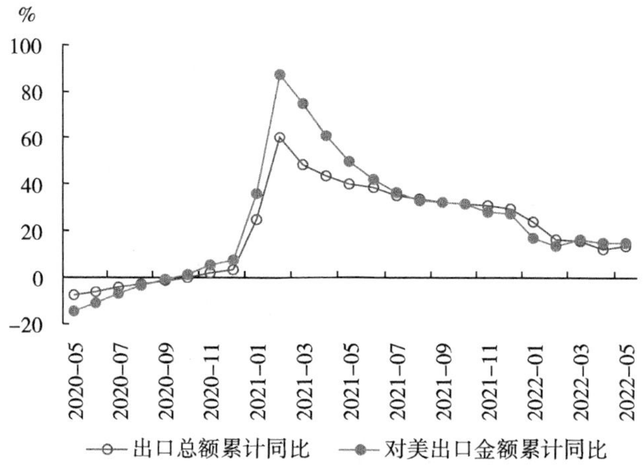

图4　出口总额及对美出口金额累计同比变化情况

（数据来源：Wind）

二、CPI 涨幅有所回升，PPI 涨幅高位回落

受疫情冲击的影响，供给需求总体呈弱平衡态势，结构性因素引致价格波动。

（一）食品价格走势分化，CPI 同比涨幅略有回升

4月、5月，CPI 环比分别上涨 0.4%和下跌 0.2%；同比均上涨 2.1%。剔除食品和能源的核心 CPI 环比分别上涨 0.1%和持平，同比均上涨 0.9%。据测算，在 4 月、5 月 CPI 同比涨幅中，新涨价因素影响分别约为 1.4 个和 1.3 个百分点，翘尾因素影响分别约为 0.7 个和 0.8 个百分点（见图 5）。

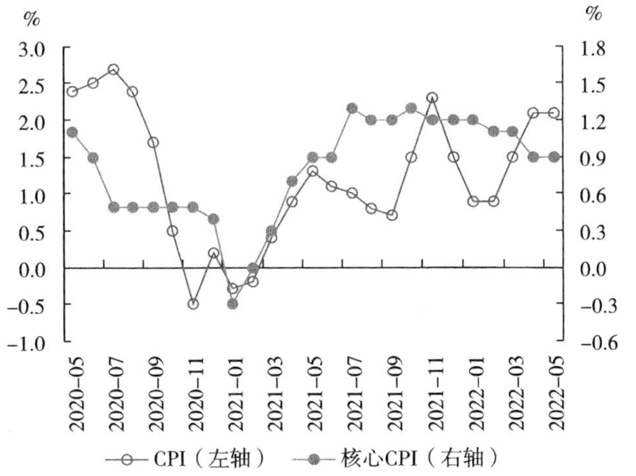

图 5　CPI 同比上涨情况

（数据来源：国家统计局）

食品价格有所分化，同比涨幅回升（见图 6）。4 月、5 月，食品价格环比分别上涨 0.9%和下跌 1.3%，受基期因素影响，同比分别上涨 1.9%和 2.3%，涨幅分别比上年同期高 2.6 个和 2.0 个百分点。其中，猪肉、蛋类、鲜菜、粮食等食品价格涨幅有所分化。一是受中央储备猪肉收储和生猪产能逐步调减的影响，猪肉价格由跌转涨，4 月、5 月猪肉价格环比分别上涨 1.5%和 5.2%，叠加基期因素，同比分别下跌 33.3%和 21.1%，跌幅持续收窄。二是疫情推升囤货需求，叠加物流成本有所上升，蛋类和鲜果价格连续上涨，4 月、5 月，蛋类价格环比分别上涨 6.3%和 1.4%，鲜果价格环比分别上涨 5.2%和 1.5%。三是鲜菜大量上市，价格连续回落，4 月、5 月环比分别下跌 3.5%和 15.0%。四是受国际粮价高位运行影响，国内粮食价格有所上涨，4 月、5 月环比分别上涨 0.7%和 0.5%（见图 7）。

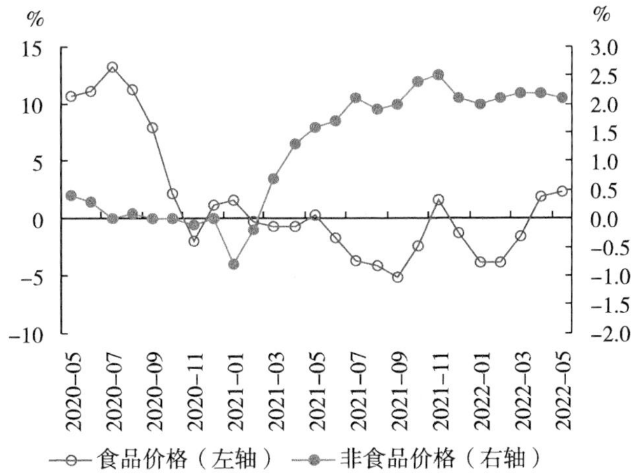

图 6　食品价格和非食品价格同比上涨情况

（数据来源：国家统计局）

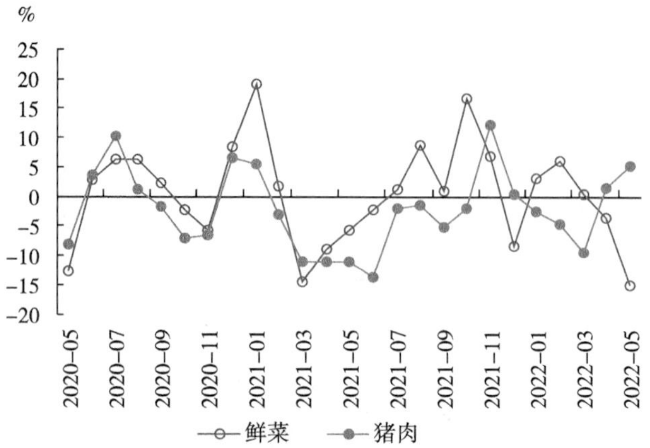

图 7　鲜菜和猪肉价格环比变化情况

（数据来源：国家统计局）

燃料价格连续上调，带动非食品价格温和上涨。4 月、5 月，非食品价格环比分别上涨 0.2%和 0.1%，同比分别上涨 2.2%和 2.1%。一是国际油价震荡走高，带动国内成品油和燃料价格连续上调。4 月、5 月，交通工具用燃料价格环比分别上涨 2.7%和 0.6%，同比分别上涨 28.4%和 27.1%；水电燃料环比涨幅连续两个月为 0，同比分别上涨 4.3%和 4.1%，涨幅维持高位。二是受部分地区疫情散发的影响，旅游等线下服务消费偏弱，线上服务消费需求有所增加。4 月、5 月，旅游价格环比分别上涨 1.0%和 0.4%；其他用品和服务价格环比分别持平和上涨 0.6%。三是原材料价格拉动作用有所减弱，家电、家具等工业消费品价格涨幅略有放缓。4 月、5 月，家用器具价格环比分别上涨 0.4%和持平，同比分别上涨 2.1%和 1.9%。四是房地产市场景气度回落，二手房转售为租增多，叠加疫情对就业的冲击，房租价格连续下跌，4 月、5 月环比分别下跌 0.2%和 0.1%（见图 8）。

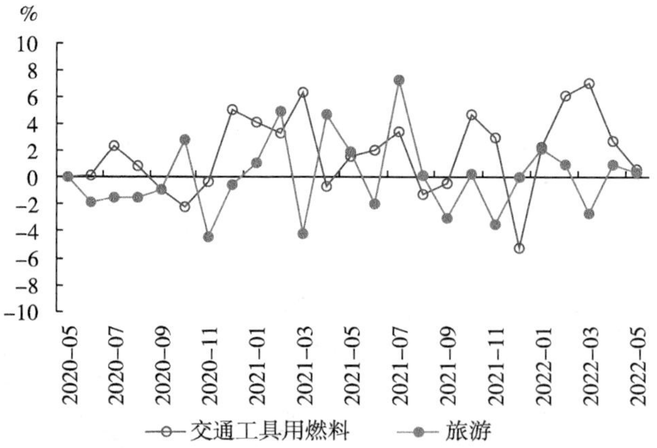

图 8　部分非食品价格环比变化情况

（数据来源：国家统计局）

（二）国际大宗商品价格震荡，PPI 同比涨幅收窄

4 月、5 月，PPI 环比分别上涨 0.6%和 0.1%，受基期因素影响，同比分别上涨 8.0%

和 6.4%。其中，生产资料价格环比分别上涨 0.8%和 0.1%，同比分别上涨 10.3%和 8.1%。据测算，在 4 月、5 月 PPI 同比涨幅中，新涨价因素影响分别约为 2.1 个和 2.3 个百分点，翘尾因素影响分别约为 5.9 个和 4.1 个百分点（见图 9）。

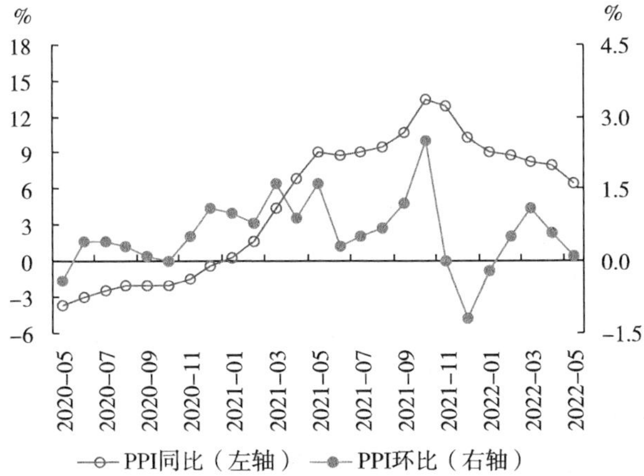

图 9　工业生产者出厂价格走势

（数据来源：国家统计局）

供需紧张有所缓解，中上游原材料价格回落。随着各地安全有序释放先进煤炭产能，多措并举保障煤炭供应，强化市场预期管理，煤炭开采和洗选业价格由涨转跌，4 月、5 月环比分别上涨 2.5%和下跌 1.1%。受投资增速放缓、保供稳价政策落实有力等因素影响，主要中上游产品需求回落、库存增加，价格上涨动能趋弱。4 月、5 月，黑色金属冶炼和压延加工业价格环比分别上涨 1.8%和下跌 0.5%，非金属矿物制品业价格环比均下跌 0.5%。

国际大宗商品价格震荡分化，输入性通胀压力有所缓解。在供给端，更多国家采取与病毒共存策略，疫情对全球供给冲击继续减弱；但受俄乌冲突的影响，俄罗斯原油、天然气、铜、镍等大宗商品出口受限，全球供给偏紧。在需求端，主要发达经济体前期宽松货币政策和财政政策加快退出，经济复苏动能削弱，PMI 等景气指标回落，大宗商品需求有所减少。此外，美元指数快速攀升，推动多数以美元标价的大宗商品价格震荡走跌。4 月以来，国际原油价格震荡走高，布伦特原油价格均值位于 2013 年以来的高位区域；伦敦金属交易所（LME）铜、铅、镍等品种价格均小幅下跌，铝价、锡价跌幅较大。受国际大宗商品价格震荡分化的影响，国内相关行业价格上涨动能有所削弱。4 月、5 月，石油加工炼焦及核燃料加工业价格环比分别上涨 3.5%和 0.9%，有色金属冶炼和压延加工业价格环比分别上涨 0.8%和下跌 1.3%。

三、预计全年 CPI 上涨 2.2%左右，PPI 上涨 5.5%左右

当前，国际环境更趋严峻复杂，新冠疫情与俄乌冲突叠加，主要发达经济体宽松政策加快退出，经济通胀和衰退风险交织。我国高效统筹疫情防控和经济社会发展，在稳增长、保就业政策支持下，经济增长呈现恢复态势，年内总需求将逐渐向正常水平回归，供需将维持大体平衡，对物价走势影响有限，价格波动主要源于结构性因素的变化。

（一）总需求或企稳回升

固定资产投资增长或稳中有升。一是基建投资增长可能加快。在资金来源方面，5月，国务院发布《关于印发扎实稳住经济一揽子政策措施的通知》，要求“加快今年已下达的3.45万亿元专项债券发行使用进度，在6月底前基本发行完毕，力争在8月底前基本使用完毕”，加之调增政策性银行8000亿元信贷额度，并建立重点项目清单对接机制，为基建投资增长提供较为充裕的资金保障。国务院办公厅发布《关于进一步盘活存量资产扩大有效投资的意见》，要求通过推动基础设施领域不动产投资信托基金（REITs）健康发展等多种方式扩大有效投资，进一步拓宽了基建投资资金来源。在项目建设方面，中央财经委员会第十一次会议提出，“加强信息、科技、物流等产业升级基础设施建设，布局建设新一代超算、云计算、人工智能平台、宽带基础网络等设施”，“新基建”项目有望继续带动基建投资增长。5月，中共中央办公厅、国务院办公厅印发《关于推进以县城为重要载体的城镇化建设的意见》，将补齐基础设施和公共服务短板作为现代县城建设的重要内容，有助于县级基建投资加快。不过，考虑到助企纾困、稳就业保民生方面财政支出不断加大，加之近期土地出让金收入明显下降，地方财政收支矛盾加大，将抑制基建投资增长幅度。

二是房地产投资增长或低位企稳。4月，中央政治局会议提出，“支持各地从当地实际出发完善房地产政策，支持刚性和改善性住房需求”。随着各地首套房贷款利率下限调整、限购限售适度放开等政策措施落地，住房需求有望继续释放，或在一定程度上提振房地产企业投资意愿。5月，证监会等部门发布《关于规范做好保障性租赁住房试点发行基础设施领域不动产投资信托基金（REITs）有关工作的通知》，对发起主体、回收资金用途等方面作出明确要求，加之首批试点项目申报成功，未来将吸引更多社会资本投资保障性租赁住房，对房地产投资增长形成一定支撑。不过，2022年第一轮集中供地的土地成交量仍然处于低位，土地购置费减少将滞后影响房屋施工及建安投资增长。此外，受房地产市场销售低迷，以及房地产贷款集中度管理制度、重点房地产企业资金监测和融资管理规则等政策影响，房地产企业在融资端仍面临较大约束，不利于房地产投资增长。

三是制造业投资增长将保持良好态势。5月，国家发展改革委等部门联合印发《关于做好2022年降成本重点工作的通知》，将实施新的组合式税费支持政策，以及通过持续降低制度性交易成本、人工成本和用地房租原材料成本等措施，切实降低企业生产经营压力。伴随助企纾困政策力度加大，货运物流情况持续改善，制造业企业投资有望延续增长态势。此外，在碳达峰、碳中和目标约束和“新基建”带动下，传统制造业向新能源化和智能化转型升级不断加快，将驱动技术改造投资保持较高增速，对制造业投资形成一定支撑。不过，今年以来，制造业利润明显回落，1—4月同比降幅达8.3%；大宗商品价格维持高位，挤压了中下游制造业利润，影响中小企业投资意愿。此外，下半年出口增长可能有所放缓，外需减弱和订单转移将对相关出口制造业企业投资产生不利影响。

消费增长或延续恢复态势。4月，国务院办公厅发布《关于进一步释放消费潜力促进消费持续恢复的意见》，从创新消费模式、推进消费升级、优化消费环境等多个角度综合施策，推动消费需求加快恢复。5月23日召开的国务院常务会议特别提出“阶段性减征部分乘用车购置税600亿元”的优惠措施，叠加2022年新能源汽车下乡活动稳步开展，汽车消费有望回升，对消费增长形成一定支撑。随着常态化核酸检测的逐步推广和管控模式的日趋成熟，餐饮、零售、旅游等接触式消费行业将有所恢复，在一定程度上促进消费增长。不过，全国人均可支配收入仍未恢复至疫情前水平，2022 年第一季度实际增长 5.1%，明显低于 2019 年同期水平（6.8%）。就业形势较为严峻，5 月城镇调查失业率为 5.9%，较上年同期提高 0.9 个百分点，其中 16～24 岁人口调查失业率上升至 18.4%的历史新高。再考虑到居民杠杆率维持在 62.1%的高位，消费增长动能不足。

出口增速或小幅回落。受主要发达经济体货币政策收紧，以及俄乌冲突不断加剧等因素影响，全球经济增长或将继续放缓。在 4 月的《世界经济展望》中，IMF 预计 2022 年全球经济增速为 3.6%，明显低于 1 月 4.4%的预测值。全球经济对出口的拉动作用或将逐渐减弱。此外，随着境外疫情防控政策调整，东南亚等新兴经济体生产能力逐渐恢复，将对我国部分劳动密集型产品出口份额形成挤压。5 月，我国制造业 PMI 新出口订单指数为 46.2%，处于荣枯线以下，预示我国企业出口增速将继续放缓。不过，国务院办公厅于 5 月印发《关于推动外贸保稳提质的意见》，明确了加强外贸企业生产经营保障、推动跨境电商加快发展等多方面的优惠政策，将有助于出口稳定。6 月初召开的国务院常务会议强调用好《区域全面经济伙伴关系协定》等自贸协定，发挥好自贸试验区等作用。随着 RCEP 进程的持续推进，西部陆海新通道班列开行量保持较快增长，对东盟国家出口将继续提升；基于通胀压力，美国政府或取消部分对华关税。这些都有利于我国出口稳定。

（二）CPI 同比涨幅或维持小幅回升

食品价格同比涨幅或延续温和回升。首先，预计第三季度猪肉价格同比涨幅由负转正，推升食品价格同比涨幅扩大。在供给端，农业农村部最新数据显示，4 月，能繁母猪存栏量 4177 万头，是自上年 7 月开始下降以来的最低水平，连续 10 个月向正常保有量回调，意味着年中前后生猪出栏量将逐步减少，猪肉市场供给阶段性过剩局面有望得到改善。下半年随着供需关系调整，猪肉价格将开启上行周期，预计在低基期效应下，同比涨幅或由负转正。

其次，国内疫情防控取得成效，物流交通基本恢复，各地农产品生产运输回归正常，鲜菜、鲜果供应充足，预计鲜菜、鲜果价格将回归季节性波动，对食品价格拉动作用减弱。

最后，在俄乌冲突、国际粮荒等因素叠加下，国际粮食价格或维持高位，引致国内粮食价格略有回升。但我国主粮自给率高，且价格调控能力强，国内粮食价格上涨空间十分有限，对食品价格走势的影响很小。具体来看，稻米方面，政策性稻谷拍卖底价下调，引导拍卖成交大幅提升，有效增加市场粮源供应，加之气温升高、梅雨季临近抑制稻米存储需求，预计稻米价格以稳为主。小麦方面，中央和地方储备加大轮出力度，同时夏粮主产区麦收进展顺利，随着新小麦大批量上市，预计后期小麦价格将呈震荡偏弱态势。玉米方面，俄乌冲突将对玉米进口产生不利影响，加之国内汽油价格上涨，玉米运输成本增加，玉米价格或维持高位震荡。大豆方面，南美大豆减产已成定局，美国农业部 5 月供需月报预测巴西和阿根廷大豆比上年度明显减少，全球大豆供应趋紧，也将支撑国际大豆价格维持高位。

非食品价格同比涨幅或略有回升。在国际油价高位震荡，以及国内消费需求改善的背景下，非食品价格涨幅或小幅回升。一是受欧美对俄罗斯能源制裁升级等因素影响，近期布伦特原油期货结算价格已震荡上升至 120 美元/桶以上，国际油价中枢明显上移，将带动交通工具用燃料和水电燃料价格上涨，拉升非食品价格涨幅。二是随着局部疫情得到有效控制，接触式、聚集性服务行业将有所恢复，叠加促消费政策措施不断升级，生活用品及服务、教育文化和娱乐等消费需求有望进一步释放，对非食品价格形成支撑。三是受原材料价格持续高位影响，中下游行业的毛利已压缩至较低位置，其价格传导“缓冲垫”的作用有所削弱，工业品价格上涨向消费品价格传导可能加快，将在一定程度上拉动日常消费品价格上涨。不过，疫情反复加剧就业压力，城镇调查失业率逐月走高，叠加居民收入增长缓慢、债务压力较大、储蓄意愿提升等因素，将持续抑制居民服务需求增长，限制非食品价格上涨空间。

整体来看，猪肉价格逐渐上行，将带动食品价格同比涨幅继续温和抬升；非食品价格可能有所回升，但涨幅有限。预计 CPI 将继续维持温和上升态势，年内当月同比涨幅呈前低后高态势。

（三）PPI 同比涨幅或将继续回落

国际原油价格可能高位震荡后略有回落。从需求端看，受主要发达经济体货币政策收紧，以及俄乌冲突不断加剧等因素影响，全球经济增速可能有所放缓，将在一定程度上抑制原油需求增长。6 月，EIA《短期能源展望报告》预测 2022 年全球原油需求平均为 0.9963 亿桶/日，已较年初下调 89 万桶/日。不过，美国夏季出行高峰已全面开启，燃油需求升至历史新高；加之中国局部疫情得到控制，工业生产和交通出行限制逐步放宽，将在短期内提升原油需求。从供给端看，“OPEC+”国家决定将 9 月开启的增产计划提前至 7 月、8 月，且增产额提高至 64.8 万桶/日（原计划 43.2 万桶/日），石油供给有望改善。不过，在欧盟第六轮对俄罗斯制裁措施中，宣布立即禁止进口三分之二的俄罗斯原油，且到年底前削减达 90%，将在一定程度上拖累全球原油供给。此外，自 2021 年下半年以来，美国多次释放战略原油储备，目前库存已降至 1987 年以来最低水平，并计划秋季开始重启补库周期，或将进一步加剧全球原油供应偏紧局面。综合来看，短期内供应端偏紧格局仍将支撑原油价格维持高位震荡，但后期随着供需缺口的逐步收窄，国际原油价格或小幅回落。

随着供需关系的调整，其他大宗商品价格或将保持高位震荡。黑色金属方面，在供给端，虽然澳巴铁矿石发运量基本正常，但受俄乌冲突加剧、运输成本上涨等不利因素影响，铁矿石供应仍然偏紧，近期国内 45 个港口库存总量为 1.28 亿吨，已从今年最高点下降了 0.32 亿吨。在需求端，随着国内局部疫情得到控制，钢厂复工复产有序推进，支持铁矿石需求改善，铁矿石价格或将维持高位震荡。有色金属方面，在主要发达经济体货币政策收紧，以及全球经济增速放缓的背景下，有色金属需求或将减弱。不过，俄乌冲突带来部分有色金属出口受阻，同时智利、秘鲁铜矿生产问题频出，印度尼西亚宣布未来禁止铝土矿和锡出口，全球有色金属供给增长乏力。此外，考虑到 LME 铜、铝、锌、铅等库存处于历史低位，有色金属总体供给偏紧局面短期难有明显改善，价格仍将维持高位。

工业品价格将维持相对稳定。从需求端看，房地产投资增速可能维持低位，且企业出口面临下行压力；而随着稳增长一揽子政策措施落地，积极的财政政策将支撑基建投资增长加快，助企纾困政策也将带动制造业投资保持较高增速，有利于工业品需求逐渐企稳。

从供给端看，随着国内局部疫情得到控制，复工复产节奏加快，工业品供给将保持基本稳定。此外，“保供稳价”政策持续发力，煤矿优质产能进一步释放，将保障煤炭价格处于合理区间。同时，铁矿石“基石计划”落地，有助于提升铁矿石资源保障能力，稳定钢铁行业产品价格。综合来看，工业品需求和供给将逐步趋于平衡，价格上涨动能较弱。不过，国际能源价格维持高位，将继续对我国工业品生产带来输入性影响，对工业品价格走势可能产生一定冲击。

整体来看，国际大宗商品价格将维持高位震荡，对 PPI 涨幅的拉动作用或逐渐减弱；国内工业品供需两端有望趋于平衡，工业品价格将保持相对稳定。考虑到基数效应，预计 PPI 同比涨幅将会逐步回落，年内当月同比涨幅呈前高后低态势。

（四）价格趋势预测

预计 2022 年 CPI 涨幅在 2.2%左右。考虑到生猪供给增加逐步达到峰值，下半年猪肉价格对食品价格的拖累明显减弱，国际粮食价格上涨或小幅影响国内粮食价格。预计伴随疫情防控形势好转，服务需求将有所恢复；全年国际原油价格中枢升高，整体上非食品价格回升；年内 CPI 当月同比涨幅呈前低后高态势。

预计 2022 年 PPI 上涨 5.5%左右。国际原油等大宗商品价格或将维持高位震荡，但其对中上游工业品价格的拉升作用弱化。年内基建投资增长或加快，房地产投资或触底回升，国内工业品供需两端有望趋于平衡，中上游工业品价格将维持相对稳定，甚至小幅回落。考虑到基期因素，年内当月同比涨幅呈前高后低态势。

2022年第三季度　价格监测分析报告

一、总需求较弱，物价上涨动力不足

2022年7月、8月，我国经济继续恢复，规模以上工业增加值当月同比分别增长3.8%和4.2%；1—8月累计同比增长3.6%，比1—6月加快0.2个百分点。供给需求总体呈弱平衡态势，物价上涨动能不足。

（一）投资总体平稳

稳投资政策精准发力，投资关键作用得到发挥。今年1—8月，全国固定资产投资（不含农户）同比增长5.8%，比1—6月放缓0.3个百分点。其中，民间固定资产投资同比增长2.3%，比1—6月放缓1.2个百分点（见图1）。

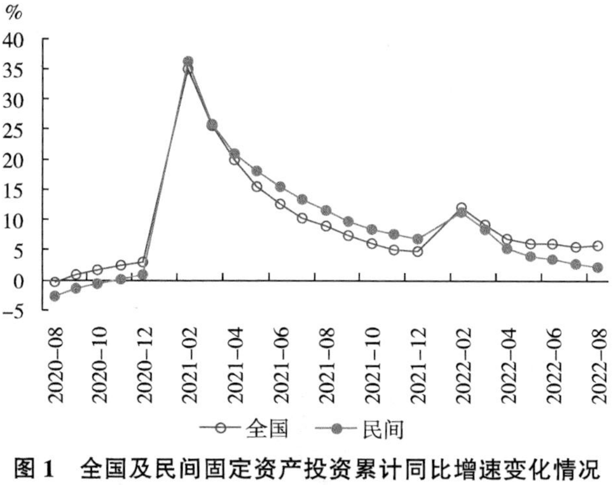

图1　全国及民间固定资产投资累计同比增速变化情况

（数据来源：Wind）

房地产开发投资降幅扩大。房地产开发景气指数继续下行。全国多数大中城市房价延续下跌态势，商品房销售面积和销售额持续大幅下滑，房地产开发企业到位资金降幅维持高位。土地购置面积和房屋新开工面积降幅加大，继续拖累房地产开发投资。1—8月，房地产开发企业到位资金同比下降25.0%，降幅比1—6月略收窄0.3个百分点。房地产开发投资同比下降7.4%，降幅较1—6月扩大2.0个百分点。

基建投资增长加快。基建投资是逆周期调控的重要抓手，政策支持力度持续加大，增量财政和金融政策工具对基建投资带动作用明显。各地适度超前开展基础设施投资，着力推进重大项目建设，更加注重民生领域补短板，推动基建投资增速连续4个月加快。1—8月，基础设施投资同比增长8.3%，比1—6月高1.2个百分点。其中，水利管理业、公共设施管理业投资分别增长15.0%、13.1%，增速均明显加快。制造业投资增速小幅放缓。

相关影响因素包括：制造业利润同比持续下降，且降幅有所扩大；制造业产能利用率连续回落；国内疫情反复和全球经济衰退预期上升；企业家信心和预期有所转弱。今年 1—8 月，制造业投资同比增长 10%，比 1—6 月低 0.4 个百分点。其中，高技术制造业增长 23%，今年以来增速均保持在 20%以上；制造业技改投资同比增长 12.1%，增速高于全部制造业投资 2.1 个百分点，支撑作用不断增强（见图 2）。

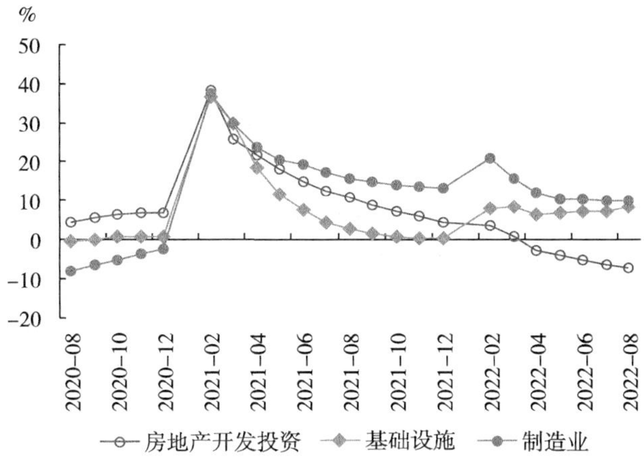

图 2　三个领域固定资产投资累计同比变化情况

（数据来源：Wind）

（二）消费整体偏弱

年初以来，全国疫情多地散发，防控压力加大，对餐饮和相关服务业消费抑制较为明显。以下因素共同导致消费整体偏弱：一是结构性失业率偏高、居民收入增速放缓，对居民消费信心和能力形成冲击。二是居民部门负债率总体较高，削弱经济下行期消费意愿。三是房地产市场大幅调整损害居住类消费。今年 1—8 月，社会消费品零售总额同比增长 0.5%，比 1—6 月回升 1.2 个百分点。其中，商品零售同比增长 1.1%，餐饮收入同比下降 5.0%（见图 3）。

（三）出口增速回落

受前期刺激政策退出和货币政策快速收紧等因素影响，发达经济体需求增长逐步放缓，我国出口增速有所回落。今年 1—8 月，美元计价的出口同比增长 13.5%，比 1—6 月低 0.5 个百分点。其中，对美国出口累计同比增长 12.2%，比 1—6 月低 3.6 个百分点；7 月、8 月，以美元计价的出口同比分别增长 18.0%和 7.1%（见图 4）。

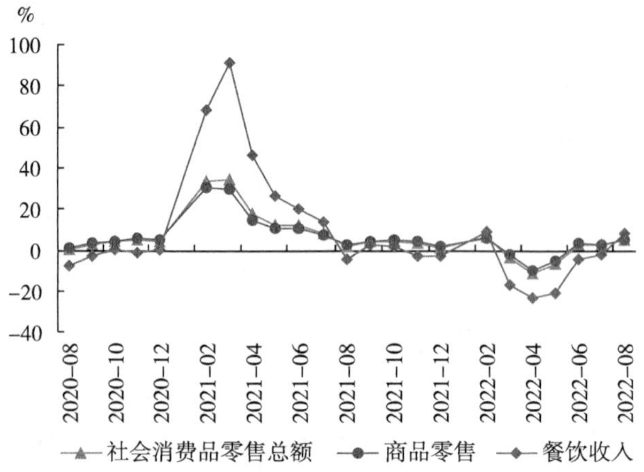

图 3　社会消费品零售总额及分项当月同比增速变化情况

（数据来源：Wind）

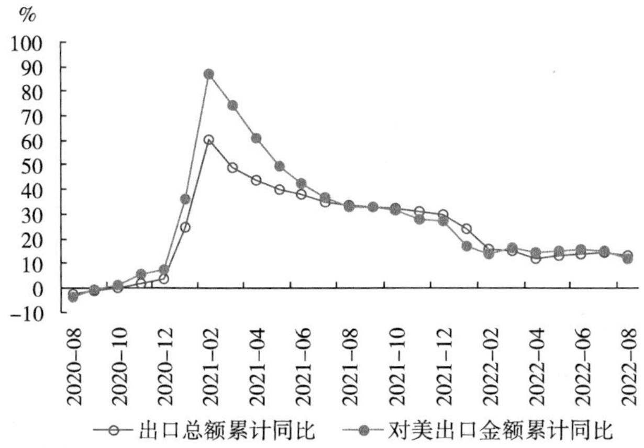

图 4　出口总额及对美出口金额累计同比变化情况

（数据来源：Wind）

二、CPI 涨幅有所回升，PPI 涨幅继续回落

我国物价走势总体温和，价格波动的主要原因在于结构性因素。猪肉、鲜菜价格上涨推高食品价格涨幅，燃料价格下调、服务需求偏弱拉低了非食品价格涨幅，CPI 涨幅有所回升。国际大宗商品价格震荡下跌，叠加煤炭等行业增产保供效果持续显现，钢铁、煤炭等行业需求偏弱，导致 PPI 同比涨幅继续放缓。

（一）食品价格推高 CPI 同比涨幅，核心 CPI 维持低位

7 月、8 月，CPI 环比分别上涨 0.5%和下跌 0.1%，同比分别上涨 2.7%和 2.5%。剔除食品和能源的核心 CPI 环比分别上涨 0.1%和持平，同比均上涨 0.8%。据测算，在 7 月、8 月 CPI 同比涨幅中，新涨价因素影响分别约为 1.8 个和 1.7 个百分点，翘尾因素影响分别约为 0.9 个和 0.8 个百分点（见图 5）。

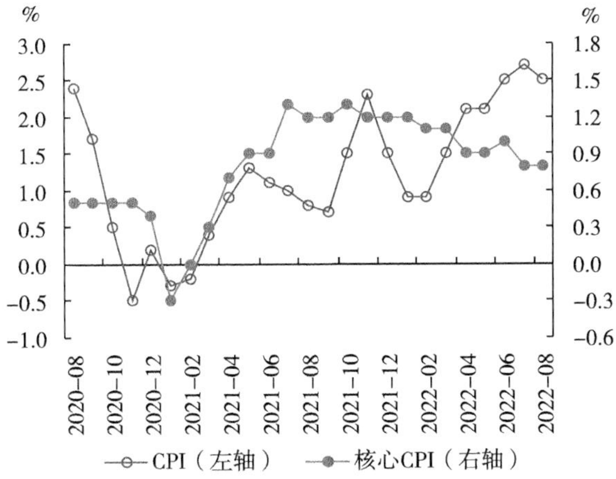

图 5　CPI 同比上涨情况

（数据来源：国家统计局）

食品价格分化，涨幅有所加快（见图 6）。7 月、8 月，食品价格环比分别上涨 3.0%和 0.5%；受基期因素影响，同比分别上涨 6.3%和 6.1%，而上年同期分别上涨-3.7%和-4.1%。其中，猪肉、鲜菜、鲜果、蛋类等食品价格涨幅有所分化。一是生猪产能去化、部分养殖户压栏惜售等因素，推动 7 月猪肉价格环比上涨 25.6%。随着生猪出栏恢复和猪肉需求季节性走弱，8 月猪肉价格环比涨幅放缓至 0.4%。叠加基期因素，7 月、8 月猪肉价格同比分别上涨 20.2%和 22.4%。二是高温天气扰动多地蔬菜生产供应，鲜菜价格涨幅冲高回落，7 月、8 月，环比分别上涨 10.3%和 2.0%，同比分别上涨 12.9%和 6.0%。三是鲜果大量上市，导致价格连续回落，7 月、8 月环比分别下跌 3.8%和 1.0%。四是鸡蛋价格季节性上涨，7 月、8 月环比涨幅分别为 0.3%和 3.1%，弱于 2017 年以来的历史同期水平（见图 7）。

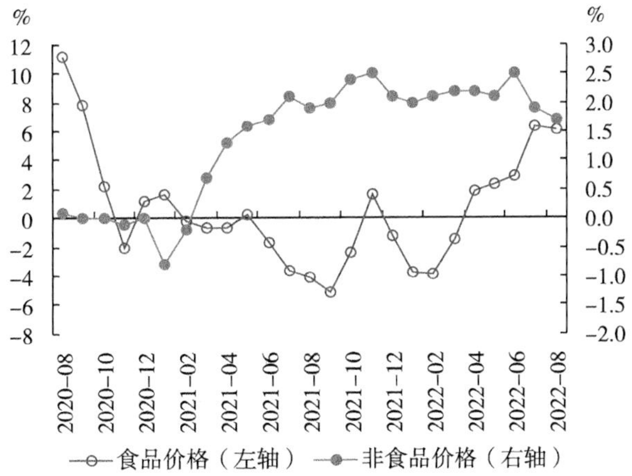

图 6　食品价格和非食品价格同比上涨情况

（数据来源：国家统计局）

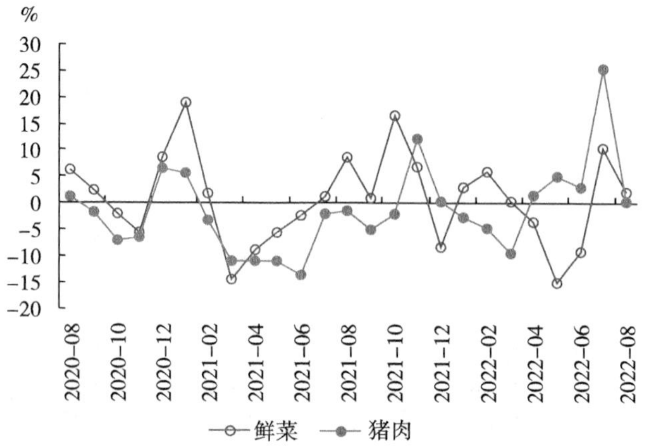

图7　鲜菜和猪肉价格环比变化情况

（数据来源：国家统计局）

燃料价格下调，服务需求偏弱，带动非食品价格涨幅回落（见图8）。7月、8月，非食品价格环比分别下跌0.1%和0.3%，同比分别上涨1.9%和1.7%。一是国际油价震荡下行，带动国内成品油等燃料价格连续下调。7月、8月，交通工具用燃料价格环比分别下跌3.3%和4.7%，水电燃料价格环比分别下跌0.1%和持平。二是受疫情多地散发的影响，旅游、家庭服务等需求普遍弱于近年同期水平。7月、8月，旅游价格环比分别上涨3.5%和下跌0.1%，涨幅分别比上年同期低3.8个和0.3个百分点；家庭服务价格环比均上涨0.1%，涨幅比上年同期均低0.1个百分点。三是家电、家具等消费品需求偏弱，价格涨幅有所放缓。7月、8月，家用器具价格环比分别上涨0.9%和下跌0.5%，同比分别上涨1.7%和1.3%。四是房地产市场景气度持续下滑，二手房转售为租增多，叠加疫情冲击，房租价格旺季偏冷，7月、8月环比分别上涨0.1%和持平，明显弱于0.3%左右的历史同期平均水平。

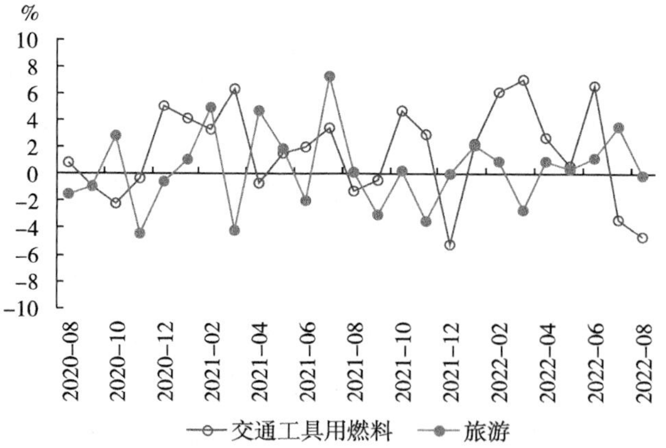

图8　部分非食品价格环比变化情况

（数据来源：国家统计局）

（二）国际大宗商品价格震荡下行，PPI 涨幅继续回落

7 月、8 月，PPI 环比分别下跌 1.3%和 1.2%，受基期因素影响，同比分别上涨 4.2%和 2.3%。其中，生产资料价格环比分别下跌 1.7%和 1.6%，同比分别上涨 5.0%和 2.4%。据测算，在 7 月、8 月 PPI 同比涨幅中，新涨价因素影响分别约为 1.0 个和−0.2 个百分点，翘尾因素影响分别约为 3.2 个和 2.5 个百分点（见图 9）。

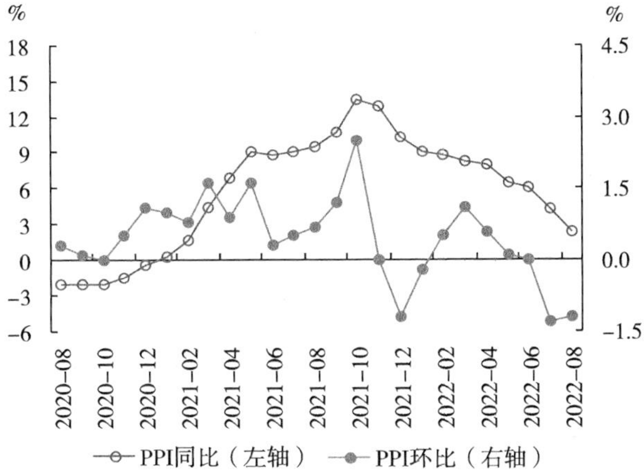

图 9　工业生产者出厂价格走势

（数据来源：国家统计局）

需求偏弱和供给保障，带动原材料价格回落。受固定资产投资增速放缓、工业品需求较弱、疫情冲击和季节性因素影响，钢铁、水泥、建材等原材料产品需求偏弱。同时，增产保供效果持续显现，煤炭供给维持较高增速。供需格局变化进一步推动了主要原材料价格持续回落。7 月、8 月，黑色金属冶炼和压延加工业价格环比分别下跌 6.2%和 4.1%，非金属矿物制品业价格环比分别下跌 1.9%和 1.0%，煤炭开采和洗选业价格环比分别下跌 2.1%和 4.3%。

国际大宗商品价格震荡下行，输入性通胀压力缓解。在供给端，除天然气、煤炭等能源品种外，乌克兰危机对全球原油、工业金属等品种供给冲击有所消退，包括俄罗斯在内的"OPEC+"原油产量持续超越乌克兰危机爆发前，市场投机情绪降温。在需求端，主要发达经济体央行保持较快的加息节奏，经济衰退压力不断增大，全球 PMI 综合指数跌破荣枯线，大宗商品需求有所下滑。此外，美元指数震荡上升，屡创 2002 年以来的历史新高，推动多数以美元标价的大宗商品价格震荡走跌。截至 9 月上旬，原油价格已跌破乌克兰危机前水平，伦敦金属交易所（LME）铜、铝、镍、锡等品种价格均有不同程度下跌。受国际大宗商品价格震荡下跌带动，国内相关行业价格连续回落。7 月、8 月，石油、煤炭及其他燃料加工业价格环比分别下跌 2.0%和 4.8%，有色金属冶炼和压延加工业价格环比分别下跌 6.0%和 2.0%。

三、预计全年 CPI 上涨 2.2%左右，PPI 上涨 4.8%左右

随着一系列稳增长政策措施落地见效，总需求将逐渐企稳回升，对价格水平影响较

小。未来价格波动主要受结构性因素影响。

(一) 总需求缓中企稳

1. 固定资产投资有望平稳增长

基建投资增长或持续加快。一是项目资金来源渠道增加。按照8月国务院常务会议的部署，在新设3000亿元政策性、开发性金融工具额度的基础上，再追加3000亿元以上额度，并可以根据实际需要扩大规模。9月召开的国务院常务会议决定“依法盘活地方2019年以来结存的5000多亿元专项债限额，70%各地留用，30%中央财政统筹分配并向成熟项目多的地区倾斜”，充裕的项目资金将为基建投资增长提供有力保障。二是县级传统基建投资扩容。7月，国家发展改革委、交通运输部联合印发《国家公路网规划》，总规模较2013年版的规划增加约6万公里，并特别强化了国家公路对中小城市和县城的连接覆盖，县域道路运输投资或将加快回升。三是新型城市建设和“新基建”项目投资将发挥带动作用。7月，住建部、国家发展改革委印发的《“十四五”全国城市基础设施建设规划》提出“加快新型城市基础设施建设，推进城市智慧化转型发展”，新型城市的基建项目有望继续带动投资增长。今年以来，国内加快布局新一代超算、云计算、人工智能平台、宽带基础网络等，有望继续带动基建投资增长。

不过，基建投资增速上升的空间有限。一是地方财政收支矛盾加大。受房地产市场低迷影响，土地出让金大幅下降，但助企纾困、防疫抗疫、稳就业保民生方面财政支出却不断加大，地方财政将持续制约基建投资增长。二是由于隐性债务监管趋严，加之自2022年起对专项债项目执行情况实施穿透式监管，地方政府为基建项目配套融资的意愿不强。

房地产投资增长或低位趋稳。一是LPR多次下调，带动房贷利率下行，有利于增强居民购买能力。年初以来，各地稳楼市政策陆续发布，全国已有超过250个省市优化调整政策，支持刚性和改善性住房需求。此外，在“保交楼”的政策背景下，大部分停工问题楼盘项目开始复工，有利于房地产需求企稳回升。二是相关政策支撑房地产企业投资意愿。8月31日召开的国务院常务会议提出“灵活运用阶段性信贷政策和保交楼专项借款”，相关政策有助于化解房地产企业流动性风险，支持房地产企业的合理融资需求。三是保障性租赁住房REITs有望撬动投资增长。8月，首批保障性租赁住房REITs正式发售，为我国保障性租赁住房创新投融资模式提供了可复制、可借鉴经验，未来将吸引更多社会资本参与，稳定房地产投资。

然而，一些因素仍将持续抑制房地产投资。一是房地产企业融资环境难有实质性改善。在“房住不炒”政策基调下，房地产市场低迷，信用风险持续暴露，房地产企业在融资端面临较大约束。二是土地成交量与新开工面积仍处于低位，后续土地购置费与建安投资对房地产投资支撑作用仍然偏弱。

制造业投资增速减缓。受利润下降和外需减弱等不利因素影响，年内制造业投资增速已呈现回落态势。一是制造业利润持续下滑。1—7月累计同比降幅扩大至12.6%，考虑到企业经营成本仍处于高位，企业投资意愿或将继续受到抑制。二是出口带动作用继续减弱。随着全球经济增速放缓，海外产业链逐步恢复，供需缺口进一步收窄，出口增速将继续放缓，将对相关出口制造业企业投资产生不利影响。三是疫情反弹不利于制造业投资增长。当前国内局部地区疫情仍有反弹风险，如果秋冬季节防控措施趋严，将对制造业投资增长产生一定影响。

以下因素将对制造业投资形成支撑。一是高技术产业投资保持较高增速。研发费用加计扣除比例提高等创新支持政策加码，将进一步提升高技术企业投资意愿，为制造业投资增长提供有力支撑。二是金融支持将推动技术改造投资增长加快。9 月 13 日召开的国务院常务会议决定“对制造业、社会服务领域和中小微企业、个体工商户等第四季度更新改造设备，支持银行以不高于 3. 2%利率投放中长期贷款，人民银行按贷款本金的 100%予以专项再贷款”，相关政策将有利于降低企业融资成本，支持技改投资持续增长。

2. 消费增长将延续缓慢恢复态势

随着传统消费旺季到来，促消费政策效果将进一步显现，消费有望持续缓慢上行。一是汽车消费或将延续增长态势。7 月 29 日召开的国务院常务会议提出“除个别地区外，限购地区要逐步增加汽车增量指标数量、放宽购车人员资格限制。打通二手车流通堵点。延续免征新能源汽车购置税政策”，相关限制的放宽以及优惠政策的延续有助于汽车消费延续增长态势。二是家电消费有望为消费增长提供一定支撑。7 月，商务部等部门印发《关于促进绿色智能家电消费若干措施的通知》，推出包括开展全国家电“以旧换新”活动、推进绿色智能家电下乡等在内的系列举措。随着国庆节和“双十一”网络促销日等消费旺季的到来，有利于家电消费恢复。

但考虑到居民收入增速、杠杆率、房地产市场等因素影响，年内消费增长空间有限。一是居民可支配收入增长偏慢。当前，全国人均可支配收入仍未恢复至疫情前水平，上半年实际增长 3. 0%，明显低于 2019 年 6. 5%的同期水平。二是居民杠杆率攀升。第二季度，居民杠杆率上升至 62. 3%的历史高位，将在一定程度上对消费形成挤出效应。三是受房地产销售持续低迷影响，家具、家电以及建筑装潢类商品消费需求仍将受到制约。

3. 出口增速将有所回落

全球经济增长动能明显减弱，加之东南亚等新兴经济体生产替代效应增强，我国出口在供需两端皆面临不利影响。一是外需下降的负面效应将逐步显现。随着全球主要经济体跟随美国进一步收紧货币政策，外需下行趋势仍将延续。IMF 在 7 月《世界经济展望》中预计 2022 年全球经济增速为 3. 2%，明显低于 4 月 3. 6%的预测值。8 月摩根大通全球综合 PMI 为 49. 3%，今年首次处于荣枯线以下。二是替代效应不利于我国出口增长。随着欧美发达经济体产能恢复，以及东南亚等新兴经济体生产替代效应增强，我国劳动密集型产品的外部需求将相对减少，对出口份额形成一定挤压。8 月，我国制造业 PMI 新出口订单指数为 48. 1%，仍处于荣枯线以下，预示我国企业出口增速或继续放缓。三是价格因素的支撑作用减弱。主要发达经济体货币政策收紧将带动全球通胀水平回落，出口商品价格增速将持续回落，对出口增长的价格支撑作用下降。

不过，仍有部分因素有助于缓解出口下行幅度。一是随着新一轮稳外贸政策落地显效，我国全产业链优势进一步显现，加之中欧班列开行量与货运量保持较快增长，对“一带一路”沿线国家和地区的出口将维持稳定增长态势。二是考虑到东盟国家整体经济较为稳健，生产需求仍然较为旺盛，叠加 RCEP 红利逐步释放，对东盟出口将保持增长态势。三是乌克兰危机以来，欧洲能源问题日益严峻，高耗能产品需求部分转移至我国，为我国出口增长提供一定支撑。

(二) CPI同比涨幅或温和上涨

1. 食品价格同比涨幅将维持高位

猪肉价格将保持温和上涨态势。目前猪肉价格已经开启上行周期，对CPI的影响已由年初的拖累转为拉升，但受产能优化、保供稳价等因素影响，价格进一步上涨空间有限。一是猪肉产能仍处于历史高位。目前猪肉产能去化程度不深，生猪供应仍然较为充足。根据农业农村部最新数据，6月生猪存栏量4.31亿头，仍处于历史相对高位。二是生猪养殖积极性恢复。随着猪肉价格逐步回升，生猪养殖利润大幅增加，9月初猪粮比价已回升至8.0以上，较年内最低点提高近4个百分点，有效提升生猪养殖积极性。7月，能繁母猪存栏量4298万头，已连续3个月回升。三是猪肉价格调控机制不断完善。为做好生猪市场保供稳价，国家发展改革委已经启动今年第二批中央猪肉储备投放工作，有利于增加猪肉供应，抑制猪肉价格上涨。短期内，随着天气转凉以及传统消费旺季来临，猪肉消费增加将对价格提供支撑。总体上，猪肉价格将继续温和上行，特别是在上年低基期效应影响下，同比涨幅仍将维持高位。

鲜菜、鲜果价格涨幅回落。高温等极端天气以及疫情多地散发，对蔬菜水果生长、储存、运输带来不利影响，供应端偏紧推动价格超季节性上涨。随着极端天气等不利影响逐步减弱，各地农产品生产运输回归正常，鲜菜、鲜果供应充足，预计价格将回归季节性波动，对食品价格拉动作用减弱。

粮食价格保持稳定。在俄罗斯和巴西粮食丰收、欧美帮助乌克兰出口囤积粮食的背景下，国际粮食价格高位回落，对我国粮食价格的影响将有所减弱。同时，尽管今年极端天气事件偏多，旱涝灾害较重，但夏粮和早稻实现了增产，且秋粮目前长势总体稳定，为稳定全年粮食生产奠定了较好基础，有利于国内粮食价格稳定。稻米方面，新季早籼稻产量和质量好于预期，收储主体、加工企业等收购积极性较高，农民短期内存在惜售心理，带动稻米价格小幅上涨。随着早稻收获全面完成，未来上市量将持续增加，稻谷市场供应会趋于宽松，预计国内稻米价格稳中有降。小麦方面，全国夏收小麦增产，市场粮源供应充足，各级储备库收购较为积极。受面粉处于消费淡季、价格走低等影响，制粉企业小麦采购量不大，小麦价格环比持平。随着面粉消费进入旺季，制粉企业将加大小麦采购，预计小麦价格以高位小幅波动为主。玉米方面，受高温多雨天气影响，储粮和运输成本有所增加，大部分持粮主体售粮积极，市场供应有所增加，玉米价格高位回落。短期内，玉米市场阶段性供大于求的局面仍将持续，国内玉米价格呈震荡下行趋势。大豆方面，在全球高温干旱等极端天气持续的背景下，近期国际大豆价格震荡加剧。但受全球经济增速放缓，以及美国大豆主产区迎来降雨等因素影响，未来国际大豆价格将呈现震荡偏弱走势。

2. 非食品价格同比涨幅将略有回落

受国际油价持续震荡调整、居民消费修复较慢影响，非食品价格同比涨幅将略有回落。一是受全球流动性收紧、美元持续高位，以及全球需求不断萎缩等因素影响，预计原油价格将维持震荡调整走势，将进一步拉低交通工具用燃料和水电燃料价格涨幅。二是消费复苏偏慢抑制非食品价格。居民收入增长缓慢、债务压力较大、储蓄意愿提升等因素将持续抑制消费需求恢复，加之8月开始疫情反弹地区增加，或将限制非食品价格上涨空间。随着促消费政策措施不断升级，叠加国庆消费旺季临近，教育文化和娱乐等消费需求有望进一步释放，短期内将对部分非食品价格形成支撑。

整体来看，在猪肉价格温和回升将带动食品价格同比涨幅维持高位、原油价格中枢下移有利于非食品价格逐渐回落影响下，预计 CPI 温和上行，年内当月同比涨幅将呈前低后高态势。

（三）PPI 同比涨幅或将继续回落

国际原油价格将维持震荡下行态势。一是需求走弱是油价下行的主要原因。全球经济增速持续放缓，将抑制原油需求增长。9 月，EIA 在《短期能源展望报告》中预测，2022 年全球原油需求平均为 0.9953 亿桶/日，将较年初下调 99 万桶/日。二是美元升值将限制原油价格。受美联储大幅快速加息影响，美元指数已升至 20 年以来高位。以美元结算的大宗商品价格持续承压，将推动原油价格继续回落。不过，国际原油供给受限，仍将抑制油价下行空间。一是“OPEC+”会议重启减产策略影响。9 月初，“OPEC+”国家决定 10 月减产 10 万桶/日，抵消了 9 月小幅增产额度，恢复到 8 月产量水平。二是欧美对俄罗斯原油进行制裁影响。目前，欧盟已经对俄罗斯实施了 7 轮制裁措施，并且正在就第 8 轮制裁方案进行磋商。美国宣布对俄罗斯海运原油禁令将会在今年 12 月 5 日开始生效，海运石油产品禁令会在明年 2 月 5 日生效。俄罗斯原油供给受到持续制约将拖累全球原油供给，影响国际原油价格。整体来看，在需求边际走弱、美联储加息、国际环境不稳定等因素影响下，原油价格仍面临下行压力，但考虑到供给增产受限等因素影响，油价大幅下行空间有限。

其他大宗商品价格或呈震荡偏弱走势。黑色金属方面，在供给端，澳巴铁矿石发运量基本正常，铁矿石供应整体较为宽松，近期国内 45 个港口库存总量为 1.37 亿吨，已从今年最低点回升了 0.11 亿吨。未来，随着海外主要矿山产量提升，澳巴发运速度有望达到年内高峰，铁矿石供给整体较为宽松。在需求端，随着钢材终端需求进入旺季，加之钢厂利润修复，铁矿石需求有望改善。受供需关系调整影响，铁矿石价格大概率延续震荡偏弱态势。有色金属方面，在全球经济增速放缓的背景下，有色金属需求持续下降，将继续推动价格震荡下行。受俄乌冲突持续、海外铜生产国扰动持续等因素影响，叠加 LME 铜、铝、锌、铅等库存持续处于历史低位，将对有色金属价格有所支撑。

工业品价格将维持相对稳定。从需求端看，在一系列稳增长政策措施带动下，基建投资将持续发力，制造业投资有望保持较高增速。同时，随着“保交楼、稳民生”政策实施，叠加降息政策逐步落地，房地产投资或将企稳，有利于工业品需求稳定。从供给端看，一是前期南方部分地区高温干旱，加之限电政策等不利因素，导致工业生产和产业链受到一定冲击。随着极端天气影响逐渐消退，工业生产加快恢复，产业链、供应链逐步打通，工业品供给将保持基本稳定。二是伴随煤炭保供政策持续发力，煤炭价格有望长期处于合理区间，降低了对中下游工业企业的生产冲击。三是受全球经济衰退预期增强，以及美元持续高位等因素影响，国际能源价格将震荡下行，对我国工业品生产的输入性影响有所减弱。综合来看，工业品需求和供给将逐步趋于平衡，价格上涨动能较弱。不过，近期疫情反弹地区增加，加之秋冬季节防控政策可能升级，将在一定程度上制约工业生产，不利于工业品价格稳定。

整体上，国际大宗商品价格将维持震荡下行，对 PPI 涨幅的拉动作用将逐渐减弱；国内工业品供需有望趋于平衡，工业品价格将保持相对稳定。考虑到高基数效应，预计 PPI 同比涨幅将有所回落，年内当月同比涨幅将呈前高后低态势。

（四）价格趋势预测

预计 2022 年 CPI 涨幅在 2.2%左右。短期内，猪肉价格温和回升，带动食品价格同比涨幅维持高位，将成为影响近期消费价格变动的主要因素。受产能优化、保供稳价等因素制约，猪肉价格大幅上涨空间有限。同时，受原油价格中枢下移及需求较弱影响，非食品价格将略有回落。应密切关注原油等国际大宗商品价格变动对国内价格的影响，分析国内经济恢复对价格的拉动作用。预计年内 CPI 当月同比涨幅将呈前低后高态势。

预计 2022 年 PPI 上涨 4.8%左右。国际原油、铁矿石等大宗商品价格或将震荡调整，对我国工业品价格拉升作用将明显弱化。考虑到年内基建投资增长，房地产投资趋稳，以及国内工业品供需平衡等因素影响，中上游工业品价格将维持相对稳定，甚至小幅回落。预计年内 PPI 当月同比涨幅将呈前高后低态势。

2022年第四季度　价格监测分析报告

一、总需求较弱，物价上涨动力不足

2022年10月、11月，我国经济总体运行在合理区间，规模以上工业增加值当月同比分别增长5.0%和2.2%；1—11月累计同比增长3.8%，比1—9月放缓0.1个百分点。供给需求总体呈弱平衡态势，物价整体上涨动力不足。

（一）投资平稳增长

稳投资政策精准发力，投资关键作用得到发挥。1—11月，全国固定资产投资（不含农户）同比增长5.3%，比1—9月放缓0.6个百分点。其中，民间固定资产投资同比增长1.1%，比1—9月放缓0.9个百分点（见图1）。

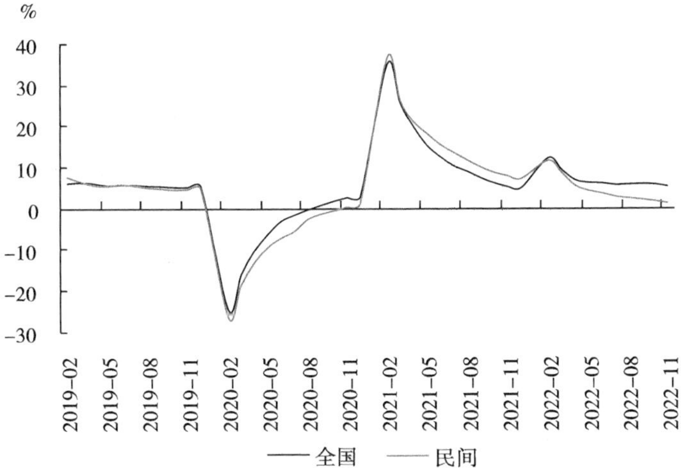

图1　全国及民间固定资产投资累计同比增速变化情况

（数据来源：Wind）

房地产开发投资降幅明显。房地产开发景气指数继续下行。全国多数大中城市房价延续下跌态势，商品房销售面积和销售额持续大幅下滑，房地产开发企业到位资金降幅有所扩大。土地购置面积和房屋新开工面积降幅维持高位，拖累房地产开发投资降幅扩大。今年1—11月，房地产开发企业到位资金同比下降25.7%，降幅比1—9月扩大1.2个百分点。房地产开发投资同比下降9.8%，降幅较1—9月扩大1.8个百分点。

基建投资增长较快。基建投资是逆周期调控的重要抓手，政策支持力度持续加大，增量财政和金融政策对基建投资带动作用明显。各地推动项目尽快开工建设，适度超前开展基础设施投资，加快布局新型基础设施建设，积极发挥重大项目牵引和政府投资撬动作用，加强薄弱领域补短板，有力支撑基础设施投资回升。1—11月，基础设施投资同比增长8.9%，比1—9月高0.3个百分点，连续7个月回升。其中，水利管理业投资增长14.1%，公共设施管理业投资增长11.6%，信息传输业投资增长8.7%，均维持了较高增速。

制造业投资增速小幅放缓。多重因素制约制造业投资：一是制造业利润同比持续下降，且降幅有所扩大；二是全球经济衰退风险加剧，外需快速下滑；三是国内疫情持续反复冲击；四是企业家信心和预期偏弱；五是自年初以来工业产能利用率连续处于低位，前三季度平均为75.5%，明显弱于上年同期和疫情前平均水平。今年1—11月，制造业投资同比增长9.3%，比1—9月低0.8个百分点。其中，高技术制造业增长23.0%，今年以来增速均保持在20%以上；制造业技改投资同比增长9.1%，增速较前期有所放缓（见图2）。

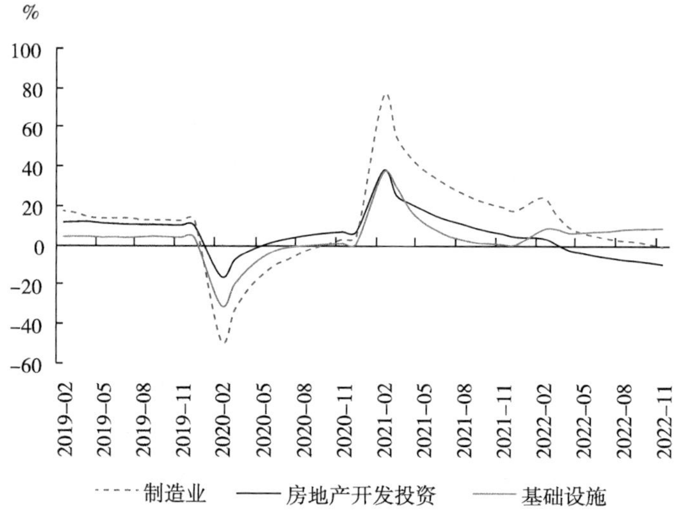

图2　三个领域固定资产投资累计同比变化情况

（数据来源：Wind）

（二）消费整体偏弱

受全国疫情多地散发影响，餐饮、住宿、文娱等接触式、聚集性消费受损较为明显。同时，以下因素加大了短期内提振消费的难度。一是结构性失业率偏高和居民收入增速放缓，对居民消费信心和能力造成冲击；二是居民部门负债率总体较高，削弱居民消费意愿；三是房地产市场大幅调整拖累居住类消费。

今年1—11月，社会消费品零售总额累计同比下降0.1%，比1—9月增速放缓0.8个百分点。其中，商品零售同比增长0.5%，餐饮收入同比下降5.4%。10月、11月，社会消费品零售总额当月同比分别下降0.5%和5.9%（见图3）。

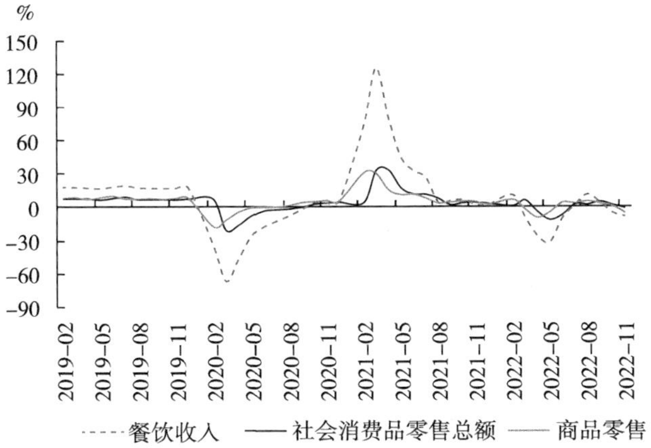

图 3　社会消费品零售总额及分项当月同比增速变化情况

（数据来源：Wind）

（三）出口快速下降

受持续紧缩货币政策和高通胀影响，发达经济体商品需求继续回落，对我国商品需求下降。疫情扩散对国内部分地区工业生产、物流运输等供应环节带来扰动，对出口也造成损害。1—11 月，以美元计价的出口累计同比增长 9.1%，比 1—9 月低 3.4 个百分点。10 月、11 月，以美元计价的出口额当月同比分别下降 0.3%和 8.7%，呈快速下降态势；其中，对美国出口同比分别下降 12.6%和 25.4%，对欧盟出口同比分别下降 9.0%和 10.6%，对日本出口同比分别增长 3.8%和下降 5.6%（见图 4）。

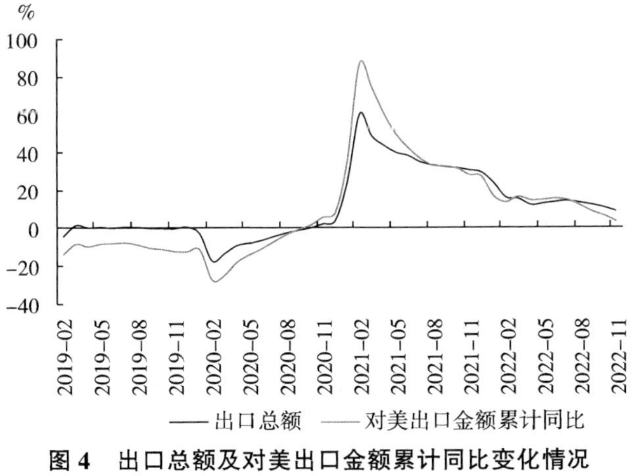

图 4　出口总额及对美出口金额累计同比变化情况

（数据来源：Wind）

二、CPI 涨幅放缓，PPI 同比进入负值区间

2022 年 10 月、11 月，我国物价总体回落，结构性因素导致 CPI、PPI 走势继续分化。猪肉价格由涨转跌、鲜菜价格连续下跌，带动食品价格涨幅放缓。家用器具价格回落，叠加服务需求不足，拉低非食品价格涨幅，CPI 涨幅连续放缓。国际大宗商品价格震荡加

大，多数中上游产品价格弱势运行，叠加上年高基数影响，PPI 同比涨幅进入负值区间。

（一）食品价格拉低 CPI 涨幅，核心 CPI 维持低位

10 月、11 月，CPI 环比分别上涨 0.1%和下跌 0.2%，同比分别上涨 2.1%和 1.6%。剔除食品和能源的核心 CPI 环比分别上涨 0.1%和下跌 0.2%，同比均上涨 0.6%。据测算，在 10 月、11 月 CPI 同比涨幅中，新涨价因素影响分别约为 2.0 个和 1.9 个百分点，翘尾因素影响分别约为 0.1 个和−0.3 个百分点（见图 5）。

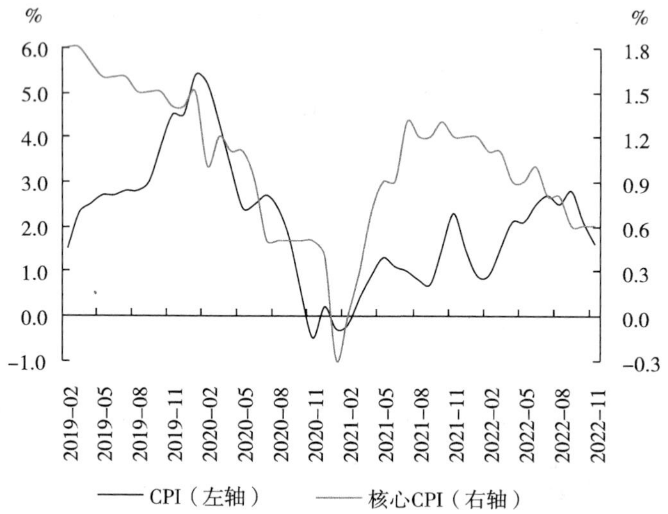

图 5　CPI 同比上涨情况

（数据来源：国家统计局）

食品价格走势分化，涨幅有所回落（见图 6）。10 月、11 月，食品价格环比分别上涨 0.1%和下跌 0.8%，受基期因素影响，同比分别上涨 7.0%和 3.7%。其中，猪肉、鲜菜、鲜果、蛋类等食品价格涨幅有所分化。一是受生猪生产周期、短期压栏惜售和猪肉消费旺季等因素影响，10 月猪肉价格环比涨幅扩大至 9.4%。随着中央储备猪肉投放工作继续开展，生猪供给持续增加，猪肉价格由涨转跌，11 月环比下跌 0.7%。叠加基期因素，10 月、11 月猪肉价格同比分别上涨 51.8%和 34.4%。二是鲜菜因天气条件较好供应充足，价格连续回落，10 月、11 月环比分别下跌 4.5%和 8.3%，同比分别下跌 8.1%和 21.2%。三是受近期鸡蛋产能处于低位和饲料价格持续走高影响，蛋类价格连续上涨，10 月、11 月环比分别上涨 2.2%和 1.3%。四是水产品大量上市，价格同步回落，10 月、11 月环比分别下跌 2.3%和 1.1%（见图 7）。

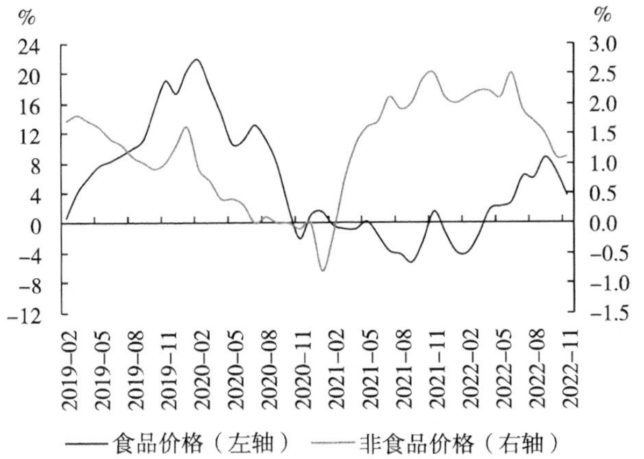

图 6　食品价格和非食品价格同比上涨情况

（数据来源：国家统计局）

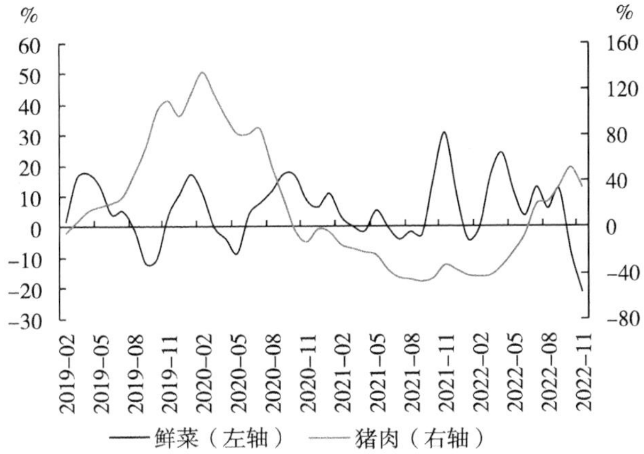

图 7　鲜菜和猪肉价格同比变化情况

（数据来源：国家统计局）

家用器具价格回落，服务需求偏弱，拉低非食品价格涨幅。10 月、11 月，非食品价格环比涨幅均为 0，低于上半年 0.3%的均值；同比涨幅均为 1.1%，较 6 月 2.5%的高点明显回落。一是国际油价持续震荡，带动国内成品油等燃料价格两次上调和一次下调，受月末调整传导滞后的影响，10 月、11 月，交通工具用燃料价格环比分别下跌 1.1%和上涨 2.0%，水电燃料价格环比分别上涨 0.1%和 0.3%。二是受原材料价格回落和消费需求偏弱的影响，家电、家具等消费品价格涨幅放缓。10 月、11 月，家用器具价格环比分别上涨 0.2%和下跌 1.3%，同比分别上涨 1.1%和 0.1%，较上半年 1.9%的均值明显回落。三是 11 月多地疫情扩散，服务价格走弱，家庭服务价格环比由 10 月上涨 0.1%转为 11 月持平，其他用品和服务价格环比由 10 月上涨 0.4%转为 11 月下跌 0.1%，旅游价格环比由 10 月上涨 0.8%转为 11 月下跌 2.1%。四是房地产市场景气度持续下滑，二手房转售为租增多，叠加疫情对就业的冲击，房租价格持续低迷，10 月、11 月环比分别下跌 0.1% 和 0.2%（见图 8）。

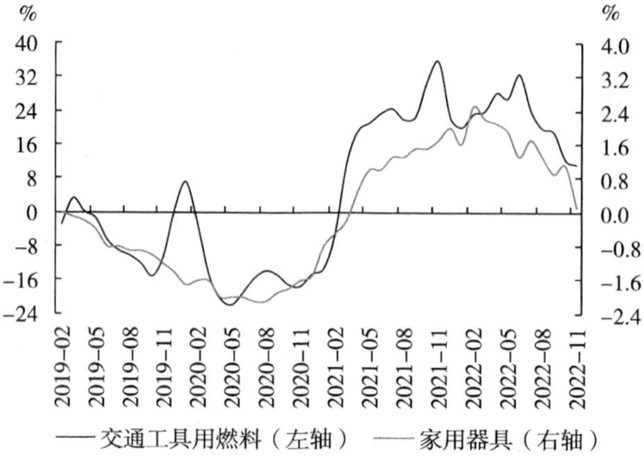

图 8　部分非食品价格同比变化情况

（数据来源：国家统计局）

（二）需求偏弱和高基数，导致 PPI 涨幅连续回落

10 月、11 月，PPI 环比分别上涨 0.2%和 0.1%，受基期因素影响，同比均下跌 1.3%。其中，生产资料价格环比分别上涨 0.1%和持平，同比分别下跌 2.5%和 2.3%。据测算，在 10 月、11 月 PPI 同比变化中，新涨价因素影响均约为−0.1 个百分点，翘尾因素影响均约为−1.2 个百分点（见图 9）。

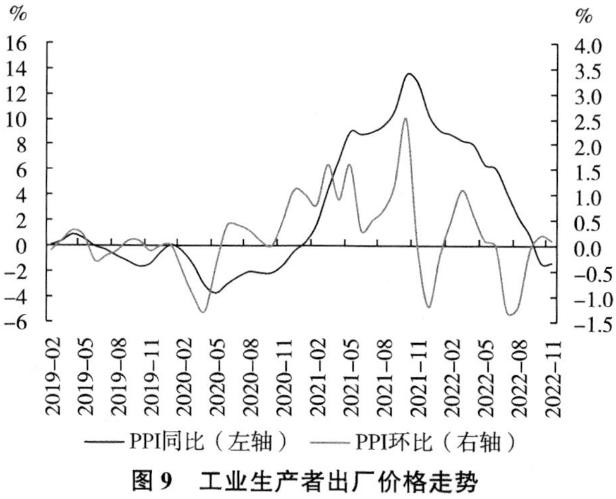

图 9　工业生产者出厂价格走势

（数据来源：国家统计局）

需求偏弱，多数中上游产品价格弱势运行。受固定资产投资增速放缓、出口需求快速下降、疫情冲击加大等因素影响，多数中上游产品需求偏弱。从重点行业看，冬季储煤需求提升，但保供政策增加供给，限制了煤价的上涨动力，10 月、11 月煤炭开采和洗选业价格环比分别上涨 3.0%和 0.9%。水泥价格自 9 月起进入传统销售旺季，叠加基建投资加速，环比跌幅收窄并转为上涨，11 月受疫情冲击涨幅有所回落；10 月、11 月，非金属矿物制品业价格环比分别上涨 0.6%和 0.4%。钢铁和化工需求持续偏弱，10 月、11 月，黑色金属冶炼和压延加工业价格环比分别下跌 0.4%和 1.9%，化学纤维制造业价格环比分别

下跌 0.7%和 2.2%。

国际大宗商品价格震荡加大，对国内相关行业价格带来扰动。需求端，主要发达经济体央行继续大幅加息，经济持续减速，摩根大通全球综合 PMI 指数连续 4 个月低于荣枯线，大宗商品需求减弱，价格面临下行压力。供给端，受地缘政治等因素影响，原油供给存在诸多不确定因素。10 月初“OPEC+”宣布两年来最大的减产举措，支撑原油价格明显反弹，但 10 月下旬，美国再次大规模释放战略原油储备，带动原油价格再度走弱。工业金属供给普遍改善，对价格支撑力度偏弱。此外，美元指数快速冲高至 10 月中旬，随后见顶震荡下行，推动伦敦金属交易所（LME）工业金属等多数大宗商品价格先走跌后反弹。国际大宗商品价格震荡加大，对国内相关行业价格运行带来扰动。10 月、11 月，石油加工炼焦及核燃料加工业价格环比分别下跌 0.6%和上涨 0.2%，有色金属冶炼和压延加工业价格环比分别下跌 0.1%和上涨 0.7%。

三、预计明年 CPI 上涨 2%左右，PPI 下降 0.5%左右

随着稳增长政策力度加大以及疫情防控措施优化，总需求将持续向正常水平回归，供需维持大体平衡，对物价整体走势影响有限，未来价格波动仍将主要受结构性因素影响。

（一）总需求将逐步企稳回升

固定资产投资或稳中有升。一是基建投资增长有望保持上升态势。在资金来源方面，中央经济工作会议强调，着力扩大国内需求，要通过政府投资和政策激励有效带动全社会投资。2023 年地方债提前批额度已下达，专项债发行和使用进度前置，将继续为基建投资增长提供充裕财政资金。同时，专项债用作项目资本金比例上升，投资撬动有所加大。在项目建设方面，中共中央、国务院印发的《扩大内需战略规划纲要（2022—2035 年）》强调优化投资结构，拓展投资空间，对扩大有效投资作了具体部署，包括加大制造业投资支持力度、持续推进重点领域补短板投资、系统布局新型基础设施等。项目储备增加，重大项目建设加快推进，将继续带动基建投资增长。不过，地方隐性债务严监管将持续限制资金来源渠道。同时，考虑到财政支出继续向民生领域倾斜，仍将对传统基建类支出形成一定挤压，不利于基建投资增长。

二是房地产投资增长将逐步企稳。房地产政策力度加大，政策效果逐步显现，将有效保障房地产市场平稳发展。供给侧，“三支箭”（信贷、债券、股权）满足行业合理融资需求，有效防范化解优质头部房企风险，改善房企资产负债状况。随着一系列金融支持政策落地生效，房企融资环境明显改善，有利于房地产投资企稳回升。此外，在党的二十大报告中再次强调“加快建立多主体供给、多渠道保障、租购并举的住房制度”，保障性租赁住房的建设发展将进一步加快，为房地产投资提供新的增长点。需求侧，房贷利率下调，保交楼，因城施策，放松限购、首套房认定标准，降低首付比例等政策，有利于支持刚性和改善性住房需求。11 月 22 日，国务院常务会议提出“推进保交楼专项借款尽快全面落到项目，激励商业银行新发放保交楼贷款，加快项目建设和交付”。随着“保交楼”政策的深入推进，停工、半停工项目逐步开始复工并交付，建安投资将逐步回升。不过，受房价预期偏弱、居民收入恢复缓慢、居民部门杠杆率偏高等因素影响，居民住房需求短期内难有显著改善，销售低迷仍将抑制房地产投资意愿。此外，从第三轮集中供地情况

看，重点100城土地成交面积同比继续回落，后续土地购置费下降仍将拖累房地产投资。

三是制造业投资增速或有所减缓。今年以来，制造业利润明显回落，1—10月累计同比降幅扩大至13.4%，叠加国内终端需求恢复偏慢、企业成本仍然较高等因素影响，制造业企业投资意愿或将继续受到抑制。此外，随着全球经济衰退迹象愈加明显，外需大幅减弱将导致明年出口订单继续减少，相关出口制造业企业投资增长或进一步放缓。不过，11月工业和信息化部等部门发文提出“修订《工业企业技术改造升级投资指南》，实施工业企业技术改造升级导向计划，引导企业开展新一轮技术改造和设备更新投资”，加之国务院常务会议强调“引导金融机构按市场化原则增加制造业中长期贷款，促进制造业升级发展”，技术改造投资有望保持较高增速。10月，国家发展改革委等部门联合印发《关于以制造业为重点促进外资扩增量稳存量提质量的若干政策措施》，着力解决外商投资企业面临的突出问题，有利于制造业外商投资扩大。

消费增长有望企稳回升。疫后经济重启，就业形势改善，居民积累的超额储蓄和抑制的消费需求逐步释放，商品和服务消费将明显反弹。中央经济工作会议提出，把恢复和扩大消费摆在优先位置，改善消费条件，创新消费场景，多渠道增加城乡居民收入，有助于增强居民消费能力和意愿。近期，国务院联防联控机制综合组发布《关于进一步优化落实新冠肺炎疫情防控措施的通知》，各地积极落实优化防控措施，保障居民正常生产生活秩序，叠加元旦、春节传统消费旺季影响，有助于餐饮、旅游等线下消费有序恢复。随着“保交楼”政策落地实施，家具家电、建筑装潢等需求将持续释放，支持地产相关消费需求改善。此外，11月，工业和信息化部等部门发布《关于巩固回升向好趋势加力振作工业经济的通知》，提出“进一步扩大汽车消费，落实好2.0升及以下排量乘用车阶段性减半征收购置税、新能源汽车免征购置税延续等优惠政策，启动公共领域车辆全面电动化城市试点”，汽车消费有望延续良好增长态势。不过，居民可支配收入增长依旧缓慢，前三季度全国居民可支配收入实际增长3.2%，明显低于2019年6.1%的同期水平，加之第三季度居民杠杆率达到62.4%的历史新高，将持续制约消费修复空间。此外，疫情防控政策优化初期，居民出于安全考虑，将自发减少外出和跨区域流动，短期内不利于消费需求恢复。

出口增速或延续下行趋势。需求端，受欧美发达经济体货币政策收紧以及乌克兰危机等因素影响，全球经济增长将继续放缓，外需回落将持续抑制出口增长。IMF在10月的《世界经济展望》中预计2023年全球经济增速放缓至2.7%，比7月预测低0.2个百分点；11月摩根大通全球综合PMI为48%。供给端，随着能源约束对海外供应链冲击的缓和，欧洲工业生产受制约程度逐步减弱，我国出口订单将在一定程度上有所外流。11月，我国制造业PMI新出口订单指数为46.7%，仍处于荣枯线以下，预示出口增速将继续放缓。不过，随着中国—东盟自贸区3.0版谈判启动，叠加RCEP红利持续释放，中国与东盟贸易的潜力和活力有望进一步释放，为外贸增长提供一定支撑。此外，在数字化贸易体系逐步完善的背景下，我国跨境电子商务综合试验区再次扩围，数量已达165个，外贸新模式新业态发展将为我国出口提供新助力。

（二）CPI同比涨幅或温和企稳

食品价格同比涨幅将冲高回落。首先，预计猪肉价格短期仍有上涨动能，但在明年第二季度逐步见顶回落后，对食品价格同比涨幅的拉动作用减弱。供给端，受猪肉价格维持高位影响，养殖利润大幅增加，生猪产能加快修复。根据农业农村部最新数据，9 月，生猪存栏量 4.44 亿头，较上一季度环比上涨 3.1%，已连续两个季度上涨；10 月，能繁母猪存栏量 4379 万头，环比上涨 0.4%，已连续 6 个月回升。先行指标的变化预示明年第二季度猪肉市场供给偏紧局面有望得到改善。消费端，随着全国大范围降温，南方腌腊消费陆续启动，猪肉消费进入旺季，叠加元旦、春节集中备货开启，将带动猪肉消费回升。综合来看，短期内需求回升与供给偏紧格局仍将支撑猪肉价格上行，但随着猪肉供给持续改善，预计价格在明年第二季度见顶，并缓步开启下行周期，全年呈现前高后低态势。

其次，受全球经济增长放缓以及乌克兰黑海粮食协议延期等因素影响，国际粮食价格持续回落，对我国粮价影响有所减弱。同时，2022 年我国粮食产量稳中有增，连续 8 年保持在 1.3 万亿斤以上，国内粮食整体供给和库存充足，为粮价稳定提供坚实支撑。稻米方面，随着中晚稻进入上市高峰，新稻品质较上市初期有所好转，市场主体积极入市采购补库，预计中晚稻价格稳中偏强运行。小麦方面，随着国内小麦价格有所上涨，持粮主体惜售情绪有所缓解，市场流通的小麦供应量将有所增加，同时面粉市场消费回暖，面企开机率上升，小麦需求增加，小麦价格或将维持高位震荡态势。玉米方面，随着疫情防控政策的调整，基层购销活跃度增强，农户售粮积极性有所增强，但玉米种植成本上升，以及下游生猪等养殖利润明显提高等因素，将在一定程度上支撑玉米价格，预计价格将维持高位震荡。大豆方面，美国大豆收获进入后期，国际市场供给增加，南美大豆陆续播种，面积预期增加，丰产前景良好。不过，受阿根廷干旱风险加剧，叠加中国需求预期好转等因素影响，国际大豆价格仍将高位震荡运行。

非食品价格同比涨幅或低位企稳。在国际油价震荡走低，以及居民消费恢复偏慢的背景下，预计非食品价格同比涨幅短期仍将维持低位，但随着疫情影响减弱，有望逐步触底企稳。一是受全球需求收缩、美元持续高位等影响，近期布伦特原油期货结算价格已震荡下行至 80 美元/桶左右，国际油价中枢持续下移，将带动交通工具用燃料和水电燃料价格回落。二是居民收入增长偏慢、债务压力较大等因素，仍将持续抑制居民服务需求增长，加之疫情防控放松初期，居民自发减少接触式、聚集性消费，将在一段时间内限制非食品价格上涨空间。三是随着上游工业品价格持续回落，中下游行业成本压力减小，受价格传导作用影响，日常消费品价格面临下行压力，将在一定程度上拖累非食品价格涨幅。不过，伴随疫情影响逐步减弱以及防控政策不断优化，传统服务需求将加快恢复，叠加促消费政策措施不断升级，生活用品及服务、教育文化和娱乐等消费需求有望持续释放，对非食品价格形成支撑。

整体来看，受猪肉价格逐渐见顶回落影响，食品价格同比涨幅将逐步回落；非食品价格同比涨幅短期仍将在低位震荡，后期随着疫情形势好转开始企稳回升。预计明年 CPI 将维持温和上涨态势，全年当月同比涨幅呈前高后低态势。

（三）PPI 同比涨幅将维持低位

国际原油价格将小幅回落。从需求端看，在主要发达经济体货币政策收紧以及乌克兰危机持续的背景下，全球经济增速持续放缓，将继续抑制原油需求增长。近期，高盛发布的《2023 年全球宏观展望》预计 2023 年全球经济增长率仅为 1.8%；12 月的 EIA《短期能源展望报告》，预测 2023 年全球原油需求平均为 1.0082 亿桶/日，较上月下调

16 万桶/日。从供给端看，近期召开的“OPEC+”会议决定，继续维持 200 万桶/日的减产政策至 2023 年底，国际原油供给仍面临较强限制。当前，欧盟对俄罗斯原油的禁令已经开始实施，并将在明年 2 月扩大至石油产品的进口；同时，G7 国家和澳大利亚推出“限价令”，针对价格高于 60 美元/桶的原油不再提供航运、保险和金融服务，欧美制裁措施不断加码可能导致俄罗斯大幅减产。此外，受劳动力短缺、原材料价格上升、设备供应不足等因素影响，美国页岩油生产恢复缓慢，加之新井挖掘支出面临债务约束，美国原油增产空间有限。综合来看，全球需求持续走弱仍将推动原油价格中枢下行，但考虑到供给受限等支撑因素，国际油价回落空间较小。

随着供需关系的调整，其他大宗商品价格或呈震荡偏弱走势。黑色金属方面，供给端，淡水河谷、力拓等四大主流矿山面临年末冲量，且按照明年生产计划，铁矿石供应有望稳定增长；同时，印度出口关税调整后，非主流矿产量也将有所好转，海外铁矿石供给整体较为宽松。需求端，随着国内疫情防控措施优化以及宏观经济持续复苏，钢厂生产积极性将有所改善，支持铁矿石需求逐渐回升。不过，受钢厂亏损周期延长、国内疫情存在反复等不利因素影响，短期内铁矿石需求仍面临下行压力，价格或呈震荡偏弱态势。有色金属方面，在主要发达经济体货币政策收紧，以及全球经济增速放缓的背景下，有色金属需求或继续减弱。不过，在乌克兰危机持续加剧的背景下，部分有色金属仍面临出口受阻，加之欧洲电价仍处于高位，欧洲铝锌冶炼厂复产程度有限，全球有色金属供给难有明显改善。此外，LME 铜、铝、锌、铅等库存处于历史偏低位置。总体来看，需求将成为决定价格的主导因素，有色金属价格或延续震荡偏弱态势。

工业品价格将维持相对稳定。从需求端看，虽然制造业投资增速将有所减缓，且出口仍然面临下行压力，但随着稳增长政策不断升级，积极的财政政策将支撑基建投资增长，房企融资政策调整也将驱动房地产投资企稳，工业品需求将温和改善。从供给端看，在国内疫情政策持续优化的背景下，工业生产将逐渐恢复正常，工业品供给将保持基本稳定。同时，“保供稳价”政策持续发力，优质煤矿产能加快释放，加之煤炭长协新定价机制作用，有助于煤炭价格处于合理区间。综合来看，工业品需求和供给有望逐步趋于平衡，工业品价格将维持基本稳定。不过，防疫政策调整初期，疫情影响反弹可能对工业生产造成一定冲击，在短期内推高工业品价格。

整体来看，国际大宗商品价格将呈震荡偏弱走势，对 PPI 涨幅的拉动作用逐渐减弱；国内工业品供需两端有望趋于平衡，工业品价格将保持相对稳定。考虑到基数效应，预计明年 PPI 同比涨幅将维持低位，全年当月同比涨幅呈前低后高态势。

（四）价格趋势预测

预计 2023 年 CPI 涨幅在 2%左右。猪肉价格短期内仍有上涨动能，但随着生猪供给偏紧局面逐步改善，预计在明年第二季度见顶回落，对食品价格同比涨幅的拉动作用减弱。受国际油价中枢下移、消费需求恢复偏慢等因素影响，非食品价格同比涨幅将维持低位，后期随着服务需求恢复，价格有望触底企稳。预计全年 CPI 当月同比涨幅呈前高后低态势。

预计 2023 年 PPI 同比下降 0.5%左右。国际原油、铁矿石等大宗商品价格将呈震荡偏弱走势，对中上游工业品价格的拉动作用减弱。受工业需求与供给恢复影响，国内工业品供需有望趋于平衡，推动工业品价格保持相对稳定。预计全年 PPI 当月同比增速呈前低后高态势。

附件：首席经济学家宏观经济形势座谈会观点综述

2022 年 12 月 15 日，研究局召开第四季度首席经济学家宏观经济形势座谈会。与会专家认为，2023 年全球经济将持续低迷，美国货币政策转向时间和节奏难定。明年我国经济运行总体回升。其中，消费将逐步恢复到略低于疫情前水平，投资增长趋稳，出口负增长。物价水平将维持总体基本稳定。我国疫情防控政策放开，上半年对生产、消费、就业产生负向冲击，下半年复苏态势较好。房地产政策效果显现，但居民购房需求尚难释放，房企信心不足，制约房地产市场复苏，同时需警惕房企债务违约和区域财政金融风险。

一、国际经济形势

2023 年，全球经济将持续低迷，欧美经济将大概率陷入衰退。欧洲金融风险较大。美联储货币政策预计将于 2023 年转向，时间和节奏难定。

二、国内经济形势

（一）预计 2023 年 GDP 增长 5%左右。消费将逐步恢复到略低于疫情前水平，并成为明年经济增长的主要驱动力；投资增长趋稳，其中房地产投资将逐步企稳，基建投资增速相对稳定，制造业投资有所放缓；出口负增长。

（二）物价水平总体稳定，不会对货币政策形成制约。预计 2023 年 CPI 上涨 1.5%～2.3%，PPI 涨幅为-0.5%～1%。随着中国经济复苏、美联储暂停加息或开始降息，人民币汇率将逐步回升。

三、关注点

（一）疫情防控政策优化，经济增速、就业将先降后升。从海外经验看，一是疫情防控放开会带来 1～2 个季度瞬时冲击，GDP 增速放缓。二是居民边际消费倾向需要半年到一年时间恢复，耐用品、非耐用品消费复苏先于服务消费。三是劳动力供给、劳动生产率增速、劳动参与率及工作时间等短期内难以恢复至疫情前水平。

（二）房地产政策效果显现，平稳复苏仍面临约束。房地产政策力度加大，有效改善房企资产负债状况，提振购房意愿和信心。但居民购房需求尚难释放，房企信心不足，制约房地产市场复苏，需警惕房企债务违约和区域财政金融风险叠加。

四、政策建议

一是货币政策先“宽松”后“中性”，发挥政策性金融工具作用。二是财政政策加力提效，进一步扩大赤字规模，提高资金使用效率。三是优化房地产调控政策，着力释放合理购房需求。四是进一步扩大内需，提振消费。五是落实“两个毫不动摇”，支持民营企业恢复发展。

2023年第一季度 价格监测分析报告

一、供给需求趋于平衡，物价总体稳定

2023年1—2月，我国经济企稳回升，总需求恢复向好。工业生产恢复加快，规模以上工业增加值累计同比增长2.4%，比2022年12月加快1.1个百分点。供给需求总体平衡，为物价稳定奠定了基础。

（一）投资稳定增长

稳投资政策精准发力，投资延续稳定增长态势。1—2月，全国固定资产投资（不含农户）同比增长5.5%，比2022年全年高0.4个百分点。其中，民间固定资产投资同比增长0.8%，比2022年全年放缓0.1个百分点（见图1）。

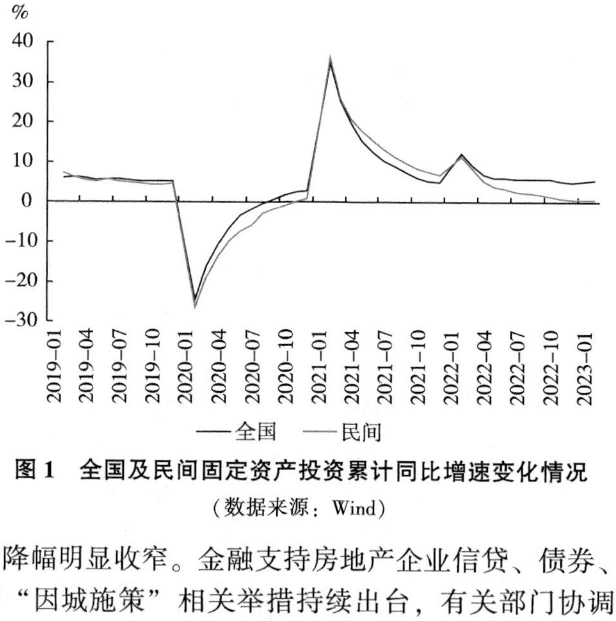

图1 全国及民间固定资产投资累计同比增速变化情况

（数据来源：Wind）

房地产开发投资降幅明显收窄。金融支持房地产企业信贷、债券、股权合理融资政策陆续发布，地方政府“因城施策”相关举措持续出台，有关部门协调推进“保交楼”工作，政策累积效应逐步显现，叠加房贷利率降至历史低位，推动一二线楼市有所回暖，房地产开发投资降幅显著收窄。1—2月，全国商品房销售面积同比下降3.6%，降幅比2022年全年收窄20.7个百分点；房地产开发企业到位资金下降15.2%，降幅比2022年全年收窄10.7个百分点。房地产开发投资同比下降5.7%，降幅比2022年全年收窄4.3个百分点。

基建投资稳定增长。基建投资是稳投资的重要着力点。财政和金融支持政策持续发力，地方政府专项债加速发行和尽快使用，推动实物工作量加快形成。各地适度超前开展

基础设施投资，重大项目数量充足且加速开工。民生补短板领域投资增势良好。1—2 月，基础设施投资同比增长 9.0%，增速比全部固定资产投资高 3.5 个百分点。其中，电力、热力、燃气及水的生产和供应业投资同比增长 25.4%，铁路运输业投资增长 17.8%，公共设施管理业投资增长 11.2%。

制造业投资增速小幅放缓。受外需大幅下滑、制造业利润同比持续下降、工业产能利用率低于上年同期和疫情前三年平均水平、企业预期有所波动等因素制约，制造业投资增速延续小幅放缓态势。1—2 月，制造业投资同比增长 8.1%，比 2022 年全年低 1.0 个百分点。不过，制造业内部投资结构继续优化，产业升级态势比较明显。1—2 月，高技术制造业投资增长 16.2%，其中医疗仪器设备及仪器仪表制造业、电子及通信设备制造业投资分别增长 21.3%、20.5%（见图 2）。

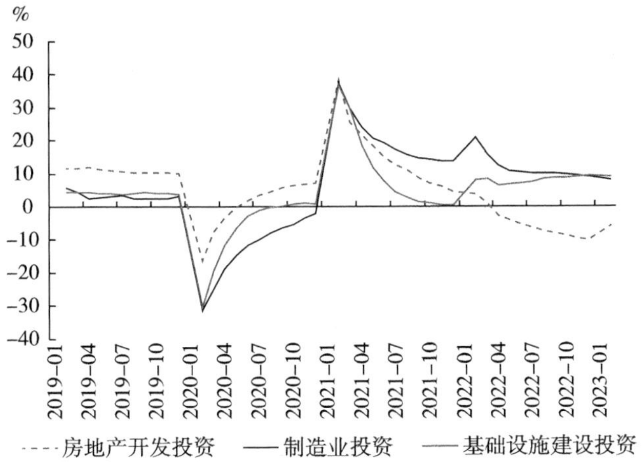

图 2　三个领域固定资产投资累计同比变化情况

（数据来源：Wind）

（二）消费增速由负转正

随着疫情冲击逐步消退，各地区各部门积极推动消费市场有序恢复，促消费政策持续发力。商品零售和餐饮等服务消费明显回升，接触式、出行类服务消费快速回暖（见图 3）。1—2 月，社会消费品零售总额同比增长 3.5%，扭转了 2022 年 10 月以来连续三个月下降的趋势，在上年同期较高基数基础上持续恢复。其中，1—2 月，商品零售额同比增长 2.9%，增速比 2022 年全年加快 2.4 个百分点；全国餐饮收入同比增长 9.2%，而 2022 年全年下降 6.3%。今年春节假期期间，国内旅游出行达 3 亿人次，同比增长 23.1%，已恢复至 2019 年同期的近九成。

总体来看，1—2 月消费市场运行恢复态势较好，但居民消费能力和信心有待恢复，居民消费意愿有待增强，消费条件还需提升改善，消费市场恢复基础仍需巩固。

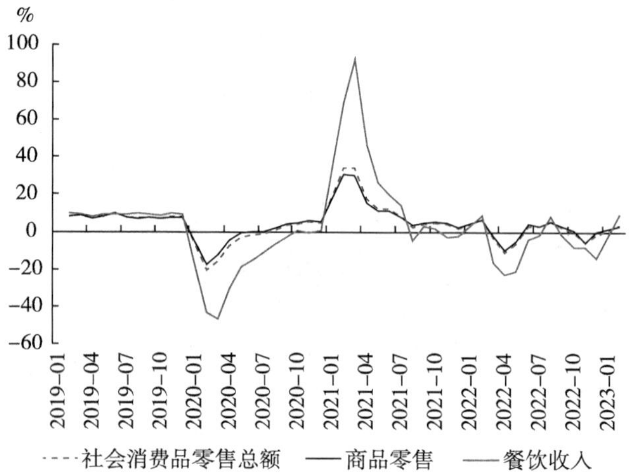

图3　社会消费品零售总额及分项当月同比增速变化情况

（数据来源：Wind）

（三）出口降幅略有收窄

受主要经济体持续紧缩货币政策和高通胀等因素影响，发达经济体商品需求总体呈回落态势，全球商品贸易增速放缓，我国出口形势较为严峻。自2022年10月起，以美元计价的出口额当月同比持续下降，且降幅连续两个月明显扩大。在上年同期高基数的基础上，我国出口同比下降6.8%，降幅比2022年12月当月收窄3.1个百分点，比2022年全年放缓13.8个百分点。

从主要出口国家和地区看，1—2月，我国对美国、欧盟、日本出口同比分别下降21.8%、12.2%、1.3%，比2022年全年分别放缓23.0个、20.8个、5.7个百分点；对东盟出口同比增长9.0%，比2022年全年放缓8.7个百分点（见图4）。

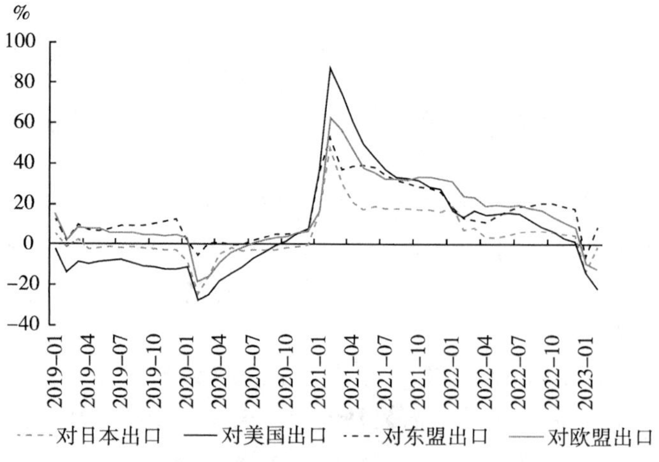

图4　对主要国家和地区出口累计同比变化情况

（数据来源：Wind）

二、春节因素推动 CPI 涨幅先升后降，高基数导致 PPI 同比跌幅加深

1 月、2 月，我国物价总体稳定，结构性因素导致 CPI、PPI 走势继续分化。受春节假期影响，大部分鲜活食品价格先涨后跌，猪肉价格降幅节后扩大，叠加服务需求先增后减，共同推动 CPI 涨幅先升后降。国际大宗商品价格持续震荡，多数原材料价格止跌企稳，但受上年高基数影响，PPI 同比跌幅有所加深。

（一）食品价格变化主导 CPI 涨幅，核心 CPI 维持低位

1 月、2 月，CPI 环比分别上涨 0.8%和下跌 0.5%，同比分别上涨 2.1%和 1.0%。剔除食品和能源的核心 CPI 环比分别上涨 0.4%和下跌 0.2%，同比分别上涨 1.0%和 0.6%。据测算，在 1 月、2 月 CPI 同比涨幅中，新涨价因素影响分别约为 0.8 个和 0.3 个百分点，翘尾因素影响分别约为 1.3 个和 0.7 个百分点（见图 5）。

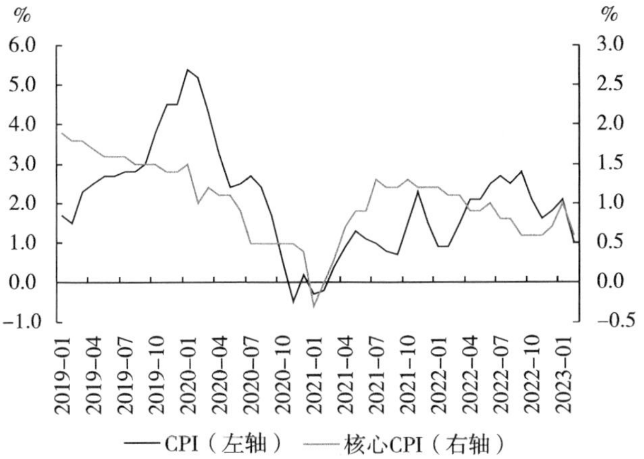

图 5　CPI 同比上涨情况

（数据来源：国家统计局）

春节因素导致食品价格涨幅先升后降（见图 6）。1 月、2 月，食品价格环比分别上涨 2.8%和下跌 2.0%，受基期因素影响，同比分别上涨 6.2%和 2.6%。其中，鲜菜、鲜果、水产品、猪肉、粮食等食品价格涨幅有所分化。一是受春节效应和天气转暖供给充足等季节性因素影响，大部分鲜活食品价格先涨后跌。1 月鲜菜、鲜果、水产品价格环比分别上涨 19.6%、9.2%、5.5%，2 月环比分别下跌 4.4%、1.2%、1.5%。二是生猪供给持续增加，猪肉价格连续下跌，春节后跌幅有所扩大。1 月、2 月环比分别下跌 10.8%和 11.4%，同比分别上涨 11.8%和 3.9%。三是粮食、食用油等食品价格基本稳定。1 月、2 月，粮食价格环比分别持平和上涨 0.1%，食用油价格环比分别下跌 0.7%和 0.1%（见图 7）。

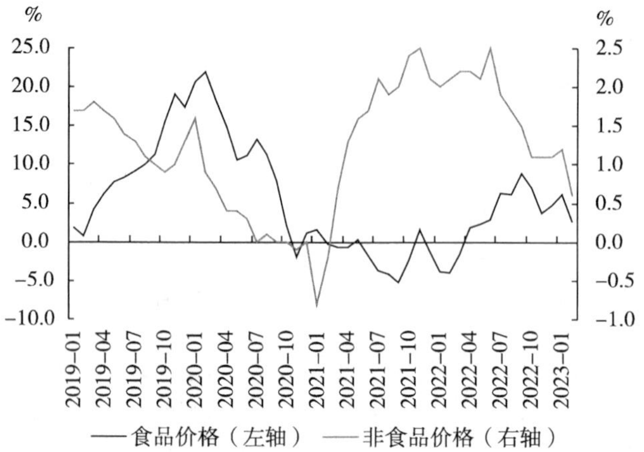

图 6　食品价格和非食品价格同比上涨情况

（数据来源：国家统计局）

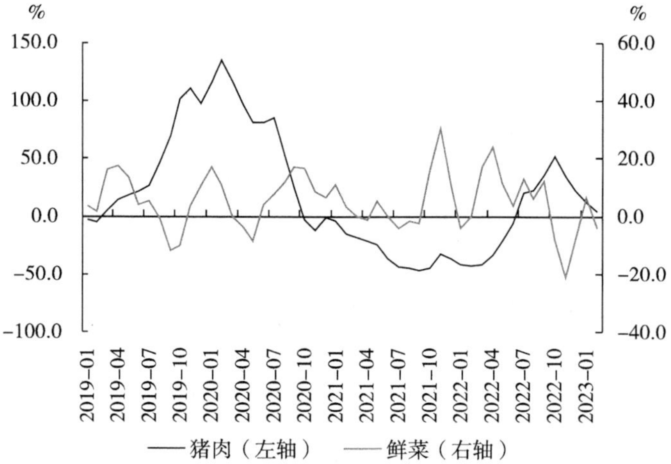

图 7　鲜菜和猪肉价格同比变化情况

（数据来源：国家统计局）

服务需求变化带动非食品价格先涨后跌。1 月、2 月，非食品价格环比分别上涨 0. 3%和下跌 0. 2%，同比分别上涨 1. 2%和 0. 6%。一是春节因素导致部分服务需求波动较大，节前务工人员返乡及服务需求增加，家政服务、宠物服务、美发等价格均有所上涨，涨幅位于 3. 8%~5. 6%；节后服务需求减少，家政服务、宠物服务、美发等各类服务价格下跌 1. 7%~5. 6%。二是随着疫情防控政策优化调整，出行和文娱消费需求大幅增加，春节后有所回落。1 月飞机票、交通工具租赁费和旅游价格分别上涨 20. 3%、13. 0%、9. 3%，2 月分别下降 12. 0%、9. 5%、6. 5%。三是自 2022 年 12 月下旬以来，国际油价持续震荡，带动国内成品油价频繁调整。受调整时滞影响，1 月、2 月，交通工具用燃料价格环比分别下跌 2. 3%和上涨 1. 0%，水电燃料价格环比分别上涨 0. 1%和持平。四是受原材料价格上涨压力减弱影响，家电、家具等消费品价格涨幅收窄。1 月、2 月，家用器具价格环比分别上涨 0. 2%和持平。五是一二线城市房地产市场景气度企稳，叠加疫情影响消退、经济逐步向正常化恢复，房租价格由跌转涨，1 月、2 月环比分别下跌 0. 1%和上涨 0. 3%

（见图 8）。

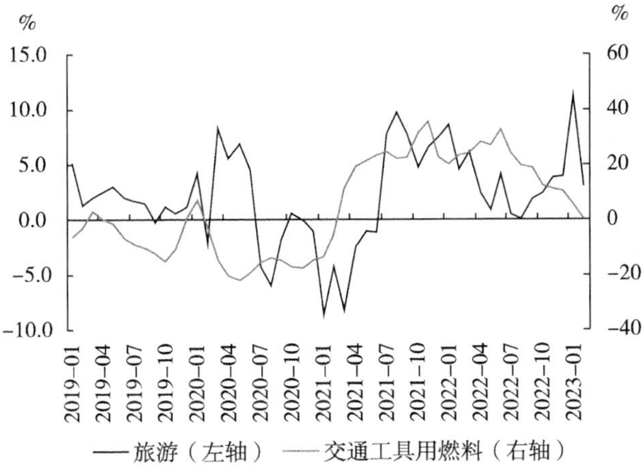

图 8　部分非食品价格同比变化情况

（数据来源：国家统计局）

（二）国际大宗商品价格扰动叠加高基数，PPI 跌幅加深

1 月、2 月，PPI 环比分别下跌 0.4%和持平，受基期因素影响，同比分别下跌 0.8%和 1.4%。其中，生产资料价格环比分别下跌 0.5%和上涨 0.1%，同比分别下跌 1.4%和 2.0%。据测算，在 1 月、2 月 PPI 同比变化中，新涨价因素影响分别约为-0.4 个和-0.5 个百分点，翘尾因素影响分别约为-0.4 个和-0.9 个百分点（见图 9）。

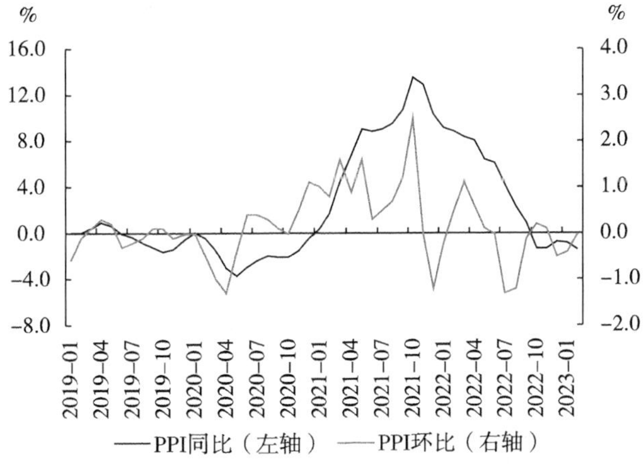

图 9　工业生产者出厂价格走势

（数据来源：国家统计局）

多数原材料产品价格企稳回升。从重点行业看，前期钢价下跌幅度较大，疫情防控政策优化推动企业预期好转，叠加季节性回暖，钢价环比连续上涨。1 月、2 月，黑色金属冶炼和压延加工业价格环比分别上涨 1.5%和 1.7%，黑色金属矿采选业价格环比分别上涨 3.4%和 3.9%。化工行业需求回升，价格止跌企稳。1 月、2 月，化学纤维制造业价格环比分别下跌 0.1%和上涨 1.4%；化学原料及化学制品制造业价格环比分别下跌 1.3%和持

平。另外，煤炭生产和供应稳定，采暖用煤需求随气温回升走弱，工业用煤需求较上年同期偏弱，重点港口煤炭库存较前三年历史同期偏高，煤炭价格下行。1月、2月，煤炭开采和洗选业价格环比分别下跌0.5%和2.2%。

国际大宗商品价格持续震荡，对国内相关行业价格带来扰动。多空因素交织，原油价格持续震荡。从压制油价的因素看，主要是央行持续大幅加息，全球经济存在衰退风险，抑制原油需求；美欧等西方国家对俄罗斯原油出口实施60美元/桶的限价，对油价上涨有所制约。从支撑油价的因素看，俄罗斯将削减原油产量50万桶/日，“OPEC+”减产200万桶/日，市场预期原油供给总体偏紧；全球原油库存位于近5年低位，对油价的支撑力度增强。OPEC（欧佩克）、IEA（国际能源署）、EIA（美国能源署）等机构预计，2023年全球原油需求将延续增长态势。受多空因素交织影响，1—2月，布伦特原油价格基本运行在80~88美元/桶，截至2月底，布伦特原油期货结算价格为83.89美元/桶，较年初上涨1.79美元/桶。

工业金属价格有所分化。供给偏紧、需求弹性较强的品种价格有所上涨，需求弹性较弱的品种价格震荡下跌。1—2月，受美元指数先下跌再反弹影响，伦敦金属交易所（LME）工业金属价格普遍先涨后跌。截至2月底，铜、锌、铝、铅、镍价格较年初分别上涨7.2%、2.3%、-0.7%、-8.1%、-16.8%。

国际大宗商品价格持续震荡，对国内相关行业价格运行带来扰动。1月、2月，石油加工炼焦及核燃料加工业价格环比分别下跌3.2%和上涨0.6%，有色金属冶炼和压延加工业价格环比分别持平和上涨1.0%。

三、预计全年CPI上涨2%左右，PPI下降0.9%左右

随着疫情防控较快平稳转段，稳经济政策效果持续显现，市场预期加快好转，总需求有望保持企稳回升态势，对物价整体走势影响有限，未来价格仍将主要受结构性因素影响。

（一）总需求将企稳回升

固定资产投资或延续回升态势。一是基建投资增速或维持高位。资金来源方面，2023年《政府工作报告》提出赤字率拟按3%安排，高于上年0.2个百分点，并拟安排地方政府专项债券3.8万亿元，鼓励和吸引更多民间资本参与国家重大工程和补短板项目建设，将为基建投资增长提供充裕的资金支持。同时，受新增专项债额度提前下达影响，专项债发行和使用进度明显前置，加之项目资本金范围不断扩大，将有效撬动基建投资增长。项目建设方面，中央一号文件提出，将持续加强水利基础设施建设，大力发展现代设施农业，改善乡村基础设施和公共服务，有利于农村基建投资增长。中共中央、国务院印发《数字中国建设整体布局规划》，提出要加快5G网络与千兆光网协同建设，深入推进IPv6规模部署和应用，“新基建”项目持续发力将为基建投资提供支撑。此外，财政部提出“2023年要强化政府投资对全社会投资的引导带动”，“加快实施‘十四五’重大工程，加强交通、能源、水利、农业、信息等基础设施建设”，将支持传统基建项目投资增长。不过，地方隐性债务严格管控，土地出让金收入明显下降，导致地方财政收支矛盾加大，叠加财政支出继续向养老、教育、医疗等民生领域倾斜，基建投资增长空间受到一定抑制。

二是房地产投资将逐步企稳。随着房地产政策在供需两端协同发力，政策效果持续显现，房地产市场有望稳步复苏。从供给侧看，为支持房地产市场平稳健康发展，民营企业债券融资支持工具（“第二支箭”）支持范围继续拓展，房企融资环境将持续改善；同时，证监会宣布启动不动产私募投资基金试点工作，中基协发布《不动产私募投资基金试点备案指引（试行）》，明确为存量商品住宅项目保交楼、建设保障性住房和市场化租赁住房等提供新的融资渠道。此外，人民银行、原银保监会发布《关于金融支持住房租赁市场发展的意见（征求意见稿）》，将有效拓宽住房租赁市场多元化投融资渠道，引导各类社会资金有序投资住房租赁领域，为房地产投资提供新的增长点。从需求侧看，保交楼、优化限购限售、放松公积金贷款、发放购房补贴等政策持续发力，实施首套住房贷款利率政策动态调整、鼓励现房销售等利好政策加力，居民刚性住房需求和改善性住房需求将继续释放。不过，受全面推行“预供地”制度等因素影响，土地供地节奏放缓，成交规模延续低位，土地购置费下降仍将制约房地产投资增长。此外，今年房企到期债务规模较大，集中偿债压力增加，将在一定程度上抑制房企投资意愿。

三是制造业投资有望保持稳定增长。受优惠政策延续以及企业预期改善等因素影响，制造业企业设备更新改造以及扩大生产积极性提高，将支持制造业投资持续增长。2 月召开的国务院常务会议强调“已出台的稳经济一揽子政策和接续措施中的一些减税降费政策仍有发挥效应的空间，要深入抓好落实”。随着减税降费等政策措施延续以及下游消费需求持续修复，制造业企业预期明显改善，2 月我国制造业 PMI 生产指数为 56.7%，较 2022 年末大幅回升 12.1 个百分点，预示制造业投资有望持续增长。此外，中共中央、国务院印发《质量强国建设纲要》，提出“加快传统制造业技术迭代和质量升级，推动制造业高端化、智能化、绿色化发展”；国家发展改革委也组织开展了 2023 年制造业中长期贷款备选项目申报工作，明确重点支持传统产业数字化转型等领域，技术改造投资有望保持较快增长。不过，2022 年制造业利润同比下降 13.4%，上年同期为同比上升 31.6%，考虑到企业经营成本仍然偏高，制造业投资增长空间将受到一定制约。此外，外需增长持续放缓，出口订单下滑，也将对出口相关制造业企业投资产生不利影响。

消费增长将延续恢复态势。随着疫情影响消退与经济持续复苏，居民消费信心逐渐恢复，前期积累的预防性储蓄有望释放，加之消费政策效果显现，消费增速或稳步回升。2023 年《政府工作报告》提出“把恢复和扩大消费摆在优先位置”“推动餐饮、文化、旅游、体育等生活服务消费恢复”。随着社会生产生活秩序逐步恢复正常，接触式、聚集性的传统消费将加快恢复，为消费增长提供有力支撑。中央一号文件提出“全面推进县域商业体系建设，加快完善县乡村电子商务和快递物流配送体系”，消费环境改善与物流服务水平提升，有利于农村消费需求加速释放。此外，1 月召开的国务院常务会议提出“推动扩消费政策全面落地，合理增加消费信贷，组织开展丰富多样的促消费活动”，促消费政策措施升级将推动消费需求持续改善。不过，2022 年全国居民人均可支配收入实际同比增长 2.9%，明显低于 2019 年 5.8%的水平，加之青年失业率仍处于高位（18.1%），居民杠杆率依然较高（61.9%），将持续制约消费修复空间。

出口增长面临下行压力。受主要发达经济体货币政策收紧、部分银行经营风险暴露、逆全球化以及俄乌冲突持续等因素影响，全球经济增长或持续放缓，国际贸易增长或继续降速。1 月，世界银行在《全球经济展望》中预计 2023 年全球经济增速将放缓至 1.7%，较2022年6月下调1.3个百分点，处于近30年来全球经济年度增幅较低水平。此外，欧美发达经济体货币政策收紧，将带动全球通胀水平下行，价格因素对出口的支撑作用继续减小，出口商品价格增速将持续回落。不过，今年以来，铁路部门对中欧班列国内段运输实行扩编增吨，中欧班列货运量保持较快增长，对“一带一路”沿线国家的出口将维持稳定增长态势。1月，财政部等部门发布《关于跨境电子商务出口退运商品税收政策的公告》，跨境电商企业出口退运成本降低，有利于跨境电商出口增长。

（二）CPI同比涨幅或温和回升

食品价格将保持低位震荡。首先，预计猪肉价格涨幅有限，对食品价格同比涨幅的拉动作用较弱。供给端，根据农业农村部最新数据，2022年末生猪存栏量高达4.53亿头，同比增长0.7%，是2014年以来的最高水平；1月，能繁母猪存栏量4367万头，相当于正常保有量的106.5%。受前期产能持续修复影响，生猪供应量仍处于高位，猪肉供给将保持相对宽松。不过，2022年下半年的二次育肥库存已接近清理完毕，将对猪肉供给造成一定影响。消费端，随着社会经济活动全面恢复，国内餐饮、旅游市场持续修复，叠加学校等团体需求回升，猪肉消费或将有所回升。此外，考虑到全国平均猪粮比价仍处于二级预警区间，中央冻猪肉储备工作仍有可能再次启动，将对猪肉价格形成一定支撑。综合来看，受猪肉供需两端同时改善影响，猪肉价格上涨空间有限，或维持低位震荡。

其次，受全球经济增长放缓、小麦产量丰收以及黑海协议有望继续延长等因素影响，国际粮食价格持续回落，对我国粮价影响将有所减弱。具体来看，稻米方面，随着新冠疫情影响消退，餐饮、旅游等行业较上年同期明显改善，市场对今年经济形势的预期较为乐观，超市、餐饮、贸易商等市场主体大米采购意愿增强，预计稻米价格稳中偏强。小麦方面，随着政策性小麦持续投放市场，后期小麦供应将有所增加，同时消费需求复苏带动小麦市场购销活跃，预计国内小麦价格以稳为主。玉米方面，随着近期气温回升，东北产区进入新季玉米备耕期，持粮农户有变现需求，市场供应宽松，不过2022年末生猪存栏创历史新高，猪饲料消费将维持高位，同时深加工企业补库需求也将拉动玉米工业消费，预计价格将在高位偏弱运行。大豆方面，尽管受不利天气影响，阿根廷大豆产量减少，但巴西大豆产量仍将保持明显增幅，全球大豆供应充足，预计国际大豆价格高位震荡运行。

非食品价格或企稳回升。在国际油价震荡走低以及居民消费恢复偏慢的背景下，预计非食品价格同比涨幅短期仍将维持低位，但随着消费逐步回暖，有望温和回升。一是受全球经济增速放缓、银行经营风险上升等影响，近期布伦特原油期货结算价格震荡下行至80美元/桶以下，明显低于上年同期水平，将拖累交通工具用燃料和水电燃料价格同比涨幅。二是疫后“疤痕效应”仍将抑制居民消费复苏进度，居民消费习惯和行为的修复或较为缓慢，加之居民收入增长偏慢、债务压力较大，仍将持续抑制居民服务需求增长，并限制非食品价格上涨空间。三是受排放和测试标准即将升级影响，汽车去库存和促销力度明显加大，叠加新能源汽车免征购置税政策延续，以及地方汽车消费补贴增加，短期内仍将推动汽车价格回落，在一定程度上拖累非食品价格。不过，随着接触式、聚集性的传统服务需求加快恢复，叠加促消费政策措施不断升级，生活用品及服务、教育文化和娱乐等消费需求有望持续释放，对非食品价格形成支撑。

整体来看，猪肉价格上涨空间有限，对食品价格同比涨幅的拉动作用较小；非食品价格同比涨幅短期仍将维持低位，后期随着消费需求修复开始逐步回升。预计CPI将维持温和上涨态势，同比涨幅全年呈V形走势。

（三）PPI同比涨幅将维持低位

国际原油价格或呈震荡偏弱走势。从需求端看，在主要发达经济体货币政策收紧、银行风险事件冲击以及俄乌冲突持续的背景下，全球经济衰退预期增强，将持续抑制原油需求增长。不过，随着新冠疫情影响消退，中国经济复苏加快，且交通出行明显恢复，对原油需求增长形成一定支撑。3月，国际能源署（IEA）公布《原油市场报告》，预计2023年全球石油需求平均增长为200万桶/日，低于2022年增长230万桶/日，原油消费增长仍然较慢。从供给端看，近期召开的“OPEC+”会议决定维持现有200万桶/日的减产政策不变，国际原油供给仍面临一定限制。美国页岩油劳动力短缺、原材料价格上升、设备供应不足以及资本支出约束等问题仍未解决，原油供给增加空间有限。同时，俄罗斯宣布在3月开始削减50万桶/日的原油产量，将降低全球原油供给量。此外，受欧美银行风险事件影响，市场避险情绪上升，将在短期内抑制原油价格。综合来看，在银行风险事件频发、全球经济衰退预期增强、国际环境不稳定等因素影响下，原油价格仍面临下行压力，但考虑到供给增产受限，价格下行空间有限，或呈震荡偏弱走势。

随着供需关系调整，其他大宗商品价格将保持震荡运行态势。黑色金属方面，供给端，淡水河谷、力拓等主流矿山发运节奏加快，铁矿石供应有望稳定增长，45家主要港口铁矿石存量为1.37亿吨，较前期低点增加0.08亿吨。需求端，随着国内经济持续复苏，钢厂提产意愿进一步增强，将支持铁矿石需求稳步回升。不过，国家发展改革委多次强调市场保供稳价，并将持续加强现货期货市场联动监管，遏制铁矿石价格不合理上涨。综合来看，铁矿石价格或延续震荡偏强态势。有色金属方面，在主要发达经济体货币政策继续收紧，以及全球经济增速放缓的背景下，有色金属需求难有改善。不过，以南美智利、秘鲁为代表的产铜大国和印度尼西亚等新兴市场矿业扰动高发，近期频繁发生生产中断情况，全球有色金属供给受到影响。此外，LME铜、铝、锌、铅等库存处于历史偏低位置。总体来看，有色金属价格或延续低位震荡。

工业品价格将维持相对稳定。从需求端看，虽然外需走弱仍将制约出口增长，但财政政策加力提效将支撑基建投资增长，“保交楼”政策和房企融资政策有望驱动房地产投资企稳，企业预期改善也有助于制造业投资保持稳定增长，工业品需求将温和回升。从供给端看，随着疫情防控较快平稳转段，以及稳经济一揽子政策和接续政策持续显效，企业生产积极性不断提高，工业生产有望持续回升，工业品供给将保持稳定。同时，“保供稳价”政策持续发力，优质煤矿产能加快释放，有助于煤炭价格处于合理区间。综合来看，工业品需求和供给有望趋于平衡，工业品价格将维持基本稳定。

整体来看，国际大宗商品价格将呈震荡偏弱走势，对PPI涨幅的拉动作用逐渐减弱；国内工业品供需两端有望趋于平衡，工业品价格将保持相对稳定。考虑到基数效应，预计PPI同比涨幅将维持低位，同比涨幅全年呈前低后高态势。

（四）价格变动趋势预测

预计2023年CPI涨幅在2%左右。受猪肉供需两端同时改善影响，猪肉价格上涨空间有限，对食品价格同比涨幅的拉动作用较小；在国际油价震荡走低以及居民消费恢复偏慢的背景下，非食品价格同比涨幅短期仍将维持低位，后期随着消费需求修复开始逐步回升。预计年内 CPI 同比涨幅呈 V 形走势。

预计 2023 年 PPI 同比下降 0.9%左右。国际原油等大宗商品价格将呈震荡偏弱走势，在高基数因素影响下，对中上游工业品价格拉动作用减弱。国内工业品供需两端有望趋于整体平衡，预计年内 PPI 同比涨幅呈前低后高态势。

附件：首席经济学家宏观经济形势座谈会观点综述

2023 年 3 月 14 日，研究局召开第一季度首席经济学家宏观经济形势座谈会。与会专家对未来美联储政策走向存在分歧。我国经济实现调控目标难度不大，但将面临地缘政治、民企投资信心弱、区域经济分化等多重挑战。政策需关注人口变化、供求收缩、去库存缓慢制约房地产市场复苏，应重点防范房地产风险与地方政府债务风险叠加并向金融领域扩散。

一、国内经济形势

（一）我国经济实现今年调控目标难度不大

市场机构预测 2023 年我国 GDP 增长 5%以上。消费依然是经济增长的主要驱动力；基建投资趋稳，制造业投资恢复较快，房地产投资预计负增长；出口趋势性回落。预测 2023 年我国 CPI 涨幅不超过 3%，PPI 涨幅为负。物价水平总体稳定，不会对货币政策形成制约。

（二）经济面临地缘政治、民企投资信心弱、区域经济分化等多重挑战

一是地缘政治环境对我国经济造成全方位影响，包括购买关键设备、引进关键技术难度加大，高净值人群扩大海外投资，全球产业链重新调整，外资对国内的投资减少等。二是民企投资信心较弱。部分民企选择“躺平”，对投资形成不利影响。境外投资者对中国未来经济政策导向以及政府对民企态度心存顾虑。三是区域经济分化明显。一线城市消费修复较好，二三线非旅游城市修复较差。房地产市场分化加剧地方财政区域不平衡。

二、需重点关注房地产市场及相关金融风险

（一）几类因素制约房地产市场复苏

从短期来看，房地产市场仍处于调整阶段，复苏呈现两大特征。一是房地产投资和销售延续负增长。二是热点城市房价率先上涨，高库存城市远未复苏。中长期来看，我国房地产市场已进入总量过剩、结构矛盾突出新阶段。从需求侧来看，疫情冲击带来的收入增速放缓导致居民购房意愿下降。置业成本偏高，改善性需求释放面临约束。从供给侧来看，房地产市场存在割裂，供给端收缩幅度大于需求端，部分城市需求企稳后容易出现新

房供应偏紧。

（二）相关财政金融风险有所加剧

一方面，房地产市场低迷拖累地方财政，导致地方政府债务风险持续累积。一是部分城市城投仍违规拿地，相关“僵尸资产”由政府持有。部分地方政府偿债压力较大，有些地区甚至还息困难。二是理财配置城投债规模萎缩，进一步增大城投债压力。

另一方面，地方债务风险向银行系统转移，尤其是地方性银行。逾 4 万亿元地方政府债务将进行贷款置换，造成财政风险向金融风险转变。逃废债风险和利差收窄，削弱银行盈利能力。永续债发行监管增强，增大银行补充资本压力。

三、政策建议

一是房地产调控政策要打好组合拳。优化需求端政策，降低改善性需求成本；完善土地供应制度，支持盘活民营企业期房项目；做好应对部分城市房价上涨压力的预案。二是抓住时机继续深化价格领域改革，促进产业升级，形成中国价格。三是加强政策支持和舆论引导，稳定市场预期，增强投资信心。

2023年第二季度　价格监测分析报告

一、供给需求弱平衡，物价总体回落

2023年4—5月，我国经济延续复苏态势，需求和供给逐步恢复。1—5月，规模以上工业增加值累计同比增长3.6%，比1—3月加快0.6个百分点。总体来看，供给需求呈弱平衡态势，叠加季节性因素和国外输入性因素影响，物价走势有所放缓。

（一）投资增速略有下滑

稳投资政策持续发力，投资规模继续扩大。1—5月，全国固定资产投资（不含农户）同比增长4.0%，比1—3月放缓1.1个百分点。其中，民间固定资产投资同比下降0.1%，比1—3月低0.7个百分点（见图1）。

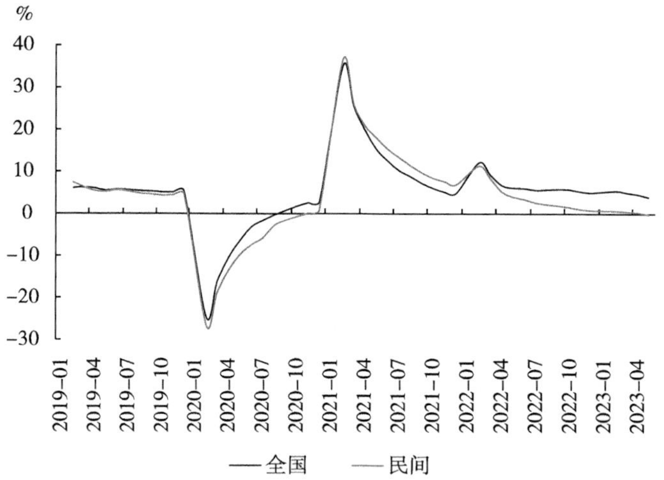

图1　全国及民间固定资产投资累计同比增速变化情况

（数据来源：Wind）

房地产开发投资降幅有所扩大。受疫情压制的需求年初集中释放影响，年初房地产市场景气度出现短暂回暖。自4月以来，全国多数地区楼市销售“量价齐缓”，居民购房信心和预期依然偏弱。房地产开发企业到位资金维持下降趋势，开发商拿地谨慎，土地购置费增速再次快速下滑，房屋新开工面积和施工面积降幅重新扩大。受此影响，1—5月房地产开发投资同比下降7.2%，降幅比1—3月扩大1.4个百分点。

基建投资稳定增长。基建投资是稳增长和逆周期调控的重要抓手，财政和政策性金融对基建投资支撑和带动作用明显。各地适度超前开展基础设施投资，加快布局新型基础设施建设，积极发挥重大项目牵引和政府投资撬动作用，加强民生补短板投资，支撑基础设施平稳较快增长。1—5月，基础设施投资同比增长7.5%，增速比全部固定资产投资高

3.5 个百分点，比 1—3 月小幅放缓 1.3 个百分点。其中，铁路运输业投资增长 16.4%，水利管理业投资增长 11.5%，信息传输业投资增长 7.5%。

制造业投资增速小幅放缓。多重因素影响制造业投资增长：一是全球经济减速，国际贸易放缓，外需持续下滑，制约出口企业投资；二是自 2022 年年初以来，制造业利润同比持续下降，且今年以来降幅有所扩大；三是工业产能利用率自 2021 年年中以来，呈震荡下降趋势，第一季度为 74.3%，较疫情前三年同期均值低 1.8 个百分点；四是企业家信心偏弱，对未来的预期有所波动。1—5 月，制造业投资同比增长 6.0%，增速较 1—3 月放缓 1.0 个百分点。其中，高技术制造业投资同比增长 12.8%，增速比全体制造业投资高 6.8 个百分点，比 1—3 月放缓 2.4 个百分点（见图 2）。

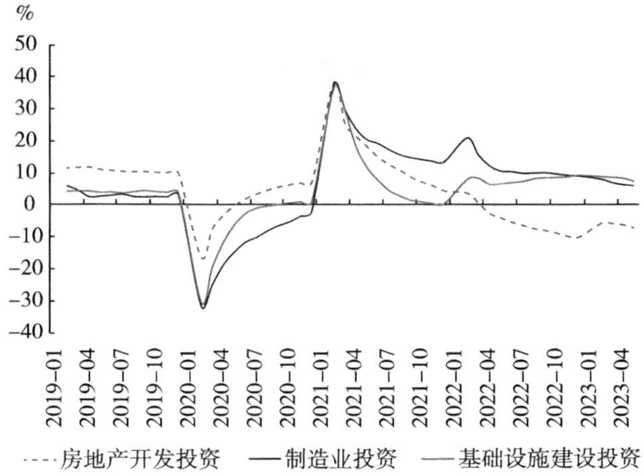

图 2　三个领域固定资产投资累计同比变化情况

（数据来源：Wind）

（二）消费持续恢复

就业形势总体改善，居民收入增速回升，有利于增强居民消费能力；消费场景恢复拓展，各项促消费政策显效发力，消费结构延续疫情前的升级态势，叠加消费新业态、新模式加快发展，有利于提高居民消费倾向。受此推动，消费继续稳步恢复，服务消费和升级类商品销售增长较快。1—5 月，社会消费品零售总额累计同比增长 9.3%，增速比 1—3 月提高 3.5 个百分点；其中，餐饮收入累计同比增长 22.6%，增速比 1—3 月提高 8.7 个百分点。分行业看，家电、建材等地产类消费同比有所下降，金银珠宝、化妆品、汽车类消费增速较快。4 月、5 月，社会消费品零售总额当月同比分别增长 18.4%和 12.7%（见图 3）。

不过，尽管当前消费延续恢复态势，但居民消费能力和信心总体偏弱，居民消费意愿有待增强，消费条件还需继续改善，消费市场恢复基础仍需巩固。

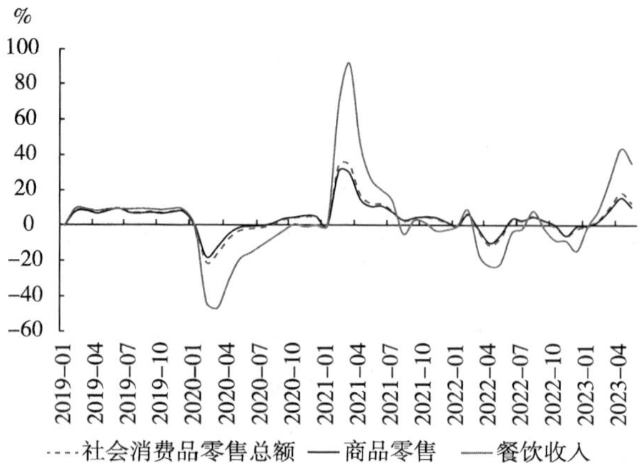

图3 社会消费品零售总额及分项当月同比增速变化情况

(数据来源：Wind)

(三) 出口增速波动较大

国际环境复杂严峻，世界经济增长乏力，全球贸易增速较上年同期大幅放缓，主要发达经济体对我国商品需求明显下降。在外需收缩的困难局面下，我国对“一带一路”沿线国家出口保持了较快增长，为总出口带来支撑，外贸韧性有所显现。3月、4月，我国出口当月同比增速由负转正，分别达到14.8%、8.5%，5月再次转负，同比下降7.5%。1—5月，出口累计同比增长0.3%，比1—3月小幅放缓0.2个百分点。其中，对美国、欧盟、日本分别下降15.1%、4.9%、2.1%，对东盟增长8.1%（见图4）。

在重点出口商品结构中，1—5月，高新技术产品出口累计同比下降13.4%，降幅比1—3月收窄2.3个百分点；机电产品出口累计同比增长1.6%，增速比1—3月提高2.0个百分点。

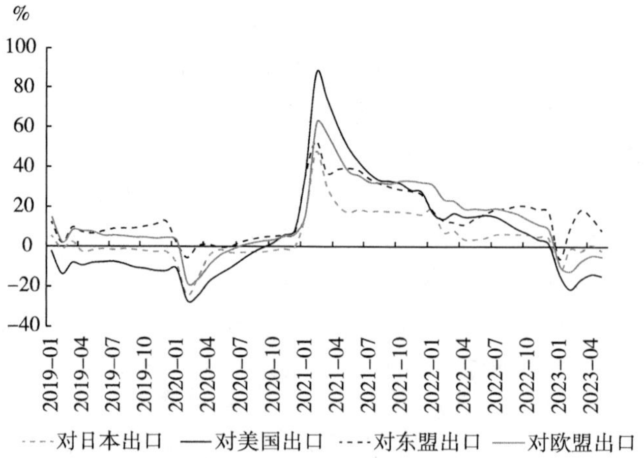

图4 对主要国家和地区出口累计同比变化情况

(数据来源：Wind)

二、CPI涨幅回落，PPI跌幅扩大

4月、5月，我国物价总体回落，需求偏弱和结构性因素导致CPI、PPI走势低迷。猪肉价格继续下行，鲜菜、鲜果价格季节性下跌，共同拉低食品价格涨幅；服务价格延续恢复性上涨态势，但能源、交通工具、家用器具价格降幅扩大，带动非食品价格涨幅回落；CPI涨幅继续放缓。供强需弱导致多数原材料价格下降，国际大宗商品价格震荡下行，叠加上年高基数影响，PPI跌幅继续扩大。

（一）食品价格变化主导CPI涨幅，核心CPI维持低位

4月、5月，CPI环比分别下跌0.1%和0.2%，同比分别上涨0.1%和0.2%。剔除食品和能源的核心CPI环比分别上涨0.1%和持平，同比分别上涨0.7%和0.6%。据测算，在4月、5月CPI同比涨幅中，新涨价因素影响分别约为-0.2个和-0.3个百分点，翘尾因素影响分别约为0.3个和0.5个百分点（见图5）。

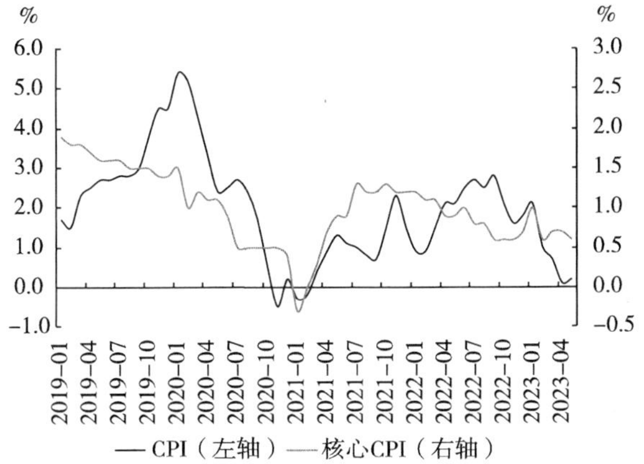

图5　CPI同比上涨情况

（数据来源：国家统计局）

供给充足和季节性因素导致食品价格涨幅回落（见图6）。4月、5月，食品价格环比分别下跌1.0%和0.7%，受基期因素影响，同比分别上涨0.4%和1.0%。其中，鲜菜、鲜果、猪肉、粮食、水产品等食品价格涨幅略有分化。一是生猪产能去化缓慢，供给充足，叠加消费淡季影响，猪肉价格延续回落趋势，4月、5月环比分别下跌3.8%和2.0%，同比分别上涨4.0%和下降3.2%。二是鲜菜、鲜果大量上市，价格季节性回落。4月、5月，鲜菜价格环比分别下跌6.1%和3.4%，同比分别下降13.5%和1.7%，鲜果价格环比分别下跌0.7%和0.3%，同比分别上涨5.3%和3.4%。三是粮食、水产品价格基本平稳。4月、5月，粮食价格环比均小幅下跌0.2%，同比分别上涨1.1%和0.5%；水产品价格环比分别上涨0.5%和持平，同比分别下跌0.9%和持平（见图7）。

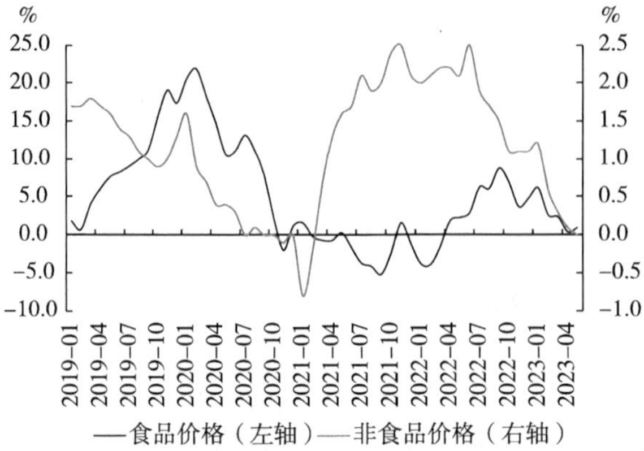

图 6　食品价格和非食品价格同比上涨情况

（数据来源：国家统计局）

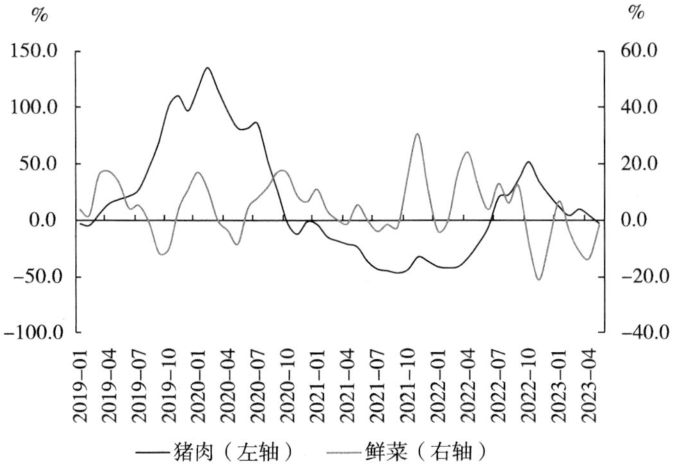

图 7　鲜菜和猪肉价格同比变化情况

（数据来源：国家统计局）

能源等价格下跌带动非食品价格涨幅放缓（见图 8）。4 月、5 月，非食品价格环比分别上涨 0. 1%和下跌 0. 1%，同比分别上涨 0. 1%和持平。一是国际油价震荡下跌，带动国内成品油等燃料价格三次下调。4 月、5 月，交通工具用燃料价格同比降幅扩大到 10. 4%和 11. 1%，水电燃料价格同比分别下降 0. 2%和 0. 4%。二是受“国六 B”排放标准将在 7 月切换等因素影响，汽车市场竞争激化，新能源和传统车企降价促销力度加大，汽车价格连续下降。4 月、5 月，交通工具价格同比降幅扩大到 4. 0%和 4. 2%。三是受原材料价格回落和消费需求偏弱的影响，家电、家具等消费品价格持续下跌。4 月、5 月，家用器具价格环比均下跌 0. 6%，同比分别下跌 1. 2%和 1. 8%。四是房地产市场景气度处于低位，部分住房改售为租，租赁市场持续低迷，房租价格存在下行压力，4 月、5 月同比均下跌 0. 3%。五是服务需求呈延续恢复态势，价格同比涨幅有所扩大。4 月、5 月，旅游价格同比分别上涨 9. 1%和 8. 0%，医疗服务价格同比分别上涨 1. 0%和 1. 1%，其他用品和服务价格同比分别上涨 3. 5%和 3. 1%。

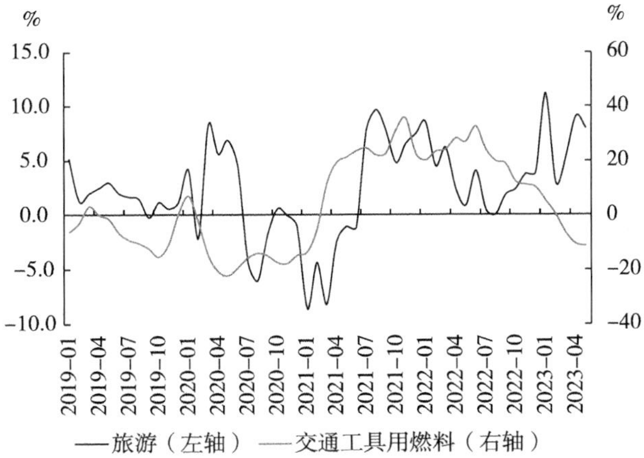

图 8　部分非食品价格同比变化情况

（数据来源：国家统计局）

（二）工业品需求偏弱，叠加国际大宗商品价格下跌，PPI 跌幅进一步扩大

4 月、5 月，PPI 环比分别下跌 0.5%和 0.9%，受基期因素影响，同比分别下跌 3.6%和 4.6%。其中，生产资料价格环比分别下跌 0.6%和 1.2%，同比分别下跌 4.7%和 5.9%。据测算，在 4 月、5 月 PPI 同比变化中，新涨价因素影响分别约为-1.0 个和-1.8 个百分点，翘尾因素影响分别约为-2.6 个和-2.8 个百分点（见图 9）。

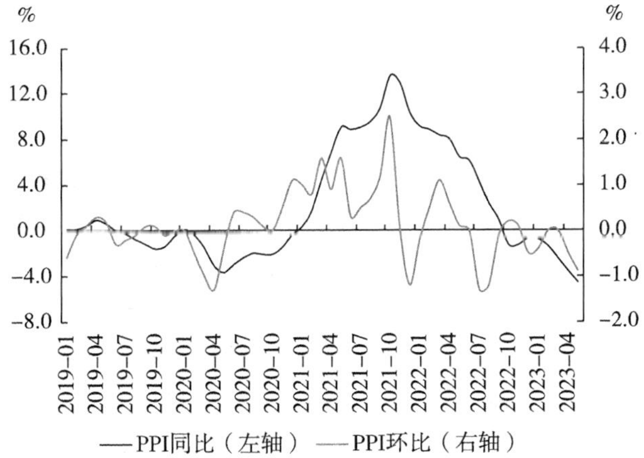

图 9　工业生产者出厂价格走势

（数据来源：国家统计局）

需求偏弱带动多数原材料产品价格下跌。受经济增长内生动力不强、房地产投资增速再次探底、出口需求下滑等影响，多数原材料产品需求偏弱，在供给充足的背景下，价格下行压力较大。

从重点行业看，煤炭保供产能持续释放，国际煤价大跌带动我国进口量快速增加，全国煤炭企业库存、重点港口库存均呈上升趋势，供需错配推动煤价大跌。4 月、5 月，煤炭开采和洗选业价格环比分别下跌 4.0%和 5.2%，同比分别下跌 9.3%和 13.1%。前期钢铁产量迅速反弹，但终端需求不及预期，钢铁企业加快去库存力度。4 月、5 月，黑色金属冶炼和压延加工业价格环比分别下跌1.0%和4.2%，同比降幅分别上涨13.6%和16.8%。供强需弱推动化工产品普遍下跌。4月、5月，化学原料及化学制品制造业价格同比分别下跌9.9%和12.2%，化学纤维制造业价格同比分别下跌2.9%和4.3%。

国际大宗商品价格震荡下跌，增强国内相关行业价格下行压力。基本面偏弱成为本轮国际大宗商品价格下跌的主导因素。需求端，年初以来，全球制造业PMI指数持续位于荣枯线以下，美欧等发达经济体第一季度GDP环比折年率出现明显放缓迹象，全球经济存在衰退预期，包括原油、工业金属在内的大宗商品全球需求减弱。供给端，尽管“OPEC+”试图通过缩减石油供给的方式，以遏制油价下跌，但只能短暂刺激油价上涨，并未扭转市场衰退预期和油价震荡走低趋势；工业金属供给普遍改善，多数品种库存增加，对价格难以起到支撑作用。此外，受美国通胀继续处于高位、美联储加息步伐不止的影响，美元指数自4月中旬至6月初震荡上升，增强了大宗商品价格的下行压力。

受国际输入性因素推动，4月、5月，石油加工炼焦及核燃料加工业价格同比降幅分别上涨11.4%和15.1%，有色金属冶炼和压延加工业价格同比降幅分别上涨8.6%和8.4%。

三、预计全年CPI上涨0.8%左右，PPI下降2.5%左右

随着稳增长、稳就业、稳物价政策持续显效，经济运行延续恢复态势，总需求有望温和回升，供求关系基本稳定，对物价整体走势影响有限，未来价格仍将主要受结构性因素影响。

（一）总需求将温和回升

固定资产投资或企稳回升。一是基建投资增速仍将维持高位。在资金来源方面，今年第二批专项债项目已开始申报，明确专项债资金可继续用作项目资本金，将有效撬动基建投资增长。同时，随着扩募及首发资产扩容等举措的落地，国内基础设施公募REITs体量将持续扩大，基建投资资金来源进一步拓宽。在项目建设方面，中共中央、国务院印发《国家水网建设规划纲要》，提出到2025年、2035年的发展目标，今年新开工水利项目和新增投资规模均较上年同期大幅增长，将为基建投资提供支撑。此外，基建项目数字化、智能化改造全面推进，将持续带动基建投资增长，包括近期推出的以数字化、智能化电网支撑新型电力系统建设、电信基础设施共建共享大数据平台系统的建设或升级改造等。不过，受房地产市场低迷影响，土地出让金大幅下降，加之财政支出向社保、教育、科技等领域倾斜加大，财政收支矛盾将继续限制基建投资增长空间。此外，随着城投债进入偿债高峰期，债务还本付息压力较大，融资规模或持续下降，对基建投资的拉动作用或有所减弱。

二是房地产投资增速或延续低位。从供给侧看，随着金融支持政策落地生效，房企资金状况有所改善。1—5月房地产开发企业到位资金累计同比下降6.6%，较年初回升8.6个百分点，叠加“保交楼”政策持续推进，有助于稳定房地产投资增长。4月，中央政治局会议提出“在超大特大城市积极稳步推进城中村改造和‘平急两用’公共基础设施建设”，加之全国各地规划棚户区改造规模较上年明显增加，将为房地产投资提供新增长点。从需求侧看，随着降低首付比例、优化限购限售、支持提取公积金缴纳首付等政策持续发

力，居民刚性和改善性需求将进一步释放。不过，受房价预期偏弱、居民收入恢复缓慢、居民部门杠杆率偏高等因素影响，商品房销售恢复速度趋缓，会抑制房地产投资意愿。同时，土地市场整体延续低迷态势，叠加“预供地”制度下土地供地节奏趋缓，后续土地购置费下降仍将拖累房地产投资。

三是制造业投资或保持稳定增长。6 月，国家发展改革委等部门印发《关于做好 2023 年降成本重点工作的通知》，从完善税费优惠政策、提升金融服务质效、降低制度性交易成本等方面切实降低企业生产经营压力，有利于改善制造业投资意愿。此外，5 月召开的国务院常务会议强调“统筹推进传统产业改造升级和新兴产业培育壮大，促进技术创新和转化应用，推动高端化、智能化、绿色化转型”，技术改造投资有望保持较快增长。不过，制造业利润仍然延续下降态势，1—4 月累计同比降幅达 27.0%，较上年同期下降 18.7 个百分点，制造业投资增长空间将受到一定制约。同时，在全球经济下行压力加大的背景下，外需放缓将继续影响出口订单。5 月，我国制造业 PMI 新出口订单指数为 47.2%，连续 2 个月位于荣枯线以下，不利于相关出口制造业企业投资增长。

消费有望保持恢复态势。随着促消费政策措施显效发力，居民消费潜力逐渐释放，有利于消费持续恢复向好。随着经济社会全面恢复常态化运行，餐饮堂食、电影院等线下消费场景不断拓展，加之各地积极组织消费促进活动，接触式、聚集性的传统消费有望保持较快增长。5 月，国家发展改革委和能源局印发《关于加快推进充电基础设施建设 更好支持新能源汽车下乡和乡村振兴的实施意见》，支持农村地区购买使用新能源汽车；商务部印发《关于组织开展汽车促消费活动的通知》，提出开展“千县万镇”新能源汽车消费季活动，新能源汽车消费或保持较高增速。6 月，商务部等部门印发《关于做好 2023 年促进绿色智能家电消费工作的通知》，从绿色智能家电消费、家电以旧换新、绿色智能家电下乡等方面做出重要部署，有利于家电消费需求持续释放。不过，第一季度，全国居民人均可支配收入实际增长 3.8%，明显低于 2019 年同期水平（6.8%），消费增长的基础尚不牢固。此外，居民杠杆率重回上升态势，从 2022 年末的 61.9%上升至 2023 年第一季度的 63.3%（创历史新高），加之青年失业率仍处于高位，将持续制约消费修复空间。

出口增长仍面临下行压力。受欧美货币政策收紧、逆全球化以及乌克兰危机持续等因素影响，世界经济整体增长乏力，外需回落将持续抑制出口增长。世界贸易组织 4 月发布的《全球贸易展望与统计》报告显示，预计 2023 年世界货物贸易量将增长 1.7%，低于 2022 年 2.7%的增长率，以及过去 12 年来 2.6%的平均增长率。受中美关系不确定性的影响，美国进口逐步转向欧洲和北美，导致我国对美出口份额持续下降，短期内难有明显改善。同时，随着大宗商品价格逐步回落，价格因素对出口的支撑作用也将继续减弱。

不过，《区域全面经济伙伴关系协定》已于 6 月 2 日起对菲律宾正式生效，自此全部 15 个签署国均完成生效程序，区域内贸易将为我国出口增长提供有力支撑。4 月，国务院办公厅印发《关于推动外贸稳规模优结构的意见》，从强化贸易促进拓展市场、稳定和扩大重点产品进出口规模等方面推动外贸稳规模优结构，将有助于出口稳定。此外，我国出口结构性优势逐步显现，以“新三样”（电动载人汽车、锂电池、太阳能电池）为代表的新能源产业链，将继续为出口增长提供有力支撑。

(二) CPI同比涨幅或触底回升

食品价格将保持低位震荡。首先，预计猪肉价格短期仍将维持低位震荡，对食品价格同比涨幅将形成一定拖累。供给端，根据农业农村部最新数据，3月末生猪存栏量4.31亿头，同比增长2.0%；4月，能繁母猪存栏量4284万头，连续4个月下跌。按照生猪的养殖周期，10月前生猪供给将震荡增加，生猪供应量仍处于高位，加之龙头企业规模化生产导致产能去化进程放缓，猪肉供给短期内将保持相对宽松。在需求端，随着气温逐渐升高，猪肉消费将进入季节性淡季，猪肉需求增长有限。不过，随着居民消费信心回升，餐饮业修复持续加快，将对猪肉需求恢复形成一定支撑。此外，5月，国家发展改革委表示将会同有关部门研究适时启动年内第二批中央冻猪肉储备收储工作，推动生猪价格尽快回归合理区间。综合来看，短期内受猪肉供给宽松影响，价格仍会保持低位震荡，后期随着供需关系调整，价格逐步企稳回升，但考虑到上年同期高基数，猪肉价格同比跌幅收窄空间有限。

其次，粮食价格涨跌互现。在全球经济增长放缓、全球小麦市场供给格局宽松以及地缘问题影响减弱的背景下，国际粮食价格持续回落，对我国粮食价格影响逐步减弱。稻米方面，随着天气转热，下游消费短期内仍将保持低迷，加之潮湿、高温等不良存储条件导致储存成本上升，米企采购积极性减弱，预计国内米价将稳中偏弱。小麦方面，近期大范围持续阴雨天气对部分地区新季小麦产生一定影响；同时，新季小麦上市后，贸易商采购意愿上升，加之政策性储备小麦收购启动，预计国内小麦价格将稳中有升。玉米方面，在生猪养殖和玉米深加工企业利润明显回落的背景下，玉米消费需求低迷；同时，玉米供给总体宽松，加之部分地区强降雨导致小麦质量受损，饲用小麦供给增加对玉米形成替代，预计玉米价格弱势运行。大豆方面，受阿根廷大豆大幅减产影响，南美大豆产量增幅不及预期，但美国大豆播种大面积展开，且作物生长较往年更快。6月，美国农业部（USDA）《全球农作物供需报告》小幅上调2023—2024年度全球大豆产量预期至4.11亿吨，同比增长11.1%。预计国际大豆供应趋于宽松，价格将呈震荡偏弱态势。

非食品价格或将温和回升。在国际油价震荡运行以及居民服务消费需求持续恢复的背景下，非食品价格同比涨幅将温和回升。一是受全球经济下行压力加大等因素影响，近期布伦特原油期货结算价格下跌，在每桶70~80美元区间内震荡，下半年随着高基数效应减弱，对交通工具用燃料和水电燃料价格同比涨幅的拖累作用将逐步降低。二是伴随国内疫情防控平稳转段，以及多样化、特色化消费服务不断丰富，传统接触型服务需求有望恢复，叠加促消费政策措施不断升级，生活用品及服务、教育文化和娱乐等消费需求有望持续释放，将拉动非食品价格继续回升。三是随着车企去库存进入尾声，汽车价格战影响有所减小，对非食品价格的拖累作用将有所减弱。不过，疫后“疤痕效应”仍然制约居民消费，叠加居民收入增长偏慢、就业形势严峻等不利因素，居民服务需求增长将持续受到抑制，并限制非食品价格上涨。

整体来看，猪肉价格短期仍将维持低位震荡，对食品价格同比涨幅形成一定拖累；非食品价格同比涨幅将随着消费需求修复低位企稳。预计CPI涨幅有望逐步触底回升。

（三）PPI同比跌幅将低位收窄

国际原油价格或呈震荡偏强态势。从需求端看，在主要发达经济体货币政策收紧、乌克兰危机持续的背景下，全球经济下行压力加大，将持续抑制原油需求增长。世界银行近期发布的《全球经济展望》预计，今年全球经济增速将从2022年的3.1%降至2.1%，下半年将出现明显放缓。6月的EIA《短期能源展望报告》，预测2023年全球原油需求平均为1.0101亿桶/日，较2022年增加159万桶/日，增幅较往年明显收缩。从供给端看，近期召开的“OPEC+”会议决定将减产计划延长到2024年，且从2024年1月开始，再降低140万桶/日的产量；同时，沙特将于7月自愿额外减产石油100万桶/日，为多年来最大降幅，国际原油供给仍面临较强限制。受到资本开支以及成本上涨的拖累，美国油勘探开发活动陷入停滞，今年以来美国新井数较上年年底出现小幅回落，已钻未完井数也降至近5年新低，后续美国页岩油产量增加存在较大不确定。此外，美国经过多次释放战略原油储备，库存已降至1983年以来的最低水平，并计划今年购买约1200万桶石油以增加储备，或加剧全球原油供应偏紧局面。综合来看，供应偏紧格局将对原油价格形成一定支持，但考虑到全球需求走弱，价格回升空间有限，预计呈震荡偏强走势。

随着供需关系调整，其他大宗商品价格将保持震荡偏弱走势。黑色金属方面，供给端，随着发运淡季逐步结束，淡水河谷、力拓等主流矿山发运节奏将保持相对高位，铁矿石供应有望稳定增长。需求端，虽然钢厂利润有所恢复驱动生产增加，但随着钢材市场淡季到来，钢厂增产仍较为谨慎，铁矿石需求回升空间有限，预计铁矿石价格呈震荡偏弱走势。有色金属方面，在主要发达经济体货币政策继续收紧，以及全球经济增速放缓的背景下，有色金属需求难以明显改善。同时，全球有色金属矿产问题频出，印度尼西亚从6月10日开始实施铝土矿出口禁令，缅甸佤邦也出台了锡矿禁采令，叠加智利批准矿业税改革影响铜矿企业投资意愿，将对全球有色金属供应造成一定影响。此外，LME铜、铝、锌、铅等库存处于历史低位，将对有色金属价格形成一定支撑。总体来看，有色金属呈现供需双弱格局，价格将延续低位震荡。

工业品价格将维持相对稳定。从需求端看，虽然外需走弱不利于出口增长，且房地产市场低迷仍将抑制房企投资意愿，但积极的财政政策将支撑基建投资增长，同时助企纾困政策也将带动制造业投资保持稳定增长，工业品需求或温和改善。从供给端看，随着稳经济一揽子政策和接续政策持续显效，企业生产积极性有望持续回升，有利于工业品供给保持稳定。同时，伴随国内煤炭产能持续释放，以及进口量大幅增长，当前CCTD主流港口煤炭库存处于近几年高位，将抑制煤炭价格上涨；受前期钢厂利润低迷影响，钢材供应量有所回落，有助于钢材价格修复。总体来看，工业品需求和供给将逐步趋于平衡，价格上涨动能较弱。

整体来看，国际大宗商品价格将保持相对低位震荡，随着高基数效应逐步减弱，对PPI涨幅的拖累作用逐渐减小；国内工业品供需有望趋于平衡，工业品价格将保持相对稳定。

（四）价格变动趋势预测

预计2023年CPI涨幅在0.8%左右。受猪肉供给宽松影响，短期内猪肉价格仍将保持低位震荡，对食品价格同比涨幅形成一定拖累。在国际油价震荡运行以及居民服务消费需求持续恢复的背景下，非食品价格同比涨幅有望温和回升。预计年内 CPI 同比涨幅将逐步触底回升，全年呈 U 形走势。

预计 2023 年 PPI 同比下降 2.5%左右。国际大宗商品价格将保持相对低位震荡，随着高基数效应逐步减弱，对 PPI 涨幅的拖累作用将逐渐减小。国内工业品供需有望趋于平衡，工业品价格将保持相对稳定。预计 PPI 跌幅将低位收窄，下半年 PPI 当月同比增速将呈现弱复苏态势。

专栏：青年人失业率升高的成因及对策

一、就业市场整体稳健，但青年人失业问题较为突出

2023 年 5 月，全国城镇调查失业率为 5.2%，与上月持平。其中，25~59 岁就业主体人群失业率为 4.1%，比上月下降 0.1 个百分点，连续 3 个月下降。16~24 岁青年人群失业率为 20.8%，比上月上升 0.4 个百分点，连续 5 个月上升，逐渐呈现出季节性失业与长期趋势叠加态势（见图 1）。

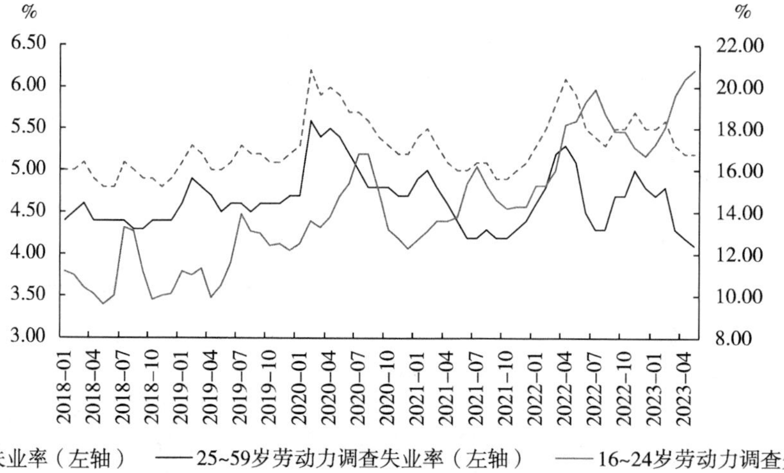

----城镇调查失业率（左轴） ——25~59岁劳动力调查失业率（左轴） ——16~24岁劳动力调查失业率（右轴）

图 1　就业人员失业率走势

（数据来源：国家统计局）

二、青年人就业压力持续增加的原因分析

（一）私营部门吸纳就业能力下降

私营部门（私营企业和个体户）是吸纳城镇就业的主力，但近年来私企经营持续陷入困境。一是盈利能力下降、竞争力减弱。私营工业企业营业收入利润率，由于去杠杆、中美贸易摩擦和疫情影响，从 2016 年开始持续下行。二是亏损率数倍增长，生存压力加大。私营工业企业中亏损企业占比由 2011 年的 2.6%扩大至 2022 年的 18.5%。三是受经济结构调整、疫情等因素影响，批发零售业、住宿餐饮业、教培、互联网平台、房地产等吸纳

就业重点行业扩张放缓。

（二）保护就业政策也可能加重青年人失业

“稳就业”措施往往强调对现有岗位的保护，青年群体的失业率可能因此升高。自2023 年以来，劳动者每周平均工作时长持续上升。今年 4 月，全国企业就业人员周平均工作时间为 48.8 小时，创有统计以来最高纪录；5 月该指标虽小幅下降至 48.6 小时，但仍处于高位。在岗劳动者工作时间不断延长，青年人难以找到工作，两种现象并存，一方面说明企业预期或偏悲观，不愿雇用新人；另一方面也反映出企业裁员困难，选择审慎雇用新人。

（三）缺乏从学校到职场的过渡性安排

大部分青年群体，尤其是高校应届生，属于首次进入劳动力市场，缺少工作岗位所需经验，容易出现就业困难和快速失业，需要政府给予有效帮扶。国际上，法国曾出台“学徒制度”，旨在帮助学生通过“干中学”积攒经验、获取人脉，并获得基本生活费用（学徒工资平均约为正式工一半）。美、欧、日等国家政府和相关机构也为应届生或首次就业的年轻人提供大量驻外实习机会，在服务国家战略目标的同时，帮助其积累工作经验、丰富人生阅历、提升自身价值，创造未来工作机会。

三、政策建议

一是进一步加大对私营企业的支持力度，尤其是吸纳就业能力强的重点行业企业。二是优化就业保护政策，降低劳动力市场黏性，形成“能进能出”的动态市场。三是借鉴欧洲 2013 年出台的“青年保障计划”，由政府出钱，在企业设立研学岗位，加强对青年人培训和实习的支持。四是学习发达国家“洋插队”经验和做法，选择在国际组织、“一带一路”沿线以及我国企业较多的国家或地区，为年轻人提供境外实习机会，在缓解就业压力的同时，提升国际人才储备。

2023年第三季度　价格监测分析报告

一、供给需求弱平衡，物价总体偏低

2023年7—8月，我国经济恢复向好，生产供给稳中向好，市场需求逐步改善。1—8月，规模以上工业增加值累计同比增长3.9%，比1—6月加快0.1个百分点。总体来看，供给需求呈弱平衡态势，受结构性因素影响，物价仍处于阶段性低位。

（一）投资增速略有下滑

稳投资政策持续发力，投资规模继续扩大。1—8月，全国固定资产投资（不含农户）同比增长3.2%，比1—6月放缓0.6个百分点。其中，民间固定资产投资同比下降0.7%，比1—6月低0.5个百分点（见图1）。

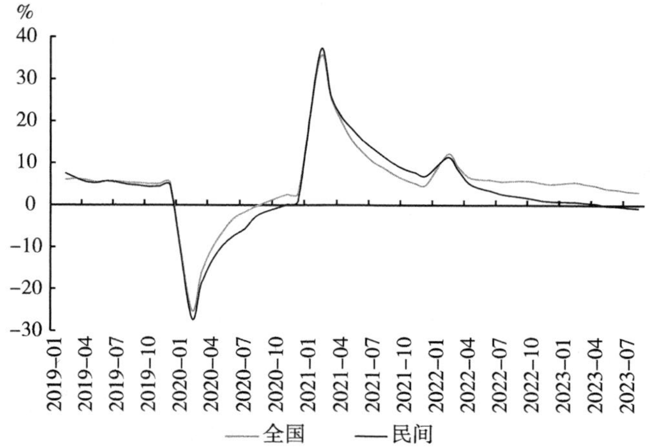

图1　全国及民间固定资产投资累计同比增速变化情况

（数据来源：Wind）

房地产开发投资降幅进一步扩大。市场预期和信心依然偏弱，房地产开发景气指数继续下行。全国多数大中城市房价延续下跌态势，商品房销售面积和销售额降幅扩大，商品房待售面积不断上升。房地产开发企业到位资金继续维持下降趋势，开发商拿地谨慎，土地购置费增速继续下滑，房屋新开工面积和施工面积降幅扩大。受此影响，尽管上年同期基数较低，房地产开发投资降幅仍继续扩大。1—8月，房地产开发企业到位资金同比下降12.9%，降幅比1—6月上涨3.1个百分点；房地产开发投资同比下降8.8%，降幅比1—6月上涨0.9个百分点。

基础设施投资较快增长。基建投资是稳增长和逆周期调控的重要抓手。各地适度超前开展基础设施投资，加快布局新型基础设施建设，积极发挥重大项目牵引和政府投资撬动作用，加强民生补短板投资，推动基建投资较快增长。不过，受高温多雨天气扰动、专项债券发行节奏放缓和上年高基数的影响，1—8 月，基础设施投资同比增长 6.4%，增速比全部固定资产投资高 3.2 个百分点，比 1—6 月小幅放缓 0.8 个百分点。其中，铁路运输业投资增长 23.4%，水利管理业投资增长 4.8%，道路运输业投资增长 1.9%，公共设施管理业投资下降 0.6%。

制造业投资增速总体平稳。我国制造业正处在结构调整优化阶段。受外需下滑、企业利润下降、产能利用率走低、内外部不确定性上升等不利因素影响，部分行业面临产能调整和产品结构升级，投资有所减速。但与此同时，新兴行业发展向好，科技创新逐步发挥引领作用，投资增长动力较强，对制造业投资的支撑作用明显。总体来看，制造业投资保持平稳增长。1—8 月，制造业投资同比增长 5.9%，增速比 1—6 月略微放缓 0.1 个百分点。其中，高技术制造业投资同比增长 11.2%，增速比全体制造业投资高 5.3 个百分点。重点行业中，汽车制造业投资同比增长 19.1%，电气机械及器材制造业同比增长 38.6%，维持了较好态势（见图 2）。

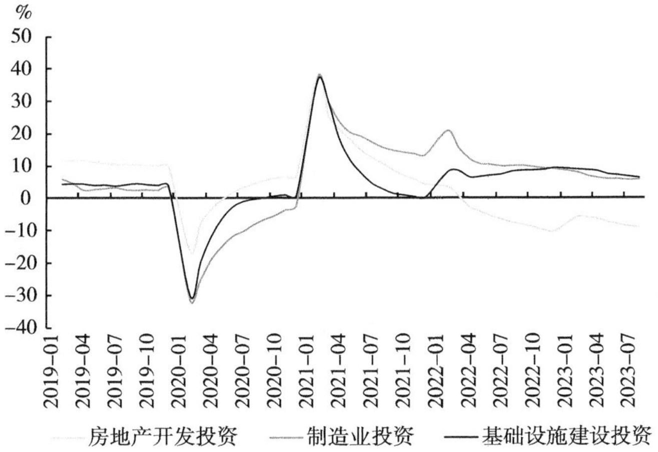

图 2　三个领域固定资产投资累计同比变化情况

（数据来源：Wind）

（二）消费继续恢复

就业形势总体改善，居民收入增速回升，有利于增强居民消费能力。国家发展改革委等部门密集出台各项促消费政策，叠加前期刺激政策显效发力，推动居民消费潜力释放。随着消费场景恢复，居民出行、娱乐等服务消费保持较快增长。不过，房地产行业持续调整，家电、建筑装潢等相关地产类消费低迷。汽车类消费在前期连续三个月保持双位数高增长后，近两个月明显回落。居民部门杠杆率总体偏高，大量居民提前还贷，对消费形成不利影响。

总体来看，消费继续稳步恢复。1—8 月，社会消费品零售总额累计同比增长 7.0%，增速比 1—6 月小幅降低 1.2 个百分点；其中，餐饮收入累计同比增长 19.4%，增速比 1—6 月回落 2.0 个百分点。7 月、8 月，社会消费品零售总额当月同比分别增长 2.5%和 4.6%（见图 3）。

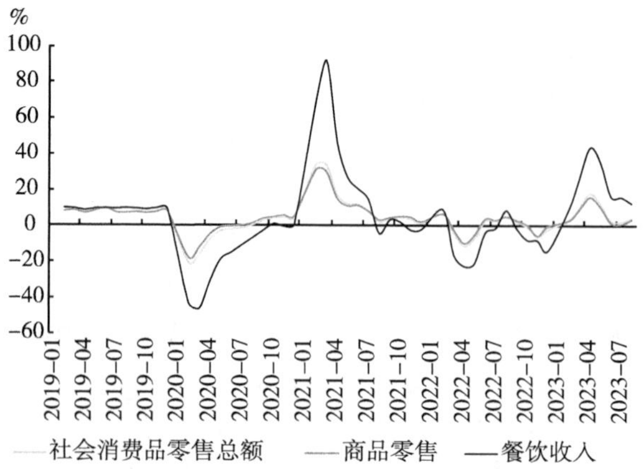

图 3 社会消费品零售总额及分项当月同比增速变化情况

(数据来源:Wind)

(三) 出口连续下降

受国际贸易整体放缓,叠加全球供应链调整和上年同期高基数等因素影响,我国出口连续四个月同比下降。7 月、8 月,以美元计价的出口当月同比分别下降 14.5%、8.8%。1—8 月,以美元计价出口累计同比下降 5.6%,比 1—6 月扩大 2.4 个百分点。在主要出口国家和地区中,我国对东盟的出口增速快速由正转负,对欧盟和日本的出口降幅扩大,对美国的出口降幅有所收窄。1—8 月,我国对东盟、欧盟、日本、美国出口累计同比分别下降 3.6%、10.5%、8.6%、17.4%。

在重点出口商品结构中,1—8 月,高新技术产品出口累计同比下降 14.6%,降幅比 1—6 月扩大 0.5 个百分点;机电产品出口累计同比下降 3.0%,降幅比 1—6 月扩大 2.2 个百分点(见图 4)。

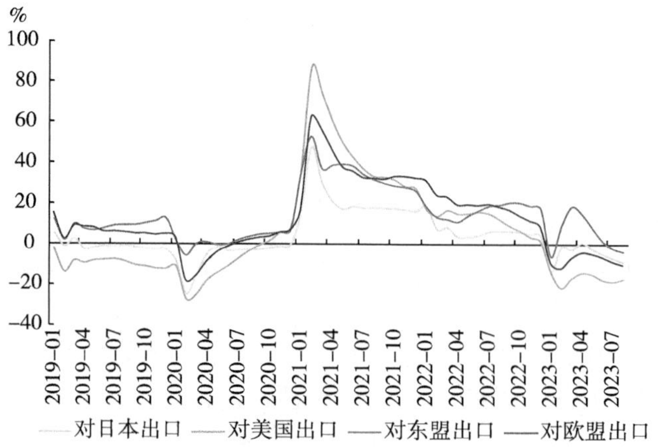

图 4 对主要国家和地区出口累计同比变化情况

(数据来源:Wind)

二、CPI涨幅低位企稳，PPI降幅收窄

7月、8月，我国物价整体仍处于阶段性低位，需求偏弱和结构性因素导致CPI、PPI走势有所分化。猪肉价格同比降幅扩大，鲜菜、鲜果价格季节性下跌，食品价格同比由涨转跌；服务价格继续上涨，能源、房租价格降幅收窄，带动非食品价格涨幅回升；CPI同比涨幅低位企稳。同时，预期改善推动部分工业品价格由跌转涨，国际大宗商品价格震荡上涨，叠加翘尾影响减弱，PPI同比降幅继续收窄。

（一）食品价格拉低CPI涨幅，核心CPI回升

7月、8月，CPI环比涨幅由负转正，分别上涨0.2%和0.3%，同比分别下跌0.3%和上涨0.1%。剔除食品和能源的核心CPI低位回升，环比分别上涨0.5%和持平，同比均上涨0.8%。据测算，在7月、8月CPI同比涨幅中，新涨价因素影响分别约为-0.3个和-0.1个百分点，翘尾因素影响分别约为0个和0.2个百分点（见图5）。

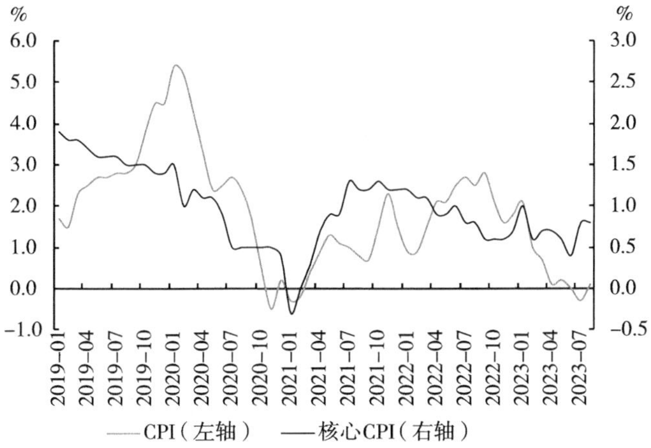

图5　CPI同比上涨情况

（数据来源：国家统计局）

供给充足和季节性因素导致食品价格走势偏弱（见图6）。7月、8月，食品价格环比分别下跌1.0%和上涨0.5%，受基期因素影响，同比涨幅由正转负，均下降1.7%。其中，猪肉、鲜菜、鲜果、蛋类等食品价格涨幅略有分化。一是猪肉供给总体充足，但受部分地区极端天气扰动调运、养殖户压栏惜售及中央储备猪肉收储支撑市场信心等因素影响，猪肉价格环比由跌转涨。7月、8月分别持平和上涨11.4%，受基期因素影响，同比分别下降26.0%和17.9%，降幅明显扩大。二是夏季果蔬供给充足，鲜果、鲜菜价格总体下降。7月、8月，鲜菜价格环比分别下跌1.9%和上涨0.2%，同比分别下降1.5%和3.3%；鲜果价格环比分别下跌5.1%和4.4%，受基期因素影响，同比分别上涨5.0%和1.3%。三是蛋类价格先降后升。夏季蛋鸡产蛋率下降，加之临近开学消费需求有所增加，鸡蛋价格环比由7月下降0.9%转为8月上涨8.3%，同比由7月下跌0.5%转为8月上涨3.2%（见图7）。

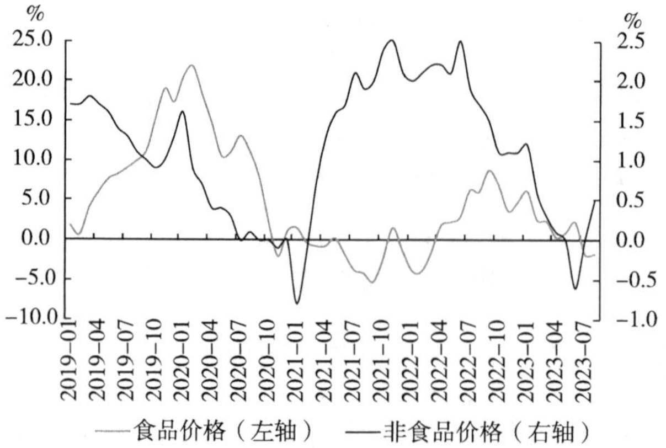

图6　食品价格和非食品价格同比上涨情况

（数据来源：国家统计局）

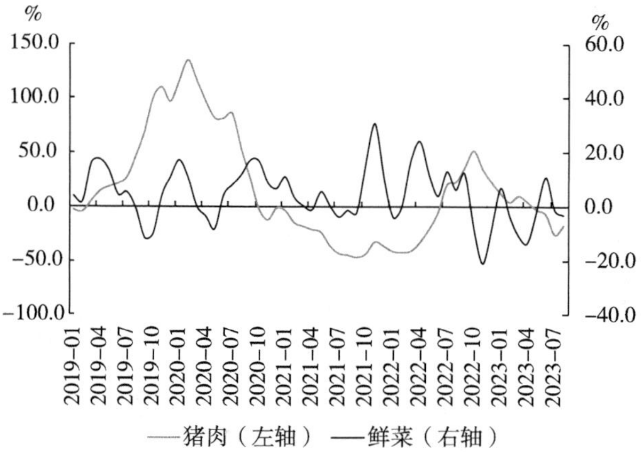

图7　鲜菜和猪肉价格同比变化情况

（数据来源：国家统计局）

能源等价格上涨带动非食品价格涨幅回升（见图8）。7月、8月，非食品价格环比止跌回升，分别上涨0.5%和0.2%，同比分别持平和上涨0.5%。一是受国际原油价格震荡走强影响，自6月底以来，成品油价格连续五次上调，7月、8月交通工具用燃料价格环比分别上涨1.9%和4.8%，同比降幅分别收窄到13.2%和4.5%；水电燃料价格环比和同比均分别下降0.1%和上涨0.3%。二是需求总体偏弱，但成本支撑力度增强，7月、8月工业消费品价格同比降幅分别收窄到1.9%和0.8%。三是出行等多数服务需求继续恢复，价格连续上涨。7月、8月旅游价格同比分别上涨13.1%和14.8%，家政服务价格同比分别上涨1.8%和1.9%，其他用品和服务价格同比分别上涨4.1%和3.8%。四是7月、8月是传统租房旺季，租赁市场活跃度有所回升，房租环比分别上涨0.2%和0.1%，同比降幅均收窄至0.1%。

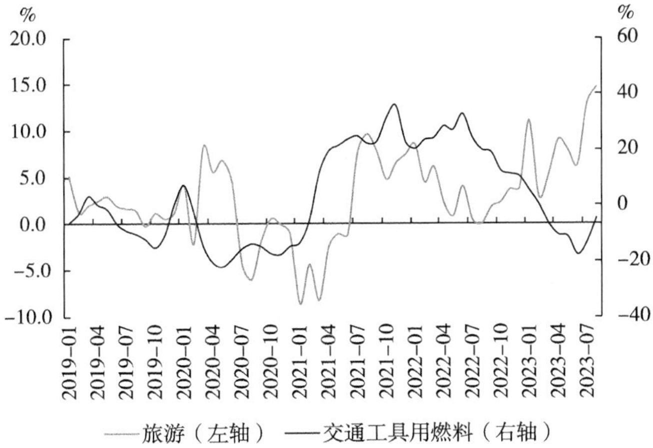

图 8　部分非食品价格同比变化情况

（数据来源：国家统计局）

（二）部分工业品预期改善，叠加国际大宗商品价格上涨，PPI 降幅有所收窄

7 月、8 月，PPI 环比分别下降 0.2%和上涨 0.2%，受基期因素影响，同比分别下降 4.4%和 3.0%（见图 9）。其中，生产资料价格环比分别下降 0.4%和上涨 0.3%，同比分别下降 5.5%和 3.7%。据测算，在 7 月、8 月的 PPI 同比变化中，新涨价因素影响分别约为−2.8 个和−2.7 个百分点，翘尾因素影响分别约为−1.6 个和−0.3 个百分点。

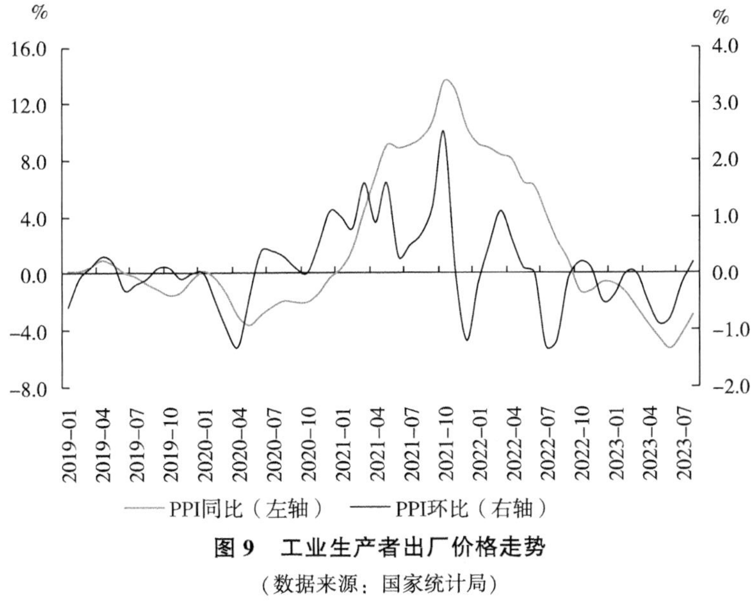

图 9　工业生产者出厂价格走势

（数据来源：国家统计局）

预期改善推动部分工业品价格由跌转涨。需求总体偏弱，但稳增长政策组合持续出台，对市场情绪和部分行业预期有所提振，削弱部分工业品价格下跌动能。从重点行业看，主要钢铁品种消费需求有所下降，钢厂产能利用率有所上升，但原材料铁矿石和焦煤价格运行偏强，对钢铁价格带来支撑。7 月、8 月，黑色金属冶炼和压延加工业价格环比

分别下跌0.1%和上涨0.1%，同比降幅分别收窄到10.6%和6.6%。原油价格上涨和市场预期改善，多数中下游化工产品价格环比由跌转涨。7月、8月，化学原料及化学制品制造业价格环比分别下跌1.2%和上涨0.6%，化学纤维制造业价格环比分别下跌0.3%和上涨0.3%。煤炭供给增长放缓，季节性需求提升，高库存压力有所缓解，叠加进口煤价回升，煤价下跌动能减弱。7月、8月，煤炭开采和洗选业价格环比跌幅分别收窄至2.0%和0.8%，同比分别下降19.1%和16.2%。

国际大宗商品价格震荡上涨，增强国内相关行业价格上涨动能。多空因素交织，多数大宗商品价格震荡上涨。从支撑价格的因素看，主要发达国家经济韧性较强，美国制造业PMI指数连续两个月改善，综合PMI指数始终保持在荣枯线之上，消费者信心指数仍维持在2022年初以来的偏高位置。日本综合PMI指数年初以来总体回升，8月为52.6%，高于2022年以来的大多数月份。从抑制价格的因素看，美元指数自7月中旬起连续震荡上升，不断创出年内新高。

具体来看，供给紧缩导致原油价格持续反弹。5月起沙特、俄罗斯等国自愿减产合计达165万桶/日，7月起沙特再次额外减产100万桶/日。截至7月末，OPEC的月度产量已降至2021年10月以来的最低水平。与此同时，随着美国战略石油储备持续释放，美国石油总库存创出2005年以来的历史低位。受供给缩减的影响，国际油价自6月末以来大幅反弹，截至9月11日，较6月下旬低点反弹25.4%。工业金属供需总体弱平衡，库存低位、预期有所改善推动多数工业金属价格震荡略有上涨，截至9月11日，相较第二季度末，LME铜、铝、锌、铅价格分别上涨1.4%、2.1%、1.6%、6.5%，LME镍、锡价格分别下跌1.1%、8.6%。

受国际输入性因素推动，7月、8月，石油加工炼焦及核燃料加工业价格同比降幅分别收窄到18.3%和9.6%，有色金属冶炼和压延加工业价格同比分别下降1.0%和上涨1.4%。

三、预计全年CPI上涨0.5%左右，PPI下降3%左右

随着稳增长、稳就业、防风险政策落地见效，国民经济加快恢复，总需求有望持续改善，供需维持大体平衡，对物价整体走势影响有限，未来价格仍将主要受结构性因素影响。

（一）总需求将温和回升

固定资产投资将逐步企稳。一是基建投资增速有望保持高位。在资金来源方面，财政部发布《国务院关于今年以来预算执行情况的报告》提出“今年新增专项债券力争在9月底前基本发行完毕，用于项目建设的专项债券资金力争在10月底前使用完毕，研究扩大投向领域和用作项目资本金范围，引导带动社会投资”，考虑到前期专项债发行进度偏慢，专项债发行提速将为基建投资增长提供资金保障。在新型基础设施建设方面，以充电基础设施为代表的绿色项目成为地方投资的重点领域，加之工业互联网、智慧交通等融合类新型基础设施快速增长，“新基建”项目的扩容、发力将持续带动基建投资增长。在传统基础设施方面，7月，住建部等部门发布《关于扎实推进2023年城镇老旧小区改造工作的通知》，要求各地扎实推进城镇老旧小区改造计划实施；8月，国家发展改革委等部门印

发《环境基础设施建设水平提升行动（2023—2025 年）》，部署推动补齐环境基础设施短板弱项，全面提升环境基础设施建设水平。不过，考虑到税收增速趋缓、土地出让金收入下降，以及财政支出向社保、就业等民生领域倾斜加大，财政收支矛盾仍将限制基建投资增长。8 月，财政部提出“坚决查处新增隐性债务行为，终身问责、倒查责任，防止一边化债一边新增”，受地方债务严监管以及地方偿债压力较大影响，基建资金来源仍将受到较大约束。

二是房地产投资或低位企稳。随着房地产政策在供需两端协同发力，房地产市场有望逐渐复苏。从供给侧看，7 月，国务院常务会议审议通过《关于在超大特大城市积极稳步推进城中村改造的指导意见》，城中村改造将为房地产投资提供新的增长点。8 月，国务院常务会议审议通过《关于规划建设保障性住房的指导意见》，将从改善民生和扩大投资的角度出发，加强规划设计，增加保障性住房建设与供应。从需求侧看，近期一系列住房利好政策相继落地，有助于降低居民购房成本，推动住房需求逐步回升。8 月，住建部等部门印发《关于优化个人住房贷款中住房套数认定标准的通知》，推动落实购买首套房贷款“认房不用认贷”政策措施；人民银行、金融监管总局联合发布《关于降低存量首套住房贷款利率有关事项的通知》和《关于调整优化差别化住房信贷政策的通知》，明确降低存量首套住房商业性个人住房贷款利率，引导个人住房贷款实际首付比例和利率下行。不过，土地市场延续低迷态势，且房屋新开工面积维持低位，仍将滞后拖累房地产投资增长。此外，民营房企流动性压力仍然较大，特别是大型房企债务违约风险有所显现，将在一定程度上抑制房企投资开发意愿。

三是制造业投资将保持稳定增长。7 月 24 日，中央政治局会议要求“延续、优化、完善并落实好减税降费政策”；财政部等部门发布《关于先进制造业企业增值税加计抵减政策的公告》，允许先进制造业企业按照当期可抵扣进项税额加计 5%抵减应纳增值税税额，有助于降低企业生产成本，提升企业投资意愿。工业和信息化部等部门陆续印发机械、汽车、电子信息等十个重点制造业行业的稳增长工作方案，将推动制造业稳中向好、提质增效，有利于制造业投资稳定增长。此外，国家发展改革委等部门印发《工业重点领域能效标杆水平和基准水平（2023 年版）》，将进一步拓展节能降碳改造升级范围，增加规模体量大、能耗强度高、改造提升空间大的十一个新领域，传统产业技术改造投资有望加快。不过，制造业利润增速仍然为负，1—7 月累计同比降幅达 18. 4%，将在一定程度上制约制造业投资回升空间。此外，8 月，我国制造业 PMI 新出口订单指数为 46. 7%，已连续 5 个月位于荣枯线以下。出口下行压力仍然较大，将持续抑制相关出口制造业企业投资增长。

消费增长有望持续恢复。随着促消费政策不断升级，居民消费信心逐渐恢复，有利于消费需求加快恢复。7 月，国务院办公厅转发国家发展改革委《关于恢复和扩大消费的措施》，与前期出台的各领域、各品类重点政策协同发力，共同形成促进消费的一揽子政策体系，将有效支持消费持续增长。8 月，商务部等部门印发《县域商业三年行动计划（2023—2025 年）》，将推动供应链、物流配送、商品和服务下沉以及农产品上行，加快补齐农村商业设施、商品服务等短板弱项，农村消费潜力或进一步释放。此外，随着“两节”等传统消费旺季到来，住宿、餐饮等线下消费场景将持续恢复拓展，为消费增长提供一定支撑。不过，上半年，全国居民人均可支配收入实际增长 5. 8%，仍然低于 2019 年同期水平（6.5%），加之疫情带来的“疤痕效应”短期内难以完全消除，将持续抑制居民消费意愿。此外，居民杠杆率持续上升，第二季度达到63.5%，较第一季度上升0.2个百分点，加之就业总量和结构性问题依然存在，不利于居民消费能力恢复。

出口增长或维持低位。受欧美货币政策收紧、全球产业链重构以及乌克兰战争持续等因素影响，全球经济增长乏力，将持续抑制出口增长。IMF在7月的《世界经济展望》中预计2023年全球经济增速为3.0%，低于上年3.5%的增速，更低于3.8%的历史（2000年至2019年）年均增速。此外，中美贸易摩擦持续，欧美国家的“脱钩断链”“近岸外包”等行为导致部分出口订单流向东盟、墨西哥等国家，不利于我国出口增长。不过，随着我国产业发展不断提质升级，新产品市场竞争力稳步提升，以电动载人汽车、锂电池、太阳能电池等为代表的“新三样”产品成为稳定出口的新亮点。同时，金砖国家合作机制迎来历史性扩员，成员国数量达到11个，金砖国家经贸领域合作不断加大，将对我国出口形成一定支撑。此外，随着国际大宗商品价格回升，价格因素对出口的拖累也将有所减弱。

（二）CPI同比涨幅将企稳回升

食品价格或触底回升。首先，预计猪肉价格将震荡偏强，对食品价格同比涨幅的拖累有所减弱。供给端，根据农业农村部最新数据，7月能繁母猪存栏量4271万头，自年初以来延续震荡下行。按照生猪的养殖周期，预计10月左右生猪供给将开始逐渐回落。不过，短期内受产能去化缓慢影响，生猪供给仍然相对充裕，6月末生猪存栏量4.35亿头，同比增长1.1%；同时，受上半年鲜转冻增加影响，猪肉冻品库容率处于高位，冻品大量出库也将增加猪肉供给。需求端，随着天气转凉以及中秋、国庆节假日相继到来，猪肉消费进入传统旺季，市场需求将有所改善。综合来看，短期内猪肉供给宽松基本面没有改变，价格仍会保持低位震荡，后期随着供需关系调整，价格有望回升，但考虑到上年同期高基数，猪肉价格同比下跌空间相对有限。

其次，粮食价格涨跌互现。尽管今年极端天气事件偏多，且国际粮价出现大幅波动，但我国夏粮和早稻实现丰收，秋粮长势总体稳定，加之粮食库存充足，国内粮食供需总体平衡，价格上涨空间有限。具体来看，稻米方面，受部分地区“水田改旱田”以及极端天气影响，粳稻产量或有所下降，加之天气转凉，市场需求好转，预计国内稻米价格稳中偏强运行。小麦方面，虽然小麦略有减产但仍为丰收，且库存处于历史较高水平，小麦市场供应充足；同时，终端面粉经过阶段备货后，采购力度减弱，小麦价格大幅上涨动力不足，预计国内小麦价格以稳为主。玉米方面，随着部分地区春玉米上市，以及进口玉米大量到港，将有效补充国内供应；生猪养殖产能去化过程持续，叠加部分深加工企业检修停产，玉米需求有所下降，预计价格呈震荡偏弱态势。大豆方面，美国大豆产区持续高温少雨，不利于作物生长，美国农业部（USDA）9月发布的《月度供需报告》下调美豆预期产量至41.46亿蒲式耳，同比下降3%。受全球大豆预期产量回落，以及黑海谷物运输协议终止等因素影响，国际大豆价格或高位震荡运行。

非食品价格或延续温和上升态势。在国际油价震荡上行以及居民消费需求持续恢复的背景下，非食品价格同比涨幅将温和回升。一是受“OPEC+”减产计划延长以及沙特、俄罗斯自愿额外减产等因素影响，近期布伦特原油期货结算价格已震荡上升至90美元/桶左右，国际油价中枢明显上移，将带动交通工具用燃料和水电燃料价格上涨。二是随着促消费政策不断升级，叠加中秋、国庆消费旺季来临，生活用品及服务、教育文化和娱乐等消费需求有望进一步释放，对非食品价格形成支撑。不过，居民可支配收入增长较慢以及杠杆率维持高位，仍将持续抑制居民服务需求增长，并限制非食品价格上涨空间。

整体来看，猪肉价格将震荡偏强，对食品价格同比涨幅的拖累减弱；在国际油价维持相对高位，以及居民消费需求持续改善的背景下，非食品价格同比涨幅将延续温和回升态势。预计 CPI 维持温和上涨态势。

（三）PPI 同比跌幅或将继续收窄

国际原油价格或维持相对高位。从需求端看，受主要发达经济体货币政策收紧、地缘政治冲突等因素影响，全球经济仍然面临下行压力，将持续抑制原油需求增长。9 月，国际能源署（IEA）公布《原油市场报告》，预测 2023 年全球石油需求平均增长为 220 万桶/日，低于 2022 年增长 230 万桶/日，原油消费增长仍然较慢。从供给端看，沙特将自愿额外减产 100 万桶/日的措施延长 3 个月至 2023 年底，加之俄罗斯也将石油出口削减措施延长至 2023 年底，国际原油供给仍面临较强限制。受原材料成本上升以及资本支出约束等因素影响，美国页岩油行业上游勘探活动持续转弱，七大页岩油产区钻井数和完井数均持续下滑，原油供给增加面临较大不确定性。此外，受生产商减产、储存成本上升等因素影响，美国原油库存已降至今年最低水平，或进一步加剧全球原油供给偏紧局面。综合来看，供应端偏紧格局将对原油价格形成支撑，但是考虑到全球需求持续走弱，油价上涨空间有限，预计保持相对高位震荡。

随着供需关系调整，其他大宗商品价格将保持震荡运行态势。黑色金属方面，供给端，随着极端天气影响消退，铁矿石发运量恢复正常，且贸易商发货积极性较高，铁矿石供应较为宽松。需求端，随着钢材终端需求进入旺季，钢厂开工高位运行，加之铁矿石库存处于低位，需求有望继续改善。不过，随着粗钢平控政策逐步落地，将在一定程度上抑制铁矿石需求。此外，工业和信息化部等部门提出开展铁矿石“红黄蓝”供需预警，国家发展改革委和证监会强调持续加强期现货市场联动监管，将对铁矿石价格上涨形成制约。预计铁矿石价格将震荡偏弱运行。有色金属方面，在全球经济增速放缓的背景下，有色金属需求仍然偏弱。不过，部分有色金属供给端扰动频发，印度尼西亚将铜精矿出口税率提高到 5%~10%，锌、铅精矿税率也上涨到 2.5%~7.5%，且将于明年起进一步提高税率；缅甸佤邦已暂停矿山勘探、开采、加工等作业，对锡矿供应造成一定影响。此外，LME 铜、铝、锌、铅等库存处于历史低位，将对有色金属价格形成一定支撑。总体来看，有色金属价格将呈震荡偏强态势。

工业品价格将维持相对稳定。从需求端看，虽然外需走弱仍将制约出口增长，但财政政策持续加力将为基建投资提供支撑，购房政策优化调整有助于房地产投资逐步企稳，企业预期改善也将支持制造业投资稳定增长，工业品需求将温和回升。从供给端看，随着减税降费政策延续以及多个重点行业稳增长方案出台，工业企业生产积极性将继续改善，支持产能利用率逐步回升，有利于工业品供给保持稳定。同时，虽然煤炭将面临季节性需求回落压力，但稳经济政策发力与工业需求回暖，将支持煤炭市场供需双增、基本平衡，煤炭价格将呈现长协价格平稳态势；钢材供需两端呈季节性好转态势，加之粗钢产量平控政策落地，以及铁矿石价格成本较高，钢材价格或稳中偏强。总体来看，工业品需求和供给逐步趋于平衡，价格将维持基本稳定。

整体来看，国际大宗商品价格将维持高位震荡，对PPI涨幅的拖累逐渐减小；国内工业品供需逐步趋于平衡，工业品价格将维持基本稳定。

（四）价格变动趋势预测

预计2023年CPI涨幅在0.5%左右。受猪肉供需关系调整影响，猪肉价格将震荡偏强，对食品价格同比涨幅的拖累减弱。在国际油价维持相对高位以及居民消费需求逐步恢复的背景下，非食品价格同比涨幅将延续温和上升态势。预计全年CPI当月同比涨幅将呈现U形走势。

预计2023年PPI同比下降3%左右。随着国际原油等大宗商品价格震荡上涨，原材料价格波动对PPI涨幅拖累将逐步减小。在电动汽车、新能源、高技术制造业增长带动下，国内工业品供需将逐步趋于平衡，工业品价格有望整体逐步回稳。预计PPI降幅将继续收窄，全年PPI当月同比增速呈现波动企稳态势。

专栏：黑龙江、吉林两省洪涝灾害对国内粮价影响

一、黑吉两省粮食受灾情况

8月，台风“杜苏芮”带来强降雨，导致黑龙江、吉林两省部分地区遭受严重洪涝灾害，对秋粮生产造成影响。黑龙江省受灾地区主要涉及哈尔滨、牡丹江、齐齐哈尔、伊春、鸡西、佳木斯等6个地市；吉林省主要受灾地区为舒兰、汪清、敦化、双辽、长岭、扶余、榆树7个地市。受灾作物主要为水稻和玉米，受灾面积约占两省总播种面积的2%。

二、洪涝灾害对全国粮食供给冲击有限

2023年，我国秋粮播种面积超过13亿亩，两省受灾面积合计约为615.8万亩，占比约为0.47%。初步估算，灾情导致吉林省玉米减产1.8亿斤（占全国产量约0.03%），黑龙江省粮食损失超过14亿斤（占全国粮食总产量约0.1%），总体影响不大。今年，我国夏粮和早稻产量再获丰收，全国粮食产量平稳增长。上年粮食库存消费比持续超过50%，大幅超过联合国粮农组织17%的安全警戒线。此外，我国粮食储备体系不断健全，应急保供能力持续增强。本次极端天气对秋粮生产和供给整体影响有限。

三、全国粮食市场价格总体平稳

总体来看，洪涝灾害对全国市场扰动有限，各地粮食价格保持平稳运行。不过，近期受黑海粮食运输协议终止、恶劣天气条件以及印度大米出口禁令等因素影响，国际粮食价格出现大幅波动。虽然我国主要粮食品种进口依存度较低，国内与国际市场联动较弱，国际粮食市场波动对我国粮价及CPI影响较小，但也要警惕粮食市场波动。

特别是，需警惕市场炒作、囤积居奇等行为扰乱粮食市场。黑龙江、吉林两省是我国商品粮输出大省，相较于粮食实际减产造成的供给减少，水灾、疫情、囤积等对于粮食流

通环节的影响同样需要重点关注。在东北多地受灾的背景下，已有部分地区出现居民囤积粮食的现象，叠加近期多国推出的大米等粮食出口禁令，恐慌情绪或引发羊群效应，导致居民抢购、种植农户惜售、经销商囤积，可能进一步扰乱秋粮市场。应加强研判和预警，做好各项政策准备，维护粮食价格稳定。

附件：首席经济学家宏观经济形势座谈会主要观点

2023 年 9 月 13 日，研究局召开第三季度首席经济学家宏观经济形势座谈会。与会专家普遍下调我国今年经济增长预测，少数对能否实现 5%的目标存疑。总体来看，经济增长放缓的主要原因在于疫情“疤痕效应”与房地产行业下行、地方债务风险叠加，导致企业、居民、政府部门资产负债表受损和需求不足，而宏观政策力度持续低于市场预期，不能有效稳定企业订单、改善居民收入。短期政策应走在市场预期之前，扩大财政政策力度，尽快大幅增加财政赤字，配合有力货币政策拉动总需求，以恢复企业订单，推动经济增速尽快回稳。

一、下调今年经济增长预测

最新公布经济数据引发多家机构调整对今年经济增长的预期。总体来看，参会专家对今年经济增速最新预测的范围处于 4.5%～5.4%，平均值为 5.1%，低于第二季度的 5.5%。尽管市场机构调低了对今年经济增速的预测，但多数认为可以实现 5%的增长目标。一是政府、企业、居民支出意愿、支出能力以及信贷需求同时下降，共同导致总需求不足，未来经济是否筑底仍有较大不确定性。二是经济企稳信号尚未出现，企业、居民和政府均面临预期不稳和信心不足，宏观经济下行预期犹存。三是在高质量发展的要求下，如何平衡经济增速和质量、发展和安全，相关部门政策思路和方向尚不够清晰。

二、预期和信心不稳的主要原因

整体来看，疫情“疤痕效应”叠加房地产行业下行引发的企业订单减少、收入增长放缓、资产负债表受损、债务风险升高等是造成当前预期和信心不稳的主要原因。年初以来，政府与市场之间信息传递反馈机制不畅，宏观政策节奏和力度整体低于市场预期，政策效果有限。

（一）企业订单减少、产业链转移

一是订单大幅下滑，资金周转不畅，导致企业短期预期悲观，不敢投、不愿投倾向严重。二是产业链、地缘政治及市场准入等因素显著影响企业中长期信心。

（二）居民收入增长放缓，资产负债表受损

短期看，疫情“疤痕效应”，直接造成居民可支配收入下滑，预期和信心不稳。长期看，资产价格波动导致居民部门资产负债表受损，削弱财富效应。

(三)地方政府债务风险上升

一是地方政府财政收入滑坡，短期收支压力加剧。二是地方政府债务高企，风险化解方式和效果存在不确定性，加剧市场对地方融资平台风险的担忧。三是部分地方融资平台非标和影子信贷出现违约，对市场预期和信心形成负面冲击。

三、政策建议

短期政策应走在市场预期之前，支持经济尽快回稳。一是扩大总量、优化结构，切实实施好积极财政政策。二是货币政策保持总量合理、节奏平稳，为经济运行在合理区间营造适宜货币金融环境。三是因城施策用好政策工具箱，适时调整优化房地产调控政策。四是通过多种方式提升居民短期消费意愿。

中长期应推动结构性改革，加大开放，支持民营经济发展，保障和改善民生。一是推进结构性改革，加大开放，培育增长新动能。二是落实促进民营企业发展相关政策，多方努力共同支持民营企业。三是建立能消费、敢消费、易消费的长效机制。四是加快推动收入分配改革。

2023年第四季度　价格监测分析报告

一、供给需求弱平衡，物价低位运行

2023年10—11月，我国经济继续回升向好，生产供给稳中有升，市场需求持续改善。1—11月，规模以上工业增加值累计同比增长4.3%，比1—9月加快0.3个百分点。总体来看，供给需求呈弱平衡态势，受结构性因素影响，物价总体处于低位。

（一）投资增速略有下滑

稳投资政策持续发力，投资规模继续扩大。1—11月，全国固定资产投资（不含农户）同比增长2.9%，比1—9月略微放缓0.2个百分点。其中，民间固定资产投资同比下降0.5%，降幅比1—9月收窄0.1个百分点（见图1）。

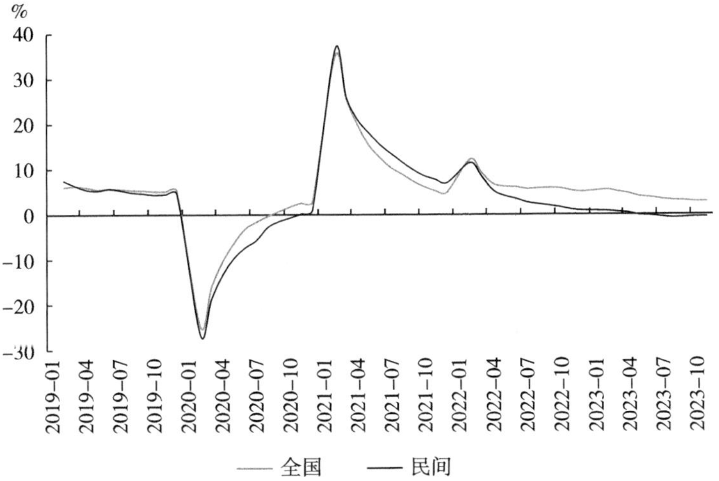

图1　全国及民间固定资产投资累计同比增速变化情况

（数据来源：Wind）

房地产开发投资降幅略有扩大。房地产市场仍然处于调整之中，居民购房需求下降，房企流动性风险尚未出清。全国多数大中城市房价延续下跌态势，商品房销售面积和销售额降幅扩大，商品房待售面积不断上升。房地产开发企业到位资金持续下滑，开发商普遍减少拿地，房屋新开工面积和施工面积继续下降。受此影响，尽管上年同期基数较低，房地产开发投资降幅仍继续扩大。1—11月，房地产开发企业到位资金同比下降13.4%，降幅较1—9月收窄0.1个百分点；房地产开发投资同比下降9.4%，降幅比1—9月扩大0.3个百分点。基础设施投资总体保持平稳增长。基建投资是稳增长和逆周期调控的重要抓手。中央财政第四季度增发万亿元国债，正推动增发国债项目尽快形成实物工作量，京津冀和东北地区灾后重建项目施工进度加快。各地持续有力推进“十四五”规划102项重大工程及其他经济社会发展重大项目实施，加强民生补短板投资。1—11月，基础设施投资同比增长5.8%，增速比全部固定资产投资高2.9个百分点，受上年高基数的影响，比1—9月小幅放缓0.4个百分点。其中，铁路运输业投资增长21.5%，水利管理业投资增长5.2%，水上运输业投资增长22.0%。

制造业投资增速略有加快。我国制造业正处在转型升级和结构优化阶段。部分传统行业受市场需求偏弱、企业利润率偏低、产能利用率不足、内外部不确定性上升等不利因素影响，投资有所减速。但制造业数字化、智能化转型升级加快，高技术产业投资动力强劲，新动能领域保持较快增长，对制造业投资的支撑作用较强。总体来看，随着经济增速回升，工业企业利润当月增速连续回正，制造业投资增速略有加快。1—11月，制造业投资同比增长6.3%，增速比1—9月略微加快0.1个百分点。其中，高技术制造业投资同比增长10.5%，增速比全体制造业投资高4.2个百分点。重点行业中，电气机械和器材制造业投资增长34.6%，仪器仪表制造业投资增长21.5%，汽车制造业投资增长17.9%，维持了较好态势（见图2）。

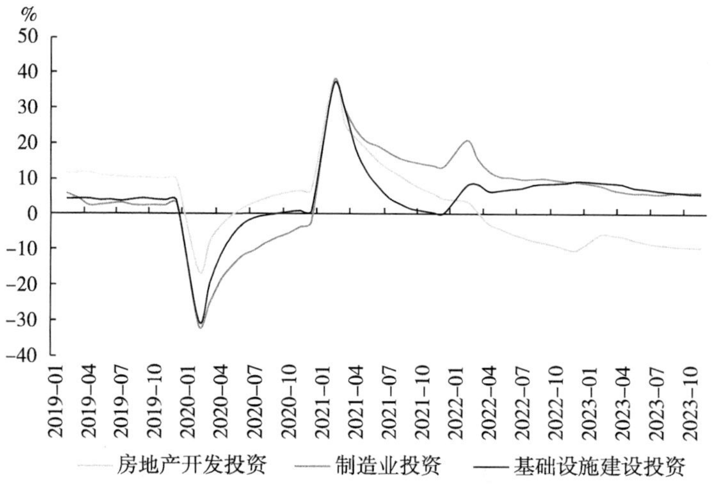

图2　三个领域固定资产投资累计同比变化情况

（数据来源：Wind）

（二）消费持续恢复向好

就业形势持续改善，居民收入增速回升，有利于增强居民消费能力。各级政府和相关部门积极落实各项促消费政策举措，有利于激发全社会消费潜力和活力。服务消费延续疫情前的结构升级态势，接触式、聚集性服务需求继续释放，叠加消费新产品、新场景、新业态不断涌现，进一步激发服务消费市场活力，服务零售额持续快速增长，增速连续两个月加快。在上年低基数的基础上，消费继续稳步恢复。1—11月，社会消费品零售总额累计同比增长7.2%，增速比1—9月加快0.4个百分点。其中，餐饮收入累计同比增长19.4%，增速比1—9月高0.7个百分点；商品零售累计同比增长5.9%，增速比1—9月高0.4个百分点。10月、11月，社会消费品零售总额当月同比分别增长7.6%和10.1%（见图3）。

不过，尽管消费市场总体保持良好恢复态势，但居民消费能力和消费信心还有待增强，居住类商品消费持续低迷，商品和服务消费市场有效供给仍显不足，消费增长基础尚需不断夯实。

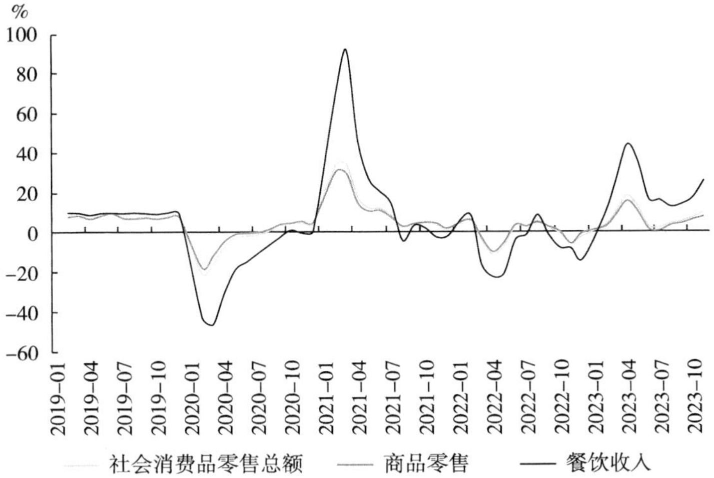

图3　社会消费品零售总额及分项当月同比增速变化情况

（数据来源：Wind）

（三）出口降幅收窄

世界经济复苏乏力，全球贸易增速持续放缓，我国出口面临较大下行压力。不过，我国出口结构持续优化，产业链较长、附加值较高的一般贸易出口份额较上年同期提高，对"一带一路"沿线国家出口态势较好，手机、汽车等出口新动能保持增长，外贸韧性持续显现。10月、11月，以美元计价的出口当月同比分别下降6.4%和增长0.5%，出口形势有所改善。在主要出口国家和地区中，我国对东盟的出口降幅有所收窄，对欧盟和日本的出口降幅扩大，对美国的出口增速11月由负转正。1—11月，以美元计价出口累计同比下降5.2%，比1—9月收窄0.3个百分点；其中，我国对东盟、欧盟、日本、美国出口累计同比分别下降5.5%、11.0%、8.6%、13.8%（见图4）。

在重点出口商品结构中，1—11月，高新技术产品出口累计同比下降11.7%，降幅比1—9月收窄2.0个百分点；机电产品出口累计同比下降2.9%，降幅比1—9月收窄0.3个百分点。

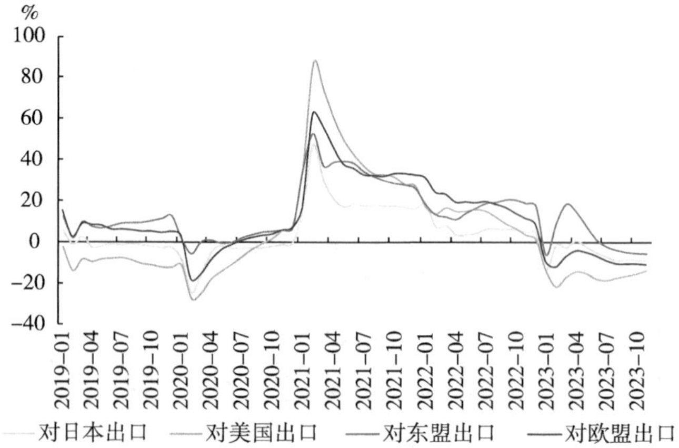

图4　对主要国家和地区出口累计同比变化情况

（数据来源：Wind）

二、CPI 涨幅回落，PPI 跌幅略有扩大

10月、11月，我国物价整体仍处于低位，需求偏弱和结构性因素导致CPI、PPI涨幅均有所回落。猪肉价格跌幅扩大，多数鲜活食品价格超季节性下跌，带动食品价格同比跌幅加深；能源价格波动回落，服务价格小幅放缓，拉低非食品价格同比涨幅；CPI同比涨幅再次进入负值区间。多数工业品供需弱平衡，国际大宗商品价格震荡加剧，PPI同比跌幅略有扩大。

（一）食品和能源拉低CPI涨幅，核心CPI总体稳定

10月、11月，CPI环比涨幅继续回落，分别下跌0.1%和0.5%，同比涨幅再次进入负值区间，分别下跌0.2%和0.5%。剔除食品和能源的核心CPI总体保持稳定，环比分别持平和下跌0.3%，同比均上涨0.6%。据测算，在10月、11月CPI同比涨幅中，新涨价因素影响分别约为0个和−0.5个百分点，翘尾因素影响分别约为−0.2个和0个百分点（见图5）。

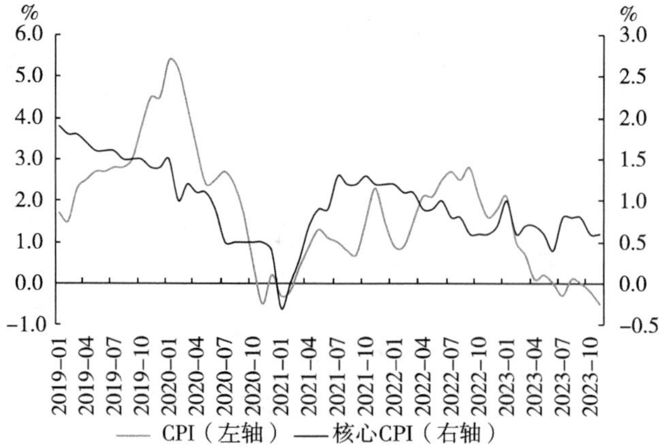

图5　CPI同比上涨情况

（数据来源：国家统计局）

供给充足和需求偏弱导致食品价格跌幅扩大（见图 6）。10 月、11 月，食品价格跌幅连续扩大，环比分别下跌 0.8%和 0.9%，受基期因素影响，同比分别下跌 4.0%和 4.2%。其中，猪肉、鲜菜、蛋类、水产品等多数食品价格均呈超季节性下跌态势。一是猪肉产能去化缓慢，生猪出栏量有所增加，加之天气偏暖部分腌腊需求延后，猪肉价格超季节性回落。10 月、11 月，环比分别下跌 2.0%和 3.0%，受基期因素影响，同比分别下跌 30.1%和 31.8%，跌幅继续扩大。二是 10 月、11 月，全国大部分地区平均气温较常年同期偏高，有利于农产品生产储运，鲜菜价格明显回落。10 月、11 月，鲜菜价格环比分别下跌 1.9%和 4.1%，跌幅分别较近十年（2013—2022 年）历史同期均值扩大 1.4%和 2.1%；同比分别下跌 3.8%和上涨 0.6%。三是由于需求偏弱，蛋类、水产品价格环比连续超季节性下跌。10 月、11 月，蛋类价格环比分别下跌 3.6%和 2.7%，跌幅较近十年（2013—2022 年）历史同期均值分别扩大 0.5 个和 2.7 个百分点；水产品价格环比分别下跌 1.4%和 1.6%，跌幅较近十年（2013—2022 年）历史同期均值分别扩大 0.1 个和 0.6 个百分点（见图 7）。

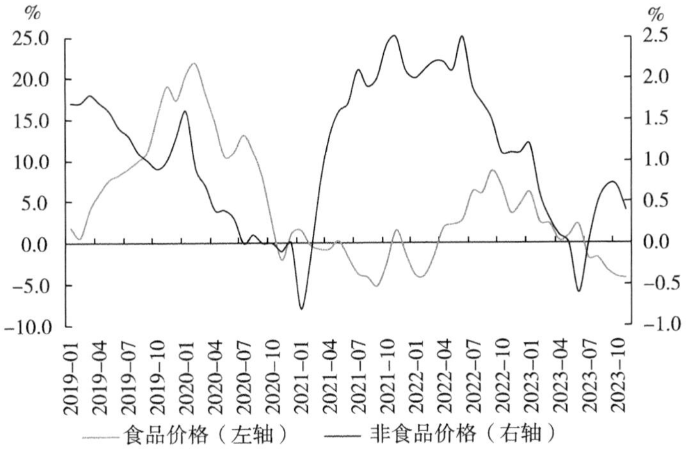

图 6　食品价格和非食品价格同比上涨情况

（数据来源：国家统计局）

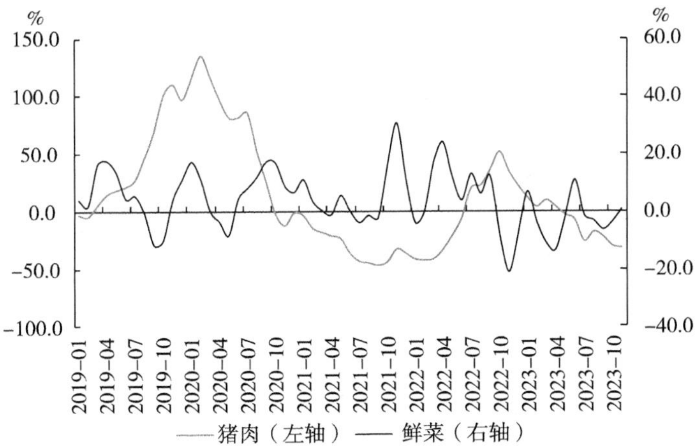

图 7　鲜菜和猪肉价格同比变化情况

（数据来源：国家统计局）

能源和服务价格回落带动非食品价格涨幅放缓（见图8）。10月、11月，非食品价格环比涨幅有所回落，分别持平和下跌0.4%，同比分别上涨0.7%和0.4%。一是受国际原油价格震荡回落影响，10月、11月，成品油价格连续四次下调，受时滞影响，交通工具用燃料价格环比涨幅分别回落至1.8%和-2.7%，同比分别上涨1.8%和下跌2.9%；水电燃料价格环比涨幅分别回落至0.1%和持平，同比分别上涨0.6%和0.3%。燃料价格回落是导致11月CPI跌幅扩大的主要原因。二是需求偏弱，叠加原材料价格波动回落影响，家电、家具等消费品价格延续下跌趋势，同比涨幅自2月以来持续位于负值区间，11月环比下跌1.1%，创出年内最大跌幅。三是部分服务需求有所回落，价格上涨动能减弱，甚至由涨转跌。其中，旅游价格季节性回落幅度较为明显，10月、11月旅游价格环比分别下跌0.3%和5.9%，同比涨幅分别回落至11.0%和6.8%；家政服务价格环比分别持平和上涨0.1%，同比分别上涨1.9%和2.0%；其他用品和服务价格环比分别上涨0.1%和下跌0.6%，同比涨幅分别回落至3.6%和3.0%。四是房地产市场景气度持续处于低位，租赁市场低迷，房租价格环比由旺季弱反弹再次转为下跌，10月、11月均下跌0.1%。

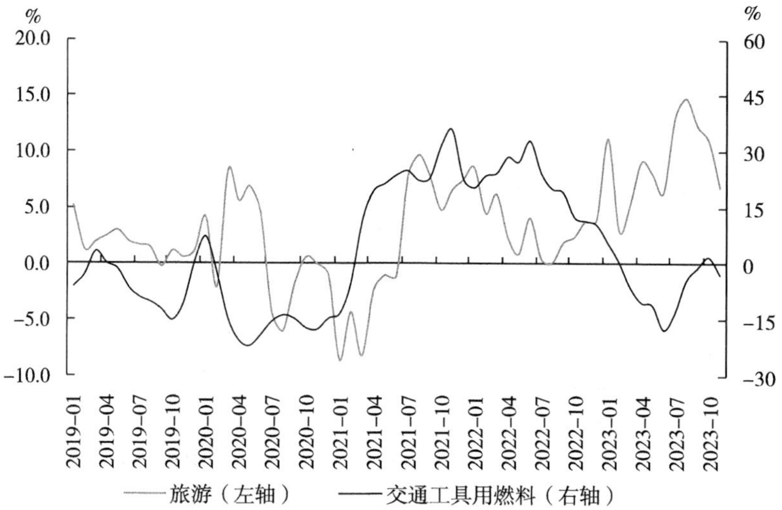

图8　部分非食品价格同比变化情况

（数据来源：国家统计局）

（二）需求偏弱和国际大宗商品价格波动，PPI跌幅扩大

10月、11月，PPI环比分别持平和下跌0.3%，受基期因素影响，同比跌幅略有扩大，分别下跌2.6%和3.0%（见图9）。其中，生产资料价格环比分别上涨0.1%和下跌0.3%，同比分别下跌3.0%和3.4%。据测算，在10月、11月的PPI同比变化中，新涨价因素影响分别约为-2.2个和-2.5个百分点，翘尾因素影响分别约为-0.4个和-0.5个百分点。

需求偏弱和供给扩张导致多数工业品价格弱势运行。需求总体偏弱，但工业生产保持扩张，除煤炭、钢铁等少数品种外，多数工业品价格下行压力仍然较大。从重点行业看，电煤需求季节性向好，非电煤需求总体平稳，但安监趋严对生产供给带来扰动，叠加海外煤价上涨抑制国内进口，煤炭供给增长有所减缓，供需紧平衡推动煤价连续反弹。10月、

11 月，煤炭开采和洗选业环比分别上涨 3.4%和 0.3%。钢铁行业供需格局总体比较宽松，10 月钢铁消费减少量大于产量减少量，黑色金属冶炼和压延加工业价格分别环比下跌 0.6%。进入 11 月，钢铁产量继续减少，但重大项目建设稳步推进，需求有所好转，叠加原材料铁矿石和焦煤价格持续上涨，推动黑色金属冶炼和压延加工业价格分别环比上涨 1.1%。中游装备制造业价格下行压力增强。10 月、11 月，受出口需求放缓、国内需求偏弱影响，计算机通信和其他电子设备制造业价格环比分别下跌 0.3%和 0.2%；由于竞争激烈，汽车制造业价格环比分别下跌 0.1%和 0.2%。

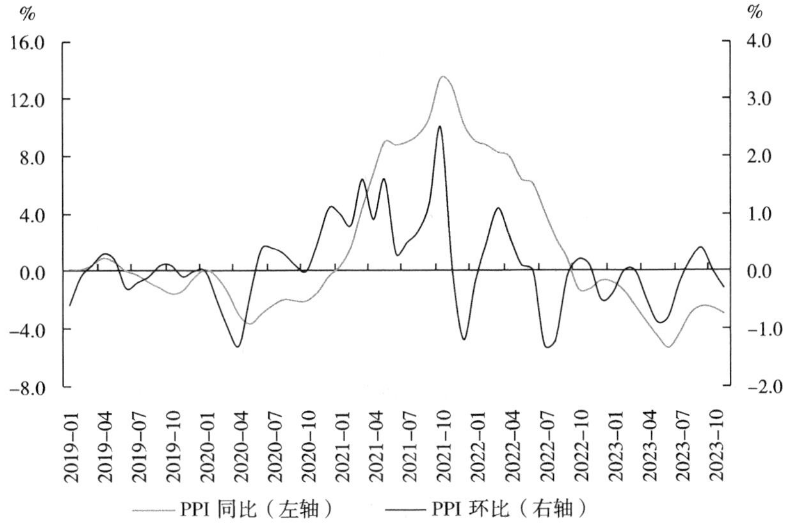

图 9　工业生产者出厂价格走势

（数据来源：国家统计局）

国际大宗商品价格震荡加剧，对国内相关行业价格带来扰动。需求偏弱和预期变化带动油价明显回落。需求端，主要发达经济体 PMI 指数持续处于荣枯线以下，全球经济存在衰退预期。其中，欧元区第三季度 GDP 同比下降 0.3%，在全球主要发达经济体中率先陷入衰退的风险加大。IMF、OECD 等国际组织均预测未来全球经济增速继续放缓。全球经济减速对大宗商品需求和预期前景持续带来负面影响，需求端压力有所增大。供给端，前期“OPEC+”持续扩大减产规模，推动第三季度油价超预期大涨，涨幅最高达到 34.2%。但 10 月后，减产预期对油价的负面冲击消失。考虑到“OPEC+”内部分歧严重，非 OPEC 产油国增加供应，市场认为未来“OPEC+”再难推出超预期减产措施。在供给负面不确定性减少的背景下，对未来需求面的担忧重新主导油价走势，油价再次大幅下跌，已基本跌回第二季度末的起涨水平。截至 12 月 14 日，油价较第三季度末大幅回调 19.6%。

工业金属价格震荡加大。需求端压力加大导致工业金属价格普遍承压，供给宽松的品种价格震荡下跌，供给偏紧、需求弹性较强的品种价格走势较强。截至 12 月 14 日，LME 铝、锌、铅、镍价格较第三季度末分别下跌 5.9%、6.5%、5.0%、9.2%，LME 铜、锡价格较第三季度末分别上涨 3.1%、6.4%。

国际大宗商品价格震荡加剧，对国内相关行业价格运行带来扰动。10 月、11 月，石油加工炼焦及核燃料加工业价格环比涨幅分别回落至 2.5%和-2.5%，同比分别下跌 3.8%和 6.3%；有色金属冶炼和压延加工业价格环比分别下跌 0.2%和 0.1%，同比涨幅分别回落至 2.6%和 1.7%。

三、预计明年 CPI 上涨 0.8%左右，PPI 下降 0.8%左右

随着各项宏观政策发力显效，国民经济持续回升向好，总需求有望保持温和回升态势，供求关系基本稳定，对物价整体走势影响有限，未来价格仍将主要受结构性因素影响。

（一）总需求有望温和回升

固定资产投资将延续回升态势。一是基建投资增速将维持高位。在资金来源方面，12 月召开的中央政治局会议提出“积极的财政政策要适度加力、提质增效”。今年第四季度中央财政增发国债 1 万亿元，其中结转明年使用 5000 亿元，叠加提前批专项债的发行，将为基建投资增长提供充裕的资金保障。在新型基础设施建设方面，10 月，工业和信息化部等部门印发《算力基础设施高质量发展行动计划》，明确算力基础设施是新型信息基础设施的重要组成部分，并规划在完善算力综合供给体系等方面加大投资力度；11 月，住建部发布《关于全面推进城市综合交通体系建设的指导意见》，提出“推动配套能源设施与城市交通基础设施协同化建设”。“新基建”项目将持续带动基建投资增长。在传统基础设施方面，10 月，水利部印发《关于加快推动农村供水高质量发展的指导意见》，计划在城乡供水一体化、集中供水规模化、小型工程规范化等方面，大力完善农村供水工程体系，有利于支撑基建投资增长。不过，11 月，财政部提出“持续强化隐性债务查处问责力度，有效防范化解隐性债务风险”，隐性债务监管加强、地方偿债压力加大以及土地出让金收入减少等因素，都将持续限制基建资金来源。

二是房地产投资或低位企稳。房地产供需两端政策不断完善，有利于房地产市场平稳健康发展。从供给侧看，中央金融工作会议提出“加快保障性住房等‘三大工程’建设，构建房地产发展新模式”，三大工程建设（保障性住房建设、“平急两用”公共基础设施建设、城中村改造）加速推进，将支持房地产投资企稳回升。此外，10 月，证监会发布《关于修改〈公开募集基础设施证券投资基金指引（试行）〉第五十条的决定》，将公募 REITs 试点资产类型拓展至消费基础设施，有效拓宽商业地产资金来源，有利于房地产投资增长。从需求侧看，在“因城施策”“一城一策”的原则下，各地继续调整区域房地产政策，包括优化普通住宅认定标准、下调最低首付款比例、延长最长贷款期限等，居民刚性和改善性住房需求有望逐步回升。不过，“开工弱、竣工强”的特征仍较为突出，特别是新开工面积累计同比降幅维持高位，未来建安投资力度仍将偏弱。此外，土地市场交易延续低迷态势，全国 300 个城市住宅用地成交面积同比降幅尚未出现收窄迹象，后续土地购置费下降仍将拖累房地产投资增长。

三是制造业投资将保持稳定增长。近期，中央经济工作会议提出“广泛应用数智技术、绿色技术，加快传统产业转型升级”；国务院印发《空气质量持续改善行动计划》，提出“中小型传统制造企业集中的城市要制定涉气产业集群发展规划”。传统制造业向绿色化和智能化转型升级持续提速，将驱动技术改造投资保持快速增长。11 月，人民银行等部门印发《关于强化金融支持举措　助力民营经济发展壮大的通知》，强调从民营企业融资需求特点出发，着力畅通信贷、债券、股权等多元化融资渠道。随着一系列支持民营

企业政策的落地实施，民营制造业投资增长有望加快。此外，近期我国宣布“全面取消制造业领域外资准入限制措施”，制造业领域外资准入全面放开的范围将从自贸区扩大到全国，有助于制造业领域外资投资增加。不过，1—10 月制造业利润总额累计同比降幅仍为负（-8.5%），且单月同比增速连续 2 个月下降，或在一定程度上抑制制造业企业投资意愿。此外，11 月，我国制造业 PMI 新出口订单指数为 46.3%，已连续 8 个月位于荣枯线以下，出口订单减少将限制相关出口制造业企业投资增长。

消费将继续恢复。近期，中央经济工作会议提出“要激发有潜能的消费，扩大有效益的投资，形成消费和投资相互促进的良性循环”。随着扩内需促消费一揽子政策持续发力显效，加之各地方、行业促消费活动密集举办，居民消费意愿有望持续回升。9 月，国务院办公厅印发《关于释放旅游消费潜力推动旅游业高质量发展的若干措施》，从加大优质旅游产品和服务供给、激发旅游消费需求等多个维度支持旅游消费潜力释放。随着春节、寒假等传统消费旺季到来，接触式、集聚性服务消费有望加快增长。10 月，商务部等部门发布《关于推动汽车后市场高质量发展的指导意见》，有助于促进汽车后市场规模稳步增长，更好满足消费者多样化汽车消费需求。不过，考虑到居民可支配收入改善力度有限且恢复放缓，同时居民杠杆率上升至 63.8%的历史高位，将持续制约消费增长幅度。此外，受房地产销售整体低迷影响，家具家电、建筑装潢等地产相关消费难有明显改善，对消费增长的支持力度仍偏弱。

出口增长或仍处低位。受发达经济体加息效应显现，以及地缘政治冲突持续等因素的影响，全球经济增长动能趋缓，外需整体低迷仍将抑制我国出口增长。IMF 在 10 月《世界经济展望》中预计 2024 年全球经济增速为 2.9%，低于 2023 年 3.0%的增速，且明显低于 2022 年 3.5%的增速。此外，一些国家和地区贸易保护主义有所抬头，11 月，欧盟、海合会、沙特、土耳其针对我国赤藓糖醇、铝合金产品、光伏组件等产品发起反倾销、反规避调查，将对我国出口增长产生一定影响。不过，10 月，海关总署发布《关于推动加工贸易持续高质量发展改革实施方案》，围绕提升便利化水平、促进区域协同发展、筑牢安全发展防线提出一揽子改革措施，有助于稳定外贸出口。此外，第三届“一带一路”国际合作高峰论坛成功召开，加之首趟中欧班列（西安）+西部陆海新通道互联互通班列开行，对“一带一路”沿线国家和地区的出口有望保持较快增长态势。

（二）CPI 同比涨幅将低位回升

食品价格或触底回升。首先，预计猪肉价格将逐步企稳回升，对食品价格同比涨幅的拖累有所减弱。供给端，根据农业农村部最新数据，10 月能繁母猪存栏量 4210 万头，自年初以来延续震荡下行。按照生猪的养殖周期，生猪供给将逐步回落。但是，受产能去化偏慢影响，9 月末生猪存栏量仍高达 4.42 亿头，环比增长 1.6%，短期内供给仍将相对充裕；同时，11 月猪肉冻品库容率升至近年来同期高点，冻品出货压力也较大。需求端，随着全国气温进一步下降，南方腌腊消费将陆续启动，猪肉消费进入旺季，叠加元旦、春节集中备货开启，将带动猪肉消费有所回升。同时，第三批中央猪肉储备收储工作即将启动，也将对猪肉价格形成一定支撑。综合来看，猪肉季节性需求回升将支持价格企稳，但短期内猪肉供给宽松格局未变，猪肉价格将保持低位震荡。后期，受养殖利润较低以及非洲猪瘟反复等不利因素影响，产能去化速度将进一步加快，猪肉价格有望逐步回升。

其次，粮食价格将以稳为主。尽管今年极端天气事件偏多，且国际粮价出现大幅波动，但2023年我国粮食产量再创新高，连续9年保持在1.3万亿斤以上，国内粮食整体供给和库存充足，为粮价稳定提供坚实基础。具体来看，稻米方面，随着中晚稻上市节奏加快，市场供应逐步趋于宽松，加之企业库存普遍高于上年同期，采购动力减弱，国内稻米价格将稳中偏弱运行。小麦方面，随着持粮主体积极售粮，进口小麦大量到港，小麦市场流通量有所增加；终端面粉市场消费回升，面企开机率上升，小麦需求增加，预计国内小麦价格以稳为主。玉米方面，在国内外玉米丰产的背景下，随着产地售粮进度不断加快，以及进口玉米大量到港，市场供应不断增加；深加工企业玉米库存上升，备货积极性不高，叠加生猪养殖利润较低，玉米需求较弱，价格将呈弱势运行。大豆方面，美国农业部（USDA）12月发布的《月度供需报告》预计美豆产量为41.29亿蒲式耳，较10月上涨了0.25亿蒲式耳，叠加南美地区天气条件转好，播种进度有所加快，国际大豆价格或震荡偏弱运行。

非食品价格将温和回升。在国际油价震荡运行以及居民消费需求持续恢复的背景下，非食品价格同比涨幅将温和回升。一是受原油供给边际改善等因素影响，近期布伦特原油期货结算价格回落至70~80美元区间内震荡，但随着“OPEC+”减产力度加大，原油价格或震荡偏强运行，加之高基数效应减弱，交通工具用燃料和水电燃料价格的拖累作用或逐步减小。二是促消费政策持续升级，消费场景不断拓展，叠加元旦、春节等传统消费旺季来临，生活用品及服务、教育文化和娱乐等消费需求有望进一步释放，对非食品价格形成支撑。不过，居民收入增长仍然偏慢，且居民部门杠杆率维持高位，将继续抑制服务需求增长，限制非食品价格上涨空间。

整体来看，猪肉价格将逐步触底回升，对食品价格同比涨幅的拖累减弱；在国际油价维持相对高位震荡，以及居民消费需求持续改善的背景下，非食品价格同比涨幅将温和回升。预计CPI同比涨幅将低位温和回升。

（三）PPI同比跌幅或逐步收窄

国际原油价格或呈震荡偏强态势。从需求端看，受主要发达经济体货币政策收紧、地缘政治冲突等因素影响，全球经济增长动能趋缓，将持续抑制原油需求增长。近期，高盛发布的《2024年全球宏观展望》预计2024年全球经济增速为2.6%，较2023年降低0.1个百分点；12月，国际能源署（IEA）公布《原油市场报告》，预测2024年全球石油需求增长将放缓至110万桶/日，低于2023年的230万桶/日，原油消费增长仍然较慢。从供给端看，近期召开的“OPEC+”会议决定将于2024年第一季度自愿减产219.6万桶/日，其中沙特减产100万桶/日，俄罗斯减产50万桶/日，国际原油供给仍面临一定限制。同时，最新一期美国能源信息署（EIA）周报显示，美国原油产量持续增加至1310万桶/日，已超过疫情前最高水平，不过受资本支出约束等因素影响，美国页岩油行业上游勘探活动持续转弱，美国原油供给增长的局面或难以持续。此外，美国战略原油储备持续处于低位，拜登政府计划以不超过79美元的价格购买600万桶原油，以补充战略石油储备，将对原油价格有所支撑。综合来看，供给端偏紧格局叠加地缘政治风险扰动将对原油价格形成支撑，但考虑到全球经济放缓仍将抑制需求增长，油价上涨空间有限，预计呈震荡偏强走势。

随着供需关系调整，其他大宗商品价格将保持震荡运行态势。黑色金属方面，供给端，淡水河谷、力拓等四大主流矿山面临年末冲量，铁矿石供应有望稳定增长。需求端，随着钢材终端需求进入淡季，加之采暖季限产扰动和持续低利润影响，钢厂生产意愿维持低位，预计铁矿石需求将延续趋弱格局。此外，国家发展改革委、国家金融监督管理总局、证监会持续加强铁矿石期现货联动监管，将对铁矿石价格上涨形成制约。预计铁矿石价格将震荡偏弱运行。有色金属方面，在全球经济增速放缓的背景下，有色金属需求仍然偏弱。不过，部分有色金属供给端扰动频发，巴拿马宣布将关闭全球最大铜矿之一的CobrePanamá 铜矿，或影响全球铜矿供给；Nyrstar 宣布旗下两座地下锌矿山暂时停产，俄罗斯 Ozernoye 采矿和加工综合体突发火灾，对全球锌矿产出造成一定影响；缅甸佤邦 70%的锡矿选矿厂处于停工状态，不利于锡矿生产和供给。综合供需两端来看，有色金属价格将呈震荡偏强态势。

工业品价格将维持相对稳定。从需求端看，虽然外需走弱不利于出口增长，但积极的财政政策适度加力、提质增效将为基建投资提供支撑，房地产供需两端改善有助于投资逐步企稳，企业预期改善也将支持制造业投资稳定增长，工业品需求将温和回升。从供给端看，随着减税降费政策以及十大重点行业稳增长政策效应持续显现，工业企业生产积极性将继续改善，有利于工业品供给保持稳定。同时，虽然气温骤降以及冬储补库等因素导致煤炭季节性需求回升，但国内优质煤矿产能稳步释放，加之进口量维持高位，煤炭供应整体较为宽松，有助于煤炭价格处于合理区间；随着天气转冷，钢材终端需求进入淡季，加之铁矿石价格有望逐步触顶回落，钢材价格将稳中偏弱运行。总体来看，工业品需求和供给两端有望持续改善，并逐步趋于平衡，有利于工业品价格维持基本稳定。

整体来看，国际大宗商品价格将呈震荡偏强走势，对 PPI 涨幅拖累作用有所减弱；国内工业品供需逐步趋于平衡，工业品价格将维持基本稳定。预计 PPI 同比跌幅将逐步收窄。

（四）价格变动趋势预测

预计 2024 年 CPI 涨幅在 0.8%左右。受猪肉供给宽松影响，短期内猪肉价格或保持低位震荡。但随着猪肉供需关系调整，后期猪肉价格有望逐步触底回升，对食品价格同比涨幅的拖累作用逐渐减弱。在国际油价维持相对高位震荡，以及居民消费需求持续改善的背景下，非食品价格同比涨幅将温和回升。预计 CPI 同比涨幅温和回升，明年全年呈现前低后高态势。

预计 2024 年 PPI 同比下降 0.8%左右。受国际原油等大宗商品价格震荡偏强运行影响，原材料价格波动对 PPI 涨幅拖累将逐步减弱。国内工业品供需有望趋于平衡，工业品价格将保持相对稳定。预计 PPI 跌幅将继续收窄，明年全年呈现前低后高态势。

专栏：数字经济和绿色低碳经济成为拉动经济增长点

近年来，数字经济和绿色低碳经济转型已成为引领我国经济体系优化升级，拉动经济增长的重要动力源，在推动国家经济高质量发展中的作用更加突出。

一、数字经济是经济增长的重要引擎

随着大数据、云计算、移动互联等技术的广泛应用，我国数字经济发展持续取得新的突破，展现出强大韧性，已经成为推动经济增长的重要引擎。根据中国信息通信研究院数据①推算，2017—2022 年我国数字经济增加值增速及占 GDP 比重持续提高，数字经济增速一直保持在 9%以上，数字经济占 GDP 比重持续高于 30%（见表 1）。

表 1　2017—2022 年数字经济规模及其占 GDP 比重估算

年份	数字经济（万亿元）	数字经济增速（%）	名义 GDP（万亿元）	数字经济占比（%）
2017	27.2	—	83.2	32.7
2018	31.3	15.07	91.9	34.0
2019	35.9	14.70	98.7	36.4
2020	39.2	9.19	101.4	38.7
2021	45.6	16.33	114.9	39.7
2022	50.2	10.09	121.0	41.5

数据来源：《中国数字经济发展研究报告（2023）》《中国统计年鉴》。

二、绿色低碳转型引领经济高质量发展

绿色发展、低碳转型已成为当今世界经济结构调整的一个重要趋势。近年来，我国绿色低碳经济快速发展。以电动载人汽车、锂电池和太阳能电池为代表的“新三样”相关产品，今年前三季度合计出口 7989.9 亿元，同比增长 41.7%，为今年经济增长提供了有力支撑。我们借鉴马骏等（2022）② 的方法，以绿色贷款占全部贷款比重作为绿色低碳经济占 GDP 比重的估算指标，反映绿色低碳转型相关经济规模。结果显示，绿色低碳经济规模及其占 GDP 比重稳步提高，从 2021 年开始增速持续超过 30%（见表 2）。

表 2　2017—2022 年绿色低碳经济规模及其占 GDP 比重估算

年份	绿色低碳相关增加值（估算，万亿元）	绿色低碳经济增速（%）	名义 GDP（万亿元）	绿色低碳经济占比（估算，%）
2017	4.7	—	83.2	5.6
2018	5.3	12.77	91.9	5.8
2019	6.4	20.75	98.7	6.4
2020	6.8	6.25	101.4	6.7
2021	9.2	35.29	114.9	8.0
2022	12.2	32.61	121.0	10.1

数据来源：《金融机构贷款投向统计报告》《中国统计年鉴》。

① 具体数据和计算口径，参见《中国数字经济发展研究报告（2023）》。

② 马骏：《转型比纯绿活动规模大得多，前瞻五大核心要素》，四十人论坛，2022 年 7 月。

三、数字经济和绿色低碳转型将成为稳增长重要支撑

数字经济和绿色低碳经济持续快速发展，逐渐成为支撑经济增长的“稳定器”“加速器”。基于以上数据，我们可以初步估算数字经济和绿色低碳经济对明年经济增长的拉动作用。以 2018—2022 年数据为基础，假设 2024 年数字经济与绿色低碳经济占比保持不变，若增速达到近年平均水平的一半，则二者对名义 GDP 增速的拉动作用将分别超过 2%和 1.5%，总拉动力将超过 3.5%。这表明，数字经济与绿色低碳经济增长能够对冲房地产下行对经济的影响，可以成为稳定未来经济增长的重要力量。

需要注意，初步估算结果可能存在一定偏差。一是数字经济和绿色低碳经济可能存在部分行业重叠，导致对经济拉动作用测算存在高估；二是产业数字化规模测算过程中，需要将传统产业的数字技术贡献进行剥离。由于缺少直接统计数据，测算结果准确度将受到不同程度影响；三是以绿色贷款占全部贷款比重衡量绿色经济占比，或在一定程度上低估了绿色低碳经济规模；四是绿色低碳经济规模快速扩大的同时可能带来传统高碳及非绿色产业收缩，会对经济增长产生负面影响，最终效果还需要进一步综合判断。

附录：宏观经济形势座谈会主要观点

2023 年 12 月 18 日，研究局召开第四季度宏观经济形势座谈会。与会专家判断，明年经济增速仍将低于潜在水平，实现 5%的增速还需政策进一步发力。主要原因在于房地产下行叠加地方债务风险，导致企业、居民、政府部门资产负债表受损和总需求不足。部分行业产能过剩，市场预期偏弱，主体信心不稳。建议进一步加大财政政策力度，多渠道增加居民收入，降低地方债务成本，推动结构性改革。

一、明年经济增长预期放缓

整体来看，市场机构对明年经济增速预测普遍位于 4.5%~5.0%。与会专家认为，今年经济增长表现较好主要受上年低基数影响，预计明年经济增速将有所放缓。明年若没有更大力度政策支持，达到 5%的经济增速将面临较大压力。

二、经济放缓的主要原因

（一）房地产行业持续下行趋势

一是房地产项目存量较大，产能过剩明显，仍需三到五年消化期。二是保交楼任务占用房企大量资金，明年新开工预期较差。三是居民资产负债表受损，预期转弱，限制改善性需求释放。

（二）地方政府债务风险高企

一是实际利率偏高，抬高地方政府偿债成本。二是地方政府收入下滑，影响偿债能力。三是地方政府对企业欠款数额大，进一步恶化企业营商环境。

房地产和地方债务风险进一步加剧需求不足。限薪、降薪、欠薪、失业等因素造成居民收入下滑。资产价格波动，明显削弱财富效应，甚至产生负财富效应。产能过剩导致价格低位运行，致使投资回报下降，影响投资意愿。同时，宏观政策节奏和力度整体不及市场预期，进一步加剧信心和预期不稳。

三、政策建议

短期，财政政策应重点发力，加强货币政策和财政政策协调配合。一是加大财政对居民部门的支持力度，通过保障民生支出、发行特别国债等渠道增加居民收入、刺激消费。二是以政府采购形式加快推动房地产去库存，并通过政府保障房改善社会分配结构。三是中央政府扩大再融资债规模，降低地方债务成本，减少债务风险。四是发挥货币政策工具的总量和结构双重功能，盘活存量资金，降低融资成本，防止资金空转。

中长期，应进一步推动结构性改革。一是理顺中央地方财权事权关系，防止地方债务风险不断累积，保障政府财政可持续运转。二是进一步完善社会保障体制，促进银发经济发展，应对人口老龄化。三是推进供给侧结构性改革，解决产能过剩和产业趋同等问题。加大对服务业特别是高科技和社会领域的投资，激发经济增长新动能。